Fackel
träger

Ignacio Sotelo
K. Eßer
B. Moltmann

Die bewaffneten Technokraten

Militär und Politik in Lateinamerika

Fackel träger

 Herstellung: J. Römer · Gesamtproduktion: Graphische Betriebe J. Ebner, Ulm/Donau · Printed in W. Germany 1975 ·
ISBN 3 7716 2090 2

Inhalt

Vorwort

Ignacio Sotelo
Vom Militärcaudillismus zur militärischen Technokratie

Formen und Wandlungen der Militärinterventionen in Lateinamerika 11
Militarismus und koloniale Vergangenheit 12
Militärcaudillismus, ein Produkt der Unabhängigkeitskriege 19
Professionalisierung und ausländische Abhängigkeit 26
Politische Interventionen der professionalisierten Armeen: Der Fall Chile und der Fall Argentinien 33
Mexiko: Vom Militärcaudillismus zur Überwindung des Militarismus 50
Peru: Der technokratische Militarismus 61
Theoretische Ansätze zum lateinamerikanischen Militarismus 68
Anmerkungen 73

Klaus Eßer
Militärherrschaft und Industrialisierung in Lateinamerika

Vorbemerkung 79
Äußere Beeinflussung, Klassenbindung und Charakter der militärischen Aufgabe als Determinanten politischer Intervention des Militärs 81
Entwicklungsniveau und Industrialisierungsdynamik der Länder Lateinamerikas als bestimmende Faktoren der Militärherrschaft 100
Die Überwindung der Krise der sechziger Jahre und die Durchsetzung einer alternativen Industrialisierungsstrategie durch das Militär 119
Zur Dialektik kapitalistischer Expansion und zur Perspektive der Militärherrschaft 140
Anmerkungen 157

Bernhard Moltmann
Militär in Brasilien

Von Interventionen zum technokratischen Militarismus

Einleitung 167
Fragen und Hypothesen 167
Historische Aspekte des politischen Engagements der Streitkräfte 168
Die Machtübernahme durch das Militär 170
Entwicklung von Konzepten 170
Die Vorläufer des Staatsstreiches von 1964 172
Der Staatsstreich 175
Brasilien unter militärischer Herrschaft 178
Institutioneller Rahmen 180
Personelle Divergenzen und ihre Folgen 183
Bilanz und Perspektiven 188
Anmerkungen 193

Literaturhinweise 195

Vorwort

Das vorliegende Buch besteht aus drei Teilen, von denen sich jeder auf einen Schwerpunkt der politischen Einflußnahme des Militärs in Lateinamerika bezieht. Im ersten Teil werden aufgrund einer Darstellung des historischen Prozesses des lateinamerikanischen Militarismus verschiedene militärische Interventionen mit der Absicht einer ersten Typologisierung unterschieden, die als Einführung in die Problematik dienen soll. Der zweite Teil beschäftigt sich mit den Eingriffen des Militärs in die Politik in zwei aufeinanderfolgenden Perioden dieses Jahrhunderts: mit der Rolle des Militärs bei der Umsetzung der Strategie importunterstützender Industrialisierung, angefangen kurz vor der Weltwirtschaftskrise bis Mitte der fünfziger Jahre und der der sechziger Jahre, bei der der Beitrag des Militärs zur Industrialisierung der großen lateinamerikanischen Länder in den Vordergrund gestellt wird. Im dritten Teil werden diese besonderen Aspekte der militärischen Interventionen am Beispiel Brasiliens verdeutlicht. Allen drei Teilen ist gemeinsam, daß die Politik des Militärs vor den Hintergrund der jeweiligen gesellschaftlichen Entwicklung gestellt wird. Die Arbeiten sind als eine Einführung in die Problematik des lateinamerikanischen Militarismus zu betrachten und für eine breitere interessierte Öffentlichkeit geschrieben, dennoch wird nicht darauf verzichtet, ein differenziertes Bild über den gegenwärtigen Forschungsstand zu vermitteln.

Ignacio Sotelo

Vom Militärcaudillismus zur militärischen Technokratie

Formen und Wandlungen der Militärinterventionen in Lateinamerika

Seit ihrer Unabhängigkeit vor mehr als 150 Jahren ist die Präsenz des Militärs an der Spitze der Regierungen Lateinamerikas eine Konstante der Geschichte dieser Region. Der politische Einfluß des Militärs sowie die Häufigkeit von militärischen Putschen und Aufständen (pronunciamientos, cuartelazos) sind bekannte Merkmale der lateinamerikanischen Politik. Wenn man unter Militarismus eine Prädominanz des Militärs über die verfassungsmäßigen zivilen Institutionen versteht, die sich in der Anwendung militärischer Gewalt äußert, um politische Ziele zu erreichen, dann ist Lateinamerika eines der klassischen Gebiete des Militarismus.
Der Militarismus ist allerdings gemäß der unterschiedlichen historischen und sozio-ökonomischen Gegebenheiten ein vielschichtiges Phänomen. Seine Erscheinungsweisen im Europa des 19. Jahrhunderts (Preußen, Frankreich), in Japan in der ersten Hälfte des 20. Jahrhunderts und heute in den »neuen« Ländern der dritten Welt sind bei aller Einheitlichkeit von ihrer politischen Funktion her deutlich voneinander abzuheben.
Hier soll jetzt weder eine allgemein gültige Bestimmung des Phänomens Militarismus erarbeitet, noch die Spezifitäten des Militarismus der verschiedenen Regionen oder Epochen gegenübergestellt werden, sondern es geht darum, die Eigenart des lateinamerikanischen Militarismus von seiner konkret-historischen Konstellation her in den Griff zu bekommen. Es empfiehlt sich daher, eine historische Betrachtung der militärischen Interventionen in Lateinamerika voranzustellen und an diese gewonnene Erfahrung die geläufigen Interpretationsmodelle anzulegen.
Wir gehen also nicht von einer allgemeinen Wesensbestimmung des Militarismus aus, die am Beispiel der lateinamerikanischen Realität konkretisiert werden soll oder durch die häufiger jene gleich von vornherein umrissen wird, sondern werden von der Geschichte dieser Region, sozusagen von innen her, *verschiedene Formen* des Militarismus unterscheiden lernen. Erst diese historische Perspektive gestattet eine Antwort auf die beiden Hauptfragen:

1. Welche Gründe gibt es für die Permanenz der militärischen Interventionen in dieser Region?
2. In welcher Weise unterscheiden sich die jeweiligen Formen des Militarismus in den verschiedenen sozio-ökonomischen Etappen der lateinamerikanischen Geschichte?

Diese Behandlungsweise eröffnet weniger bekannte Perspektiven und korrigiert verbreitete Vorurteile, läßt jedoch die Frage nach Ähnlichkeiten und Divergenzen mit anderen Formen des Militarismus in anderen Regionen oder aus anderen Epochen unberührt. Dem Leser bleibt es vorbehalten, Vergleiche anzustellen zu den heutigen Militärregierungen am Mittelmeer, in Afrika oder in Südasien[1].

Militarismus und koloniale Vergangenheit

Die Meinung, daß die meisten negativen Erscheinungen des heutigen Hispanoamerikas ihren Ursprung in der kolonialen Vergangenheit hätten, die vor allem in der Region selbst weit verbreitet ist, trifft im allgemeinen wohl schon zu, ist aber in dieser Globalität auch irreführend. Insofern die sozioökonomischen Grundstrukturen Lateinamerikas aus der kolonialen Periode stammen, ist es selbstverständlich, daß man die heutigen Verhältnisse nicht ohne Berücksichtigung dieser Kolonialzeit erklären kann: kein umfassenderes Sozialphänomen, das nicht in der kolonialen, in einigen Ländern sogar in der voreuropäischen Vergangenheit wurzelt. Wenn auch die kolonialen Institutionen eine wesentliche Komponente der politischen und sozio-ökonomischen Strukturen bilden, so darf man diese doch nicht für unveränderliche Konstellationen halten; immerhin sind 150 Jahre Unabhängigkeit eine recht lange Zeit, die einige Veränderungen und Kurswendungen zuließe, die nun tatsächlich auch passiert sind.

Da der Militarismus als konstantes und tiefverwurzeltes politisches Phänomen Lateinamerikas nur in seinem sozio-ökonomischen Kontext zu verstehen und dieser wiederum nur aus den kolonialen Verhältnissen erklärbar ist, muß man zweifellos eine enge Verbindung zwischen Militarismus und kolonialer Vergangenheit annehmen. Formell und generell kann man sagen, daß der Militarismus aus dem politischen Vakuum hervorgeht, das die koloniale Gesellschaft nach der Emanzipation zurückließ. Deshalb erfordert die Analyse des Militarismus die Erwähnung der Gründe für die politische Instabilität, die mit der Unabhängigkeit den Subkontinent ergriffen hat. Hinsichtlich der Bedeutung, die man militärischen Organisationsformen und militärischen Traditionen der Kolonialzeit für den späteren Militarismus zukommen läßt, bestehen alsdann unterschiedliche Ansichten.

Für den nordamerikanischen Historiker Lyle N. McAlister ist der Militarismus nicht nur Produkt der allgemeinen sozio-ökonomischen Grundstrukturen der Kolonialzeit und deren politischer Konsequenzen nach der Unabhängigkeit, sondern auch im engeren Sinne die Kontinuität der vorherrschenden Stellung, die das Militär seit Mitte des 18. Jahrhunderts in

Hispanoamerika einnahm. Der Militarismus wäre somit »Teil des kolonialen Erbes, das in einer virulenten Weise überlebt hat, um die Republik zu plagen«[2]. Die Eroberung und Kolonisation Amerikas ist ein Nebenprodukt der merkantilistischen Expansion Europas des 15. Jahrhunderts. Wir lassen hierbei sowohl die historischen Gründe außer acht, die zu dieser Expansion führten, als auch die Auswirkungen der technischen Revolution auf die Seefahrt und auf die Kenntnisse der Geographie und Kartographie, durch die diese überseeischen Reisen erst ermöglicht wurden[3]. Handelsinteressen motivierten die Europäer, zunächst die Italiener im Mittelmeergebiet, dann die Portugiesen und Spanier im Atlantik, zu einem solchen Unternehmen.

Es ist herauszustreichen, daß die Entdeckung und Eroberung Amerikas eine *kommerzielle* und *private* Angelegenheit gewesen ist. Daraus ergibt sich einerseits die Art und Weise der militärischen Eroberung, die von privat finanzierten Söldnerheeren getragen wurde, als auch andererseits bei der Organisation der eroberten Gebiete der Grundkonflikt zwischen den Privatinteressen der Konquistadoren und den allgemein öffentlichen, die von der Krone vertreten wurden[4]. Dazu bestimmen zwei interne Bedingungen die Art der Eroberung und die nachfolgende Kolonisation:

1. Der Grad der sozio-kulturellen Entwicklung der eingeborenen Völker.
2. Das Vorhandensein von oder der Mangel an Edelmetallen.

Der Stand der sozio-kulturellen Entwicklung der Eingeborenen läßt sich in drei Gruppen unterteilen:

1. Völker, die sich in einem sehr primitiven Stadium befanden, wie Jäger, Nomaden oder erste Ansätze von seßhaften Ackerbaukulturen. Sie lebten in homogenen Gruppen und kannten weder eine Sozialdifferenzierung noch organisierte Arbeit. Sie wohnten auf den karibischen Inseln und von der venezolanischen Küste an südwärts. Diese Gruppen ließen sich leicht erobern und beherrschen; es war jedoch sehr schwierig, meist sogar unmöglich, sie als Arbeitskraft in einen Arbeitsprozeß zu integrieren. Als in den Antillen Gold gefunden wurde – in La Hispaniola, heute St. Domingo –, stellte das Hauptproblem die Rekrutierung der notwendigen Arbeitskraft dar. Schon 1503 wurde der »repartimiento« der Indios, also die Verteilung der Indianer unter den Eroberern, aus dem das bekannte System der »encomienda« hervorging, zur einzigen Quelle der Arbeitskraftgewinnung[5]. Die Indianer waren jedoch nicht in der Lage, einen so aufgezwungenen Arbeitsrhythmus zu assimilieren und verschwanden innerhalb von zwei Generationen teils als Opfer der importierten Seuchen, teils als das der Grausamkeit der neuen Herren, die ihrem scheinbaren Mangel an Arbeitswillen durch harte Strafen beikommen wollten. Die Bergbaukolonisierung der Antillen, die auf der Rekrutierung der indianischen Arbeitskraft beruhte (encomienda), scheiterte daher Anfang der zwanziger Jahre des 16. Jahrhunderts einerseits wegen der Erschöpfung des Goldvorkommens, andererseits aber wegen der rar

gewordenen Arbeitskraft. Als Ersatz wurden afrikanische Sklaven importiert[6]. Die Afrikanisierung dieser Gebiete brachte ein neues kulturelles Element nach Lateinamerika.

2. Die Eroberung Mexikos (1519–1521) und die von Peru (1532) erwiesen sich dagegen als erfolgreich: Man stieß auf Edelmetalle, auf Silber in ungeheuren Mengen sowie auf eine hochentwickelte Kultur, die schon eine differenzierte Arbeitsteilung kannte. Hier war eine Überlagerung der indianischen Elite durch die Europäer möglich. Die schon vorhandenen Formen der Tributpflicht und der Arbeitskraftrekrutierung wurden im Dienste der neuen Interessen beibehalten oder gegebenenfalls durch kastilische Institutionen ergänzt. Den Konquistadoren gelang es, die »encomienda«, die auf Grund der schrecklichen Erfahrung in den Antillen von vielen sehr kritisiert wurde, dennoch auf dem Festland durchzusetzen. In einem Land wie Mexiko mit einer sehr komplexen gesellschaftlichen Ordnung und einem vielschichtigen politischen System verschiedener Stadt-Staaten unter der verhaßten Herrschaft der Azteken wurde die Eroberung mehr als ein militärisches, ein diplomatisches Geschäft, vielleicht sogar die Symbiose zweier sich zueinander komplementär verhaltender Glaubensvorstellungen: die sich von Gott gesandt fühlenden Spanier zeigten eine solche Entschlossenheit, daß die Indianer ihre erwartete Ankunft der Götter sich erfüllen sahen[7].

3. Zur dritten Gruppe sind die Völker zu rechnen, die schon den Ackerbau kannten oder aber, wenn sie noch immer als Nomaden lebten, eine relativ hohe Kultur erreicht hatten. Sie wohnten in Großfamilien (gens) mit Gruppeneigentum, ohne eine Klassendifferenzierung entfaltet zu haben. Diese Stämme konzentrierten sich vor allem in der Prärie Nordamerikas und in Südchile. Da sie eine starke innere Kohäsion aufwiesen, zeigten sie großen Widerstand und waren militärisch schwerlich unter Kontrolle zu bringen. Es verlief sowohl im Norden (Gebiete, die heute zu den USA gehören) wie in Südchile (südlich von Concepción) eine offene Grenze, die beständig militärische Probleme stellte. Die Gebiete, in denen Edelmetalle aufzufinden waren und in denen schon differenzierte Gesellschaften die notwendige Arbeitskraft zur Verfügung stellten, bildeten den Kern des spanischen Kolonialreiches (Mexiko, Peru). In ihnen wurden Bergbaukolonisationen errichtet, die die ökonomischen und sozialpolitischen Strukturen gänzlich bestimmten. Die Gebiete, die von sehr primitiven Kulturen bewohnt waren, die sich nicht als Arbeitskraft assimilieren ließen, oder von widerstandsfähigen Stämmen, die militärisch nicht unter Kontrolle zu bringen waren, blieben marginal und wurden in verschiedenen Epochen landwirtschaftlich kolonisiert: Zuckerproduktion in den Antillen und in Nordostbrasilien im 16. und 17. Jahrhundert.

Aus diesen unterschiedlichen Voraussetzungen ergibt sich eine erste grundlegende Typologisierung der lateinamerikanischen Länder[8]: 1. Die auf der Bergbaukolonisation basierenden Länder mit hochentwickelter indianischer

Bevölkerung, welche überleben konnte und heute noch den größten Teil der Einwohner ausmacht (Mexiko, Guatemala, Ekuador, Peru, Bolivien). 2. Länder, die aus einer landwirtschaftlichen Kolonisation hervorgingen, entweder mit importierter afrikanischer Arbeitskraft (Antillen, Brasilien) oder spezialisiert auf extensive Viehzucht, für die nur eine geringe Arbeitskraft erforderlich war (Argentinien). Unter den landwirtschaftlichen Produzenten lassen sich diejenigen, die für den europäischen Markt produzierten (Zucker, Leder), von denen abheben, die ihre landwirtschaftlichen Produkte auf dem inneramerikanischen Markt absetzten – Getreide aus Chile und Peru.

In der politischen Krise Anfang des 19. Jahrhunderts spielten diese Differenzen eine beträchtliche Rolle für die Art und Weise, in der die Unabhängigkeit erreicht wurde, und sie bestimmten in gewissem Grad die nachfolgende Geschichte dieser Länder. Die Konquistadoren konnten sich in den Gebieten mit hochentwickelten und differenzierten indianischen Kulturen bewähren. Waren diese Regionen erst einmal »befriedet«, dann lösten sich die privaten Armeen auf und die Soldaten verwandelten sich in Siedler und Bürger – »vecinos« – der eroberten oder gegründeten Städte. Da eine ständige Militärorganisation finanziell weder von der Krone noch von den Siedlern zu tragen war, wurden die notwendigen militärischen Aufgaben gegen mögliche indianische Aufstände oder Piratenangriffe an die »encomenderos« delegiert. Die militärischen Pflichten der »encomenderos« bemaßen sich in Relation zu der Größe einer jeden »encomienda«. »Damit hatte sich die encomienda aus einem System des Arbeitszwanges für Eingeborene zu einer wichtigen politisch-militärischen Einrichtung des spanischen Kolonialreiches entwickelt[9].«

Das Besondere dabei war, daß die militärischen Aufgaben des spanischen Kolonialreiches im 16. und 17. Jahrhundert in Händen der europäischen Siedler lagen, was eine Spannung oder Entzweiung zwischen militärischen Institutionen und ziviler europäischer Bevölkerung ausschloß. Gegen Ende des 17. Jahrhunderts wurden allerdings sowohl in wirtschaftlicher als auch in militärischer Hinsicht die Nachteile und Schwächen der »encomienda« deutlich. Zum einen verlor die »encomienda« ihre zentrale Bedeutung als Rekrutierungsinstanz von Arbeitskraft – das Haciendasystem entwickelte neue Formen der Einbeziehung der indianischen Bevölkerung, zudem herrschten im Bergbau mehr und mehr Lohnverhältnisse vor –, zum anderen waren die reich gewordenen »encomenderos« wenig geneigt, selbst die Waffe in die Hand zu nehmen und ließen die notwendigen militärischen Operationen an arme spanische Söldner delegieren.

Eigentlich war die »encomenderos«-Armee aus Disziplinmangel und unzureichender militärischer Vorbereitung nie geeignet gewesen, um ernstzunehmende militärische Aufgaben durchzuführen. Wo, wie in Chile, die Araukaner lange und erfolgreich das Eindringen der Europäer verhindern konnten, und eine militärisch offene, gefährliche Grenze entstand, mußte man schon

1597 die »encomenderos« vom Militärdienst entbinden. Seit 1603 finanzierten die Krone und die »encomenderos« gemeinsam an dieser Grenze ein Berufsheer. Man kann jenes als einen ersten Ansatz zu einem permanenten Kolonialheer ansehen, jedoch bleibt es noch so lokalisiert, daß es zu keinen gesellschaftlich relevanten Auswirkungen kommt.
Angesichts des europäischen Ursprungs der feudalen Institution »encomienda« mit der Übertragung von wirtschaftlichen und militärischen Vorrechten an die »encomenderos« hätte man erwarten können, daß die encomienda zu einem »feudalen Militäradel« ausgebaut worden wäre. G. Kahle führt jedoch drei Gründe an, die eine Feudalisierung der Kolonialgesellschaft verhinderten[10]: 1. Der wesentliche Unterschied zwischen den »encomenderos«-Armeen und den Feudalheeren lag darin, daß die sog. Vasallen, die Indianer, zugleich die potentiellen Feinde waren und demgemäß weder Waffen tragen durften noch zum Militärdienst herangezogen werden konnten. Dieser oblag somit allein den Spaniern. 2. Die Armee der »encomenderos« war also ausschließlich eine Herren-Armee, die sich freilich wegen ihrer Disziplinlosigkeit als militärisch absolut untauglich erwies. 3. In der Tat sind bei den »encomenderos« feudale Bestrebungen zu verzeichnen. Sie hatten versucht, ihre Eigentumsrechte an Boden mit Vasallenverhältnissen zu verschmelzen und Militärdienste womöglich mit der Gerichtsbarkeit zu verbinden. Die Krone, die schon auf der iberischen Halbinsel ihre Erfahrungen mit Feudalherren gemacht hatte, fürchtete vor allem in solch weit entfernten Gebieten einen Feudalisierungsprozeß. Es gelang ihr, Landverteilung und Indianerverteilung streng getrennt zu halten. Die »encomienda de indios« wurde deshalb nie auf Perpetuität verliehen, wie es den Vasallenverhältnissen des europäischen Mittelalters eigen war, sondern nur für eine begrenzte Zeit, die selten über zwei Generationen hinausging. Die Gerichtsbarkeit lag immer bei der königlichen Bürokratie und spielte eine relevante Rolle in der Begrenzung der herrschaftlichen Rechte der »encomenderos«.
Die Diskussion der letzten Jahre über den kapitalistischen oder feudalistischen Charakter der Kolonialgesellschaft hat darunter gelitten, daß der militärische Aspekt nicht einbezogen wurde. Die Betrachtung der Entwicklung der »encomienda« verdeutlicht, wie sich im strengen Sinne eine feudale Gesellschaft nicht konstituieren konnte, was natürlich nicht präjudiziert, daß der Typ der Kolonialgesellschaft als kapitalistischer zu bezeichnen wäre. Nach dem französischen Historiker Pierre Chaunu hätte man die Unabhängigkeit Hispanoamerikas »entweder viel früher oder viel später erwartet«[11]. Man hätte es einerseits für normal gehalten, wenn am Ende des 17. Jahrhunderts, in einem Moment tiefgreifender wirtschaftlicher und politischer Krise Spaniens, die neu aufsteigenden Mächte Europas, besonders England, Territorien in Amerika annektiert hätten. Der Erbfolgekrieg Spaniens (1702–1713) stellt die politische Kulmination seiner Krise dar. Die Inthroni-

sierung eines Enkelkindes Ludwig XIV., Philipp V., als König von Spanien (1701) bedrohte unmittelbar die überseeischen Interessen und provozierte einen Krieg zwischen England, Holland und schließlich Portugal gegen die neue Allianz Frankreich und Spanien. Wenn auch die Bourbonendynastie in Spanien durch den Friedensvertrag von Utrecht (1713) international anerkannt wurde, so eröffnete jener doch zugleich für die Engländer Handelsmöglichkeiten mit den spanischen Kolonien.

Hispanoamerika bleibt zwar spanisch – Lasten und Kosten der Verwaltung liegen weiterhin in spanischen Händen –, doch wird England als realer Handelspartner allmählich zur eigentlichen Metropole. Die neue Dynastie in Spanien und die Verfestigung der englischen Seemacht im Atlantik verändern die Situation Hispanoamerikas im 18. Jahrhundert grundsätzlich. Die Bourbonen, die ständig mit der Wahrscheinlichkeit einer englischen Invasion in ihren Kolonien rechnen mußten, verfolgen eine Politik der administrativen und wirtschaftlichen Reformen einerseits und andererseits eine der direkten militärischen Verstärkung dieser Region. 1727 hob man die Institution der »encomienda« auf. 1728 wurde die erste Kolonialhandelsgesellschaft gegründet – Compañía Guipuzcoana de Caracas –, durch die Venezuela neue Impulse zum Anbau von Kakao und Tabak erhielt[12]. 1739 wurde das Vizekönigtum von Neu-Granada gegründet, auch um das militärische Oberkommando an der karibischen Küste zu haben, statt nur im entfernten Lima.

Die wichtigsten Reformen aber wurden in der Regierungszeit von Karl III. (1759–1788) durchgeführt. 1774 erhalten die spanischen Kolonien in Amerika die Erlaubnis, untereinander Handel zu treiben. 1776 wurde das Vizekönigtum von Rio de la Plata gegründet, das sich von Feuerland bis zum heutigen Bolivien und zur atlantischen Küste Argentiniens ausdehnte. Seine besseren Verteidigungsmöglichkeiten gegen die portugiesisch-brasilianische Expansion, die von den Engländern begünstigt wurde, waren der unmittelbare Anlaß seiner Gründung. 1778 dürfen alle spanischen Häfen mit den amerikanischen Kolonien Handelsbeziehungen aufnehmen. Aber die entscheidende administrative Reform lag in der Einführung des Intendent-Systems. Statt kollegialer Räte an der Spitze der Verwaltung und eines komplexen Systems von Behörden und Kompetenzen, die sich oft gegenseitig blockierten, wurde an der Spitze jeder territorialen Einheit eine Behörde gestellt (intendente), die Finanz-, Justiz-, Kriegs- und Verwaltungsaufgaben vereinigte. Die Bourbonen versuchten, die Verwaltung durch einen strengen Zentralismus und direkte Kontrolle der Krone nach dem Modell des französischen Absolutismus zu rationalisieren, um sie effizienter zu machen[13].

Alle diese Reformen brachten eine ungeheure Entwicklung der Wirtschaft Hispanoamerikas mit sich. In der zweiten Hälfte des 18. Jahrhunderts war der globale Austausch zwischen den Kolonien und der Metropole um 700 % gestiegen. Auf Grund dieser wirtschaftlichen Expansion der spanischen Kolonien, die sich mit Beginn des 19. Jahrhunderts noch in aufsteigender Tendenz hielt, erscheint der Zeitpunkt der Unabhängigkeit völlig unvermittelt. Er ist nicht primär aus der inneren Dynamik Hispanoamerikas erklärbar, sondern vielmehr von europäischen Ereignissen bestimmt: der napoleonischen Invasion. Ohne diese wäre wahrscheinlich die Herrschaft Spaniens in Amerika noch einige Jahrzehnte erhalten geblieben, wie es in Kuba und den Philippinen der Fall war. Die bourbonischen Reformen, die letztlich zum Ziel hatten, die Kolonien besser verteidigen zu können, gipfelten in der Reorganisation des Heerwesens. Die traditionellen militärischen Institutionen der »encomienda« hatten schon im Laufe des 17. Jahrhunderts jede Bedeutung verloren. An strategischen Punkten wurden einige Festungen gebaut, die mit Berufssoldaten besetzt waren[14]. Die Tendenz der Ersetzung der Siedlerheere durch Berufssöldner nahm mehr und mehr zu.

Mit den bourbonischen Reformen wurde nun endgültig nach dem siebenjährigen Krieg gegen England 1764 die Schaffung eines ständigen Kolonialheeres geplant. Feste Einheiten (tropas fijas) sollten in der Kolonie stationiert und auch Truppen aus Spanien turnusmäßig ausgewechselt werden. Obwohl sich in der zweiten Hälfte des 18. Jahrhunderts die Zahl der regulären Truppen in Hispanoamerika verdoppelte, reichte sie längst nicht aus, um so riesige Gebiete zu verteidigen. Deshalb mußte man mindestens für den Notfall auf Milizen zurückgreifen können. Diese wurden wie auf der iberischen Halbinsel auf Provinz- und Stadtebene organisiert. McAlister gibt für Neuspanien folgende Zahlen an:

Jahr	reguläre Truppen	Milizen
1758	3.032	–
1766	2.341	13.039
1784	4.389	39.106
1800	6.150	29.962

Obgleich die Anzahl der Milizen oft das Fünf- bis Sechsfache der regulären Truppen ausmachte, bedeuteten sie wegen ihrer schlechten Ausrüstung und ihrem Mangel an Ausbildung keine wesentliche Entlastung. Um die Zugehörigkeit zur regulären Armee oder den Milizen attraktiver zu machen, gewährten die Bourbonen beträchtliche Privilegien für die Mitglieder der regulären Armee und deren Angehörige sowie für die Offiziere der Milizen und ihre Angehörigen. Das Wesentliche war, sowohl in zivil- wie strafrechtlichen Angelegenheiten unter einer militärischen Gerichtsbarkeit zu stehen, dem »fuero militar«. In Kriegszeiten sollte der »fuero militar« auch auf die Milizmitglieder ausgedehnt werden. 1784 gab es in Neuspanien 4389 Mitglieder der regulären Armee und 639 Offiziere (für 16 766 Milizen), die die Vorteile des »fuero militar« in Friedenszeiten genossen. Hinzu kamen viele andere Privilegien, »preeminencias«, wie z. B. bei Schulden nicht verhaftet oder gepfändet werden zu können, keinen Wegezoll zahlen zu müssen und nicht zu bestimmten Ämtern in den Gemeinden gezwungen zu sein. Alle diese Privilegien verstärkten den »Korpsgeist« und machten die Armee interessant für Mitglieder der kreolischen Oberklasse.

Die Etablierung eines regulären Heeres und die oft käufliche Erwerbung der Offiziersposten bei den Milizen schaffte eine privilegierte soziale Gruppe, die sich deutlich von der Zivilbevölkerung abhob. Die Spaltung zwischen Zivilisten und Militär führte zu schwerwiegenden Konsequenzen für die koloniale Ordnung. Die militärischen Privilegien unterwanderten die Autorität der zivilen Behörden und schwächten damit die königliche Autorität. Als die Krise der spanischen Monarchie (1808) die Treue an den König in Frage stellte, spielte die Tatsache, daß viele Kreolen Offiziere geworden waren, eine entscheidende Rolle für die Unabhängigkeitskämpfe. Auch die Milizen, die sich nach der englischen Eroberung von Buenos Aires 1806 und 1807 als einzige kämpferische Einheit erwiesen hatten, erhöhten das Selbstbewußtsein der kreolischen Bevölkerung, was letztlich erklärt, daß Buenos Aires seitdem nicht mehr die Autorität des spanischen Vizekönigs anerkannte.

Die militärischen und wirtschaftlichen Reformen der Bourbonen begünstigten zweifellos in der Krise der Monarchie die Unabhängigkeitsbestrebungen. Auch die ersten Formen des Militarismus nach der Unabhängigkeit – soziale Privilegien, Korruption – gehen in gewissem Maße auf die Erfahrungen der letzten Jahrzehnte vor der Unabhängigkeit zurück. Das besagt aber nicht, daß die Herrschaft des Militärs in Lateinamerika allein auf die Kolonialerfahrungen des Militärs zurückzuführen sei. Die Privilegien der spanischen Offiziere waren in der neuen Zeit keine Besonderheit, und unter anderen sozio-ökonomischen Bedingungen haben sie nicht unbedingt zum Militarismus geführt.

Militärcaudillismus, ein Produkt der Unabhängigkeitskriege

Obgleich einige Historiker auf die koloniale Wurzel des Militarismus hingewiesen haben, hat sich am meisten die Meinung verbreitet, daß der lateinamerikanische Militarismus in den Unabhängigkeitskriegen und in der nachfolgenden politischen Instabilität seinen Ursprung habe[15]. Der Militarismus ist demzufolge die notwendige Konsequenz des politischen Vakuums nach der raschen und gewalttätigen Zerstörung der politischen Institutionen der Kolonialzeit. Die Aufteilung des spanischen Reiches in mehrere, zum Teil neue politische Einheiten und die Anarchie, die aus der Kluft zwischen legalen Institutionen und sozio-ökonomischer Realität, zwischen Anspruch und Verwirklichungsmöglichkeiten resultierte, ließen die Armee als einzig halborganisierte Kraft Herr der Lage sein.

Hinsichtlich dieser Entwicklung stellen sich folgende zwei Fragen:

1. Warum mündet die Unabhängigkeit in eine tiefe politische, soziale und wirtschaftliche Krise?

2. Welche politische Funktion fällt den im Kampf für die Unabhängigkeit entstandenen Heeren in dieser kritischen Situation zu?

Wenn auch die bourbonischen Reformen eine Dynamisierung der Wirtschaft und Gesellschaft bewirkt haben, die langfristig zur Unabhängigkeit dieser Gebiete führen mußte, so kam doch der entscheidende Schlag schon verfrüht von außen: die Besetzung Spaniens durch Napoleon und die Abdankung der spanischen königlichen Familie. Gegen diese illegitime Tat reagierten alle Königtümer, Provinzen und Territorien Spaniens zu beiden Seiten des Atlantiks, da die herkömmliche Rechtsmeinung besagte, daß, falls der Monarch seine souveränen Rechte nicht ausüben könnte, dem Volke diese Souveränität zufiele[16]. Im Namen des gefangengenommenen Königs Ferdinand VII. formierten sich »juntas«, die die zerschlagenen traditionellen Behörden ersetzten.

Erstaunlich ist, wie lange diese objektiv revolutionäre Situation in den amerikanischen Kolonien in ihrer Wirkung auf sich warten ließ. Wenn man bedenkt, daß seit 1797 der Krieg gegen England praktisch jede Verbindung zwischen der spanischen Metropole und den amerikanischen Kolonien hat abreißen lassen, und daß seit der Seeschlacht von Trafalgar (1805), in der die spanische Marine völlig unterging, überhaupt keine Beziehung, weder ökonomischer noch administrativer Art, aufrechtzuerhalten war, dann muß man sich fragen, warum die Kolonien, die de facto keinerlei Verbindung zur Metropole hatten, sich dennoch weiterhin als Teil des spanischen Reiches verstanden und ohne Zögern die kolonialen Behörden anerkannten. Sogar die napoleonische Invasion 1808 provozierte 1809 nur kleine politische Erhebungen in Chuquisaca, La Paz und Quito, die ohne große Schwierigkeiten von den lokalen Behörden niedergeschlagen wurden. Ganz Spanien mußte erst unter napoleonischer Kontrolle stehen und die »junta central« von Sevilla auseinanderfallen, ehe sich in den amerikanischen Kolonien 1810 die ersten »juntas« bildeten (in Caracas am 19. April, in Buenos Aires am 25. Mai, in Santiago de Chile am 28. September).

Diese unglaubliche Verspätung der Auflösung der traditionellen Behörden, und zwar in Randgebieten, die erst im 18. Jahrhundert eine gewisse administrative Selbständigkeit erreicht hatten, verdeutlicht, wie wenig der kreolischen Elite an einem politischen Wechsel lag. Die politische Krise, die in der Abdankung der spanischen königlichen Familie gipfelte, artikulierte sich in den überseeischen Kolonien äußerst langsam, wobei ein gemäßigtes und vorsichtiges Vorgehen der Kreolen auffällig ist. In einer objektiv revolutionären Situation geht es ihnen vor allem darum, jede revolutionäre Veränderung zu vermeiden.

Schon in der ersten Phase dieses Übergangs 1810–1814 lassen sich folgende Merkmale herausheben:

1. Die Auseinandersetzung zwischen den Verteidigern des Status quo, deren Legitimität eigentlich verlorengegangen ist, und den Kräften, die die politischen Konsequenzen aus der neuen Situation ableiten wollten, spielten sich innerhalb der kolonialen Gesellschaft ab und trugen den Charakter eines Bürgerkrieges. In dieser ersten Etappe wirkte Spanien nur indirekt – durch seine Abwesenheit.

2. In den Gebieten, in denen die Mehrheit der Bevölkerung indianischer Herkunft war und die herrschenden weißen Gruppen, ob kreolisch oder europäisch, eine winzige Minderheit ausmachten, blieb entweder jede politische Veränderung aus – so in Peru, wo die große indianische Rebellion von Tupac Amaru (1780) noch in Erinnerung war und die damalige kluge Haltung des Vizekönigs Abascal die Situation beherrschte – oder der von der Masse der Indianer getragene Aufstand wurde von der weißen Elite, ohne Unterschied ob Kreole oder Eurospanier, mit Hilfe der regulären Truppen niedergeschlagen (Mexiko).

3. Die sozialen Gruppen, die sich als Träger der Unabhängigkeit abzeichneten, sind zum einen die »hacendados«, die Großgrundbesitzer, die am freien Handel, dem freien Export ihrer landwirtschaftlichen Produktion – Zucker, Kakao, Leder – und dem freien Import billiger englischer Manufakturen interessiert sind; zum anderen die dünne kreolische intellektuelle Schicht, der ihre amerikanische Herkunft oft ein Hindernis für ihren sozialen Aufstieg war. Dagegen blieben Minen- und Werkstättenbesitzer sowie Handwerker und Kaufleute – an sich Gruppen bürgerlicher Zugehörigkeit – an dem spanischen Monopol interessiert und engagierten sich zur Verteidigung der traditionellen Ordnung.

4. Die indianischen Massen und die übrigen Unterschichten pendelten zwischen den Fronten. In Peru blieben sie bis zum letzten Tag mit den Royalisten verbunden; in Mexiko dagegen bildeten sie unter der Führung zweier Priester (Hidalgo und Morelos) die erste Armee der »insurgentes«, der Aufständischen; in Venezuela rebellierten die lohnabhängigen Mestizen der Llanos im Namen des spanischen Königs, unter der Führung des Spaniers Boves, gegen die Latifundisten. In der sozialen Zusammensetzung der Kräfte, die für die Unabhängigkeit (Patrioten) oder für die Aufrechterhaltung der politischen Bindungen mit der Metropole (Royalisten) waren, liegt der Hauptwiderspruch, der in der nachfolgenden politischen Instabilität zum Ausdruck kommt.

Die Träger der politischen Emanzipation, die Großgrundbesitzer, waren sozial gesehen die konservativsten Kräfte. Das Durchsetzen ihrer eigenen wirtschaftlichen Anliegen stand in krassem Gegensatz zu den grundlegenden Interessen der urbanen bürgerlichen Schichten, zu denen der Kaufleute, Handwerker etc. Obgleich die Latifundisten einen ausgeprägten antibürgerlichen Charakter hatten, mußten sie in der ersten Phase der Lösung eine Allianz mit der kreolischen intellektuellen Schicht eingehen und deren bürgerlich-revolutionäre Ideologie zeitweise übernehmen. Allerdings genügt die bürgerlich-ideologische Dimension nicht, um den Charakter der lateinamerikanischen Emanzipation zu bestimmen.
Nachdem Spanien von der französischen Besatzung befreit war und der lang erwartete Monarch seinen Thron wieder besetzt hatte, begann die zweite Phase der politisch-militärischen Auseinandersetzungen, die schließlich zur Unabhängigkeit führte. Solange Spanien militärisch und wirtschaftlich aus dem Spiele war, hatten die hispanoamerikanischen Kreolen erkennen lassen, daß sie politisch der spanischen Monarchie verbunden bleiben wollten. Als aber Ferdinand VII. ein Kolonialheer nach Amerika schickte – 1815 landeten in Venezuela 10 000 Mann unter der Führung von General Morillo –, um die alten Verhältnisse wiederherzustellen, hatte er nicht begriffen, daß sich die Situation de facto, trotz der Loyalität der kreolischen Eliten, verändert hatte und trieb dadurch viele Kreolen auf die Seite der Patrioten. Ohne den Charakter des Bürgerkrieges völlig zu verlieren, trugen diese Auseinandersetzungen bereits Züge eines modernen Kolonialkrieges.
Die politische Rigidität des spanischen Königs, der den utopischen Versuch unternahm, die Geschichte zurückzuschrauben, und die oft brutale Repression des spanischen Kolonialheeres gegenüber Verdächtigen gaben den fast niedergeschlagenen Patrioten neuen Auftrieb. Verflogen waren vor allen Dingen die Illusionen der kreolischen Eliten von politischen und wirtschaftlichen Reformen innerhalb der spanischen Monarchie. Jetzt sahen sie, daß die neu erreichten Positionen nur zu halten waren, wenn sie zugleich für die politische Unabhängigkeit kämpften. Das Paradox ist dabei, daß Spanien seine Kolonien zu dem Zeitpunkt verlor, als es bemüht war, sie militärisch unter Kontrolle zu bringen. Längst hatte sich auch die internationale Situation grundsätzlich verändert. In der Zeit von 1808–1814 war England als Alliierter Spaniens im Kampf gegen Napoleon nicht bereit, die antispanischen Kämpfe in Amerika zu unterstützen, aber die englische Politik hatte sich nach 1814 radikal gewandelt. Es gab keinen Grund mehr, sich neutral zu verhalten, vielmehr entsprach den englischen Interessen auf der Suche nach neuen Märkten für ihre Manufakturen ein unabhängiges Hispanoamerika.
Insgesamt gesehen arbeiteten die Härte der spanischen Repression, die politische Starre, die neuen außenpolitischen Verhältnisse, die europäische Wirtschaftskrise nach der napoleonischen Zeit (1815–1816), von der die Exporte

Lateinamerikas sehr betroffen waren, zugunsten der Patrioten. San Martín befreite 1817 mit 4000 Mann Chile und bereitete sich auf die Landung in Peru vor; im Norden gelang es Bolivar 1819, die Republik Kolumbien zu errichten, doch der entscheidende Faktor, der die Unabhängigkeit endgültig besiegelte, kam wieder aus Europa: Die Truppen, die auf ihre Einschiffung nach Amerika warteten, putschten am 1. April 1820 gegen die absolute Monarchie und setzten in Madrid eine revolutionär-liberale Regierung durch.
Das wiederum veränderte die politische Landschaft Amerikas. Die konservativen Kreise befürchteten eine Allianz der liberalen Kräfte zu beiden Seiten des Atlantik und unter der nominalen Anerkennung der spanischen Souveränität eine Reihe liberaler Reformen. Die Kräfte, die bisher für die Erhaltung des politischen Status quo gekämpft hatten, beeilten sich nun, die Unabhängigkeit auszurufen. 1821 setzte der Generalchef der Royalisten, La Serna, in Peru den Vizekönig Pezuela ab und führte Friedensverhandlungen mit San Martín, um eine unabhängige Monarchie in Peru zu errichten. In Mexiko einigten sich im Februar 1821 die Patrioten (Guerrero) und die royalistische Armee (Itúrbide) auf den Plan von Iguala, in dem die Erklärung der Unabhängigkeit Mexikos ausdrücklich formuliert wurde, wenn auch unter Beibehaltung der Monarchie als Staatsform, der katholischen Religion als offizieller Religion des Landes und der Integration der Spanier. Als es klar wurde, daß weder die spanische Regierung noch der spanische Monarch die geringste Neigung hatten, diesen Plan anzuerkennen und sie auch kein Mitglied der spanischen königlichen Familie als neuen König für Mexiko zur Verfügung stellten, wurde der General Itúrbide im Mai 1822 von seinen eigenen Truppen zum Kaiser von Mexiko erhoben. Dieselben Kräfte, die den Volksaufstand von 1810–1812 niedergeschlagen hatten, erklärten jetzt, um möglichst jede Veränderung zu vermeiden, die Unabhängigkeit. Wie der Volksmund sagt: »El último día de despotismo y el primero de lo mismo.« (Der letzte Tag des alten Despotismus ist der erste des neuen.[17])
Die Proklamation der Monarchie in Mexiko ist ein Zeichen für die konservativen Tendenzen der Unabhängigkeitsbewegung. In der Phase von 1810 bis 1814 verblüfft die Loyalität gegenüber dem spanischen, bereits gefangenen König. Als aber die Politik des spanischen Monarchen alle Illusionen und Hoffnungen täuschte und ab 1820 außerdem der Sieg der liberalen Revolution in Spanien das Schlimmste befürchten ließ, versuchten die konservativen Politiker eine monarchische Lösung mit der Unabhängigkeit zu verbinden: In Mexiko wurde sogar ein Kaiser ernannt; die Generäle Bolivars hatten diesem auch eine Krone angeboten, die er allerdings zugunsten einer autoritären Republik zurückwies; Belgrano verteidigte 1816 auf dem Kongreß von Tucumán die konstitutionelle Monarchie als die bessere Regierungsform; San Martín, Riva-Agüero und andere Befreier waren überzeugte Monarchisten. Der sozio-ökonomischen Struktur Hispanoamerikas entsprach freilich am

besten eine zentralistische Monarchie, die lokalen und allzu privatistischen Interessen entgegenwirken konnte. Neue Monarchien in Amerika zu etablieren, war jedoch ein unmögliches Unterfangen. Daher mußten die kreolischen Eliten, um sich zu legitimieren, liberal-republikanische Verfassungen nach nordamerikanischem oder französischem Vorbild übernehmen, die im krassen Widerspruch standen zu der eigenen politischen Tradition und den herrschenden sozio-ökonomischen Strukturen. So entsteht mit der Unabhängigkeit eine Kluft zwischen sozio-ökonomischer und politischer Entwicklung, die bis zum heutigen Tag nicht überwunden ist und das konstitutive Merkmal Lateinamerikas ausmacht.

Das Jahr 1810 wurde zum Wendepunkt der gesamten lateinamerikanischen Geschichte: Vorher bestand ein organischer Zusammenhang zwischen sozio-ökonomischer und politischer Struktur, die politische Macht der Kolonialzeit beruhte nicht auf bloßer Ausübung von Gewalt, sondern wurde von dem Konsens aller Teile der herrschenden Klasse getragen, deren Interessen sich in der kolonialen Unterwerfung der übrigen Bevölkerung fanden. Die Unabhängigkeit bricht die Einheit der herrschenden Klasse auf, stellt die Legitimation der bisher ausgeübten Machtkonstellation in Frage und zerstreut folglich die bislang zentralistische Macht in kleinste Einheiten, die sich gegenseitig bekämpfen und aufheben. Damit sind auch den unteren Schichten gewisse Chancen gegeben, eigene Ansprüche zu erheben, was erste Ansätze einer sozialen Mobilität bewirkt. Gegenüber der organischen Stabilität des Ancien régime ist mit der Unabhängigkeit eine Divergenz zwischen sozio-ökonomischer und politischer Entwicklung aufgebrochen, die ihre Balance bis zum heutigen Tag noch nicht hat wiederfinden können. Politische Instabilität ist somit ein wesentlicher Bestandteil der lateinamerikanischen Republiken[18].

Obgleich die Unabhängigkeit erkämpft wurde, um die sozialen Strukturen zu sichern, hatten die Unabhängigkeitskriege zu so tiefgreifenden Veränderungen geführt, daß unaufhaltbar eine Wandlung der Strukturen einhergegangen war. Zunächst wirkte sie sich als wirtschaftlicher Zusammenbruch aus: Die Produktion von Edelmetallen, die immer an der Spitze des Exportes stand, ging auf Grund der Kriegszerstörungen in den Minengebieten als auch wegen der allgemeinen Unsicherheit, die jeden Transport von so wertvollen Gütern ausschließt, rapide zurück[19]. Freihandel bedeutete jetzt praktisch eine Überschwemmung durch billige englische Produkte, wodurch die eigenen Manufakturen dem Untergang geweiht waren. Die politische Fraktionierung schuf zudem zu schwache nationale Märkte und riß schon vorhandene wirtschaftliche Verflechtungen auseinander: Der Nordwesten Argentiniens sowie Chile und Quito waren in der zweiten Hälfte des 18. Jahrhunderts eng mit der Wirtschaft Perus verbunden. Statt weiterer innerkontinentaler Verknüpfungen gestalteten sich einseitige Abhängigkeiten von der neuen kapitalistischen Metropole England, die eigentlich nur die Küstengebiete mit der kapitalistischen Welt integrierten.

Alle diese Faktoren verursachten zunächst eine Verschiebung der wirtschaftlichen und politischen Macht von der Stadt auf das Land. Die urbanen Eliten – Kaufleute, Mitglieder der staatlichen Bürokratie, Minen- und Werkstattbesitzer etc. – verlieren ihre wirtschaftliche und politische Bedeutung und hinterlassen dem Hacendado ihre führende Stellung. José Luis Romero spricht bezüglich dieser Entwicklung von »Verländlichung des wirtschaftlichen und sozialen Lebens«[20]. Das Zentrum der wirtschaftlichen Macht ist jetzt die Hacienda, der Großgrundbesitz, und mit ihrer Vorherrschaft geht eine Verstreuung der politischen Macht auf lokaler Ebene einher.

Dieser Zusammenhang erklärt sowohl die politische Instabilität, die der Unabhängigkeit folgte, als auch die besondere Position der Armee. Als in der zweiten Phase der Bürgerkrieg allmählich den Charakter eines Kolonialkrieges annahm, mußten die Patrioten relativ große Heere auf die Beine stellen, was nur möglich war unter Einbeziehung der Volksmassen. Die Beziehung zwischen den Offizieren und Truppen reflektierte die zwischen Latifundisten und ihren Arbeitern.

Den unteren Schichten galt es als sozialer Aufstieg, in die Armee aufgenommen zu werden. Sie suchten dort vor allem Protektion, was die persönlichen Bindungen zwischen Offizieren und ihren Leuten verstärkte. Außerdem gab es viele kleinere Einheiten oder Banden von Rebellen, die den Guerillakrieg ausübten und bei denen die persönliche Loyalität noch mehr im Vordergrund stand. Während der Unabhängigkeitskriege bildeten sich aus völlig heterogenen Teilen die nationalen Armeen, die kaum etwas mit einer modernen, disziplinierten Armee zu tun hatten. Diese Heterogenität und die besonderen Bindungen jeder Einheit an ihren Führer wurden durch die politische Schwäche des Staatsapparates noch ausgeprägter[21]. Ganz gleich, ob es sich um eine federale oder unitarische Republik handelte, in beiden Fällen waren die zentralen Regierungen nicht in der Lage, die regulären Truppen allein zu finanzieren und waren auf die lokale Unterstützung angewiesen.

Hinzu kamen die riesigen Entfernungen und das Fehlen eines Transport- und Kommunikationswesens, was de facto jede militärische Einheit auf ihrem Gebiet autonom sein ließ. Der Chef der einzelnen militärischen Einheiten betrachtete seine Truppen als persönliche Klientel und war entweder mit der lokalen Macht, dem Latifundisten, verbunden oder selbst einer von ihnen.

Gerade diese Verschmelzung von Haciendasystem und den lokalen militärischen Machtzentren definiert den *Caudillismus.* Ihm entspricht eine Situation absoluter Anomie, eine Machtzersplitterung und Verländlichung des ökonomischen Lebens. Diese Zersplitterung der Macht erlaubt den Aufstieg des Caudillo, der außer der Loyalität seiner Klientel keine weitere Legitimation kennt. Der nationale Caudillo stützt sich auf eine Reihe von lokalen Caudillos mit ihren zugehörigen bewaffneten Banden. Da jedoch die personalen Abhängigkeitsbeziehungen und das Zurückgreifen auf Gewalt nicht das Privileg eines einzigen sind, sieht sich der Caudillo ständig mit anderen Caudillos konfrontiert. Jeder bewaffnete Aufstand zieht einen Gegenaufstand nach sich; jede Revolution ihre Gegenrevolution[22].

Professionalisierung und ausländische Abhängigkeit

»Und so, wie viele Caudillos über Nacht zu Generälen wurden, wurden viele Generäle zum Caudillo[23].« Gewiß, die Tatsache, daß die Caudillos Uniform tragen, den Generalstitel führen und ihre Macht mittels bewaffneter Gruppen bekunden, erlaubt, dieses Phänomen unter den allgemeinen Begriff von Militarismus zu subsumieren; doch als vor dem Hintergrund von verschiedenen historischen Situationen stehende Realitäten sind der Caudillismus und der Militarismus zwei ganz verschiedene Dinge. Im strengen Sinne setzt der Militarismus mindestens die Existenz einer Armee mit ihren elementaren Merkmalen von zeitgemäßen Waffen, Disziplin, zentraler Lenkung und ausgebildeten Offizieren voraus, der so in Lateinamerika bis Ende des 19. Jahrhunderts nicht in Erscheinung tritt.
Der Militärcaudillismus tauchte bereits in einer Zeit auf, in der Lateinamerika praktisch auf sich selbst gestellt war. In den ersten Jahrzehnten nach der Unabhängigkeit konnten die lateinamerikanischen Länder kaum Produkte auf den internationalen Markt bringen, so daß der Freihandel durch den stärkeren Import der englischen Manufakturen rasch große Defizite zeigte. Die Verländlichung und Zersplitterung der Macht ist zu nicht geringem Teil Konsequenz des Abbruchs mit der Außenwelt. Die allmähliche Reintegration Lateinamerikas in den internationalen Markt in der zweiten Hälfte des 19. Jahrhunderts führt dann auch zu einer erneuten Vorherrschaft der Städte, die versuchen, das Hinterland mehr und mehr unter ihre Kontrolle zu bringen. Damit wird dem Caudillismus der Boden entzogen.
Als Ausgangspunkt dieser Entwicklung kann man die Einführung des Freihandels in England ansehen, d. h. die Aufhebungen der letzten Zollbegünstigungen für die englische Landwirtschaft in den Jahren von 1846–1849. Entscheidend war darüber hinaus die technische Revolution der Seefahrt. Mit den ersten Dampfschiffen (1840) verkürzte sich der Transport erheblich und verbilligten sich die Kosten ganz gewaltig. Die landwirtschaftlichen Produkte Lateinamerikas fanden einen neuen Absatzmarkt in Europa, dessen rasche Industrialisierung einen steigenden Bedarf an industriellen Metallen und Lebensmitteln aufwies. Lateinamerika integriert sich als Lieferant von Roh-

stoffen in das System der internationalen Arbeitsteilung. Die bisherige isolierte Hacienda wird zu der an den Außenmarkt gebundenen Plantage. Die wirtschaftliche Macht verschiebt sich vom Hinterland zu den Hafenstädten, wo sich eine neue Import-Export-Bourgeoisie als aufsteigende Klasse konsolidiert.

Die Festigung der internationalen Handelsbeziehungen, die als unerläßlich für die Entwicklung dieser Länder galt, schuf eine gewisse politische Stabilität. Eine neue Oligarchie, gebunden an ausländische Interessen, meldete ihren Anspruch auf die Kontrolle der politischen Macht an. »Der Fortschritt dieser Demokratien ist das Werk des ausländischen Kapitals, und wenn die politische Anarchie überwiegt, sinkt der Kredit[24].« Stabile politische Umstände sind aber undenkbar, solange der Militärcaudillismus umherzieht. Die Professionalisierung der Armee ist deshalb eine unumgängliche Bedingung der benötigten politischen Stabilität. Der Caudillismus mit seiner immanenten Anarchie reduziert sich mit dem Aufsteigen einer neuen Stadt-, Finanz- und Exportoligarchie, die nur daran interessiert ist, die Ordnung aufrechtzuerhalten, um nicht der Willkür und manchmal sogar den populistischen Neigungen der an der Macht stehenden Caudillos ausgeliefert zu sein. In Peru bringt die neue Oligarchie an der Küste, die der Guano-Boom emporsteigen ließ, Manuel Pardo an die Macht – der erste Zivilist, der Präsident wurde (1872–1876). Ihm ist die Gründung einer Unteroffiziersschule zu verdanken (»Escuela de Cabos y Sargentos«), ein bescheidener Ansatz, um die Armee zu professionalisieren. Der Pazifikkrieg (1879–1883) wirft das Land so weit zurück, daß der erste Versuch einer Zivilregierung unterbrochen wird. Endlich, zwölf Jahre später und dank einer populären Bewegung, kommt Nicolás de Piérola (1895–1899) an die Macht, dessen Präsidentenzeit das moderne Peru eröffnete. In seinem Bemühen, einen Damm gegen den alten Caudillismus zu errichten, war eines seiner dringendsten Anliegen, die Armee zu modernisieren. 1895 wurde die »Escuela Militar de Chorrillos« gegründet[25]. Die neuen, schon konsolidierten Oligarchien – anfänglich auf dem Guano-Export basierend, später auf dem von Zucker und Baumwolle an der Küste und dem von Bergbau und Viehzucht in der Sierra – benötigten eine disziplinierte Berufsarmee, die, statt der Fraktionierung und dem Caudillismus den Weg zu bereiten, im Dienst des »inneren Friedens« steht, d. h. der Erhaltung des Status quo. Bis 1914 folgen nacheinander vier gewählte zivile Präsidenten. Frieden, Fortschritt, Positivismus hieß die Parole der neuen Oligarchie, die die Exportinteressen vertrat[26].

In der »aristokratischen Republik«, wie sie Jorge Basadre genannt hat[27], erschien der Militärcaudillismus wie ein Wahnbild der Vergangenheit. Da der Caudillismus in Chile keine große Bedeutung gehabt hatte, konnte er dort am leichtesten überwunden werden. Es gelang der Agraroligarchie, die das Land schon in der Kolonialzeit beherrschte, nach der Unabhängigkeit ihre Herr-

schaft zu institutionalisieren. Wichtige Positionen in der Armee blieben ab 1830, nach der Konsolidierung der konservativen Kräfte, Monopol der Aristokratie. Es gab also im Laufe des 19. Jahrhunderts keine grundsätzliche Divergenz zwischen zivilen, konservativen Regierungen und dem Militär, dessen Offiziere aus denselben Kreisen stammten, was wiederum erklärt, daß Chile das einzige lateinamerikanische Land ist, das im 19. Jahrhundert vom Militärcaudillismus verschont wurde.
So bildete sich beim Militär eine Tradition der Nicht-Intervention in die Politik des Landes, zumindest so lange diese innerhalb der vorgeschriebenen konservativen Kanäle verläuft. Diese Trennung der Bereiche von Politik und Militär verleiht dem letzteren schon sehr früh einen relativ hohen Grad an Professionalisierung und erklärt den großen Sieg im Pazifikkrieg gegen Peru und Bolivien, bei dem reiche Bergbaugebiete (Salpeterwüste) erobert wurden, wodurch die Ausfuhrmöglichkeiten des Landes erheblich anstiegen. Diese Erfahrung zeigte den lateinamerikanischen Ländern, wie wichtig eine moderne Berufsarmee war, sowohl für den inneren Frieden als auch als Instrument der nationalen Expansion. Gerade dort, wo der Caudillismus am wenigsten sein Unwesen getrieben hatte, wo sich eine homogene nationale Armee halten konnte, war die Gewinnung neuer Reichtümer möglich. Caudillismus dagegen schwächt nach innen und nach außen.
Um die eroberten Gebiete zu verteidigen, schien eine Verstärkung der Armee unerläßlich. Zur Verbesserung der Militärausbildung und Modernisierung der Armee konnte die chilenische Regierung den preußischen Artilleriehauptmann Emil Körner (1885) gewinnen. Er wirkte zunächst als Leiter des Militärerziehungs- und Bildungswesens, dann als Chef des Generalstabs und schließlich als Generalinspekteur. Das chilenische Heer verdankte ihm eine grundsätzliche Neuorganisation. Die Militärschule in Santiago war 1817 gegründet worden und war mehr eine Ausbildungsstätte für Kinder der Agraroligarchie zur Vorbereitung auf die Universität, »mehr im Sinne eines Polytechnikums mit militärischer Disziplin und leichtem Anklang an den Militärdienst, als in dem einer wirklichen Offiziersschule geordnet«[28]. Statt reiner Paradeübungen und rhetorischem Auswendiglernen setzt Körner folgende zwei Prioritäten: 1. spezifisch militärische Fächer (Taktik der drei Waffen, Waffenlehre, Ballistik), 2. naturwissenschaftliche Fächer (Mathematik, Physik, Chemie, Geodäsie). 1887 wurde nach Berliner Muster die Kriegsakademie gegründet, die die weitere Ausbildung der kommandierten Offiziere übernahm. Mit Recht bekam die chilenische Armee den Ruf, die beste Lateinamerikas zu sein, und chilenische Offiziere waren als Ausbilder in Kolumbien, Ekuador, Venezuela und El Salvador tätig.
Die Professionalisierung der chilenischen Armee war Anfang dieses Jahrhunderts weit fortgeschritten.
Dagegen war in Argentinien, wo die Unabhängigkeit einen klaffenden Riß

zwischen der Hafenstadt und den Provinzen hinterließ, der Caudillismus tief verwurzelt. Buenos Aires blieb am Freihandel interessiert und stellte darüber hinaus den Anspruch, über die Zolleinnahmen zu verfügen. Das Hinterland dagegen vertrat eine protektionistische und dezentralisierte Politik und wollte selbstverständlich an den wichtigen Zolleinkünften partizipieren.

Der Krieg gegen Brasilien 1824–1827 schuf vorwiegend auf militärischer Ebene eine Annäherung von Provinz und Hauptstadt, die aber mit der Niederlage bald wieder zerfiel. Die ersten Jahrzehnte nach der Unabhängigkeit sind durch die Kämpfe zwischen den Unionisten (Buenos Aires) und Föderalisten (innere Provinzen) gekennzeichnet. Eine erste Beruhigung gelang dem Caudillo des Landesinneren, Juan Manuel Rosas, der über 20 Jahre die inneren Provinzen auf seiner Seite halten konnte und die Stadt Buenos Aires kontrollierte. Aber auch während der Diktatur von Rosas wurde keine einheitlich zentralisierte Armee geschaffen. Das föderale Prinzip blieb bestehen: Jede Provinz unterhielt weiterhin ihre eigene Armee, was den inneren Unruhen Vorschub leistete. Obwohl während des Paraguay-Krieges 1865–1870 eine Vereinigung der verschiedenen Armeen dekretiert worden ist, blieben die einzelnen Teile bis praktisch 1880 autonom, d. h. bis gerade zu der Zeit, in der das Land eine ungeheure wirtschaftliche Expansion erlebte.

1888 betrug die für den Weizenanbau bestimmte Fläche 815 438 ha, 1908 waren es 4 854 086 ha, 1914 6 601 744 ha. Zwischen 1895 und 1914 vergrößerte sich die allgemeine landwirtschaftliche Nutzfläche um 22 Millionen Hektar. Die argentinischen Exporte stiegen von 120 067 900 Goldpesos im Jahre 1895 auf 403 131 157 im Jahre 1914. Das ausländische Kapital – zu 80% britischen Ursprungs – erhöhte sich praktisch von Null im Jahre 1860 auf 2,5 Milliarden Dollar im Jahre 1900 und auf ca. 10,5 Milliarden Dollar im Jahre 1913. Auf die Totalbevölkerung von 1,2 Millionen im Jahre 1850 rechnet man 1914 ca. 2,6 Millionen als Netto-Einwanderung[29]. Diese wirtschaftliche Veränderung zog eine Professionalisierung und Modernisierung der Armee nach sich. 1880 hatten nur 15 Offiziere die Militärschule verlassen, 10 Jahre später waren es schon 54. Ab 1890 war es nicht mehr möglich, an die Spitze der Armee zu gelangen, ohne Graduierter einer Militärschule zu sein. Die Offizierslaufbahn wurde ein gesicherter und anerkannter Beruf. So wie in Chile stützte sich die Ausbildung auch in Argentinien auf preußisches militärisches Können. 1899 wurde die Kriegsakademie unter Leitung eines preußischen Offiziers gegründet. 40 Jahre lang war der deutsche Einfluß auf das Militär maßgebend[30].

Die Professionalisierung und Modernisierung der Armee in der Zeit von 1890–1914 bedeutet in der Geschichte des lateinamerikanischen Militärs einen Wendepunkt. Wie in der ersten Hälfte des 19. Jahrhunderts der Militärcaudillismus aus der Zersplitterung der Macht entsteht und diese wiederum verstärkt, so wird durch die Modernisierung und Zentralisierung der Armee die staatliche Kraft geschaffen, die der lokalen und regionalen Zerstreuung der Macht entgegenwirkt. Die neue Finanz- und Handelsbourgeoisie, die mit der Integration in den kapitalistischen Weltmarkt groß geworden ist, versucht, das Hinterland als wichtige Rohstoffquelle unter Kontrolle zu halten. Der Anschluß an den Weltmarkt fördert die nationale Abgrenzung der verschiedenen lateinamerikanischen Länder und eine Homogenisierung im Inland. Für beide Aufgaben ist die Armee das geschaffene Instrument. Sie übernimmt in diesem Prozeß drei Funktionen:

1. Sozio-ökonomische Erschließung des Landes. Der Ausbau von Wegen und Eisenbahnen ist sowohl ein zentrales Anliegen der Armee als auch dem Transport von Ausfuhrgütern dienlich. Zeitlich fällt die Periode des Eisenbahnbaus (1880–1914) mit der Modernisierung des Militärwesens zusammen. Geographische und kartographische Studien des Generalstabs erschließen bisher unbekannte bzw. unerreichbare Gebiete. Dabei wurden wenig festgelegte Grenzen aus der Kolonialzeit zu Konfliktherden. Auch die naturwissenschaftliche Ausbildung der Offiziere vermittelt der Armee eine Aufgeschlossenheit für technische Erneuerungen.
2. Entfaltung eines Nationalbewußtseins in der Bevölkerung. Die Armee versteht sich als »Schule der Nation«, betraut mit der Aufgabe, untere Schichten, Bevölkerung in entlegenen Gebieten oder anderer Rasse und Kultur national zu integrieren. Die Einführung der allgemeinen Wehrpflicht, mit der Chile im Jahre 1900 begann und der sich Argentinien und Peru 1901, Ekuador 1902 und Bolivien 1907 anschlossen, verfolgte das Ziel, bei den unteren Schichten – Mittel- und Oberklassen fanden ihren Weg, sich dieser Pflicht zu entziehen – nationales Bewußtsein zu vermitteln.
3. Die Erhaltung des »inneren Friedens«, zum einen noch gegen die alten zerstückelnden Kräfte, doch besonders gegen das neu entstandene Minen- und Industrieproletariat. Im ersten Jahrzehnt des 20. Jahrhunderts fungieren die Armeen in Chile, Mexiko und Peru als Mittel zur brutalen Zerschlagung von Streiks und Massendemonstrationen. Für die Generäle wird die Aufgabe der Erhaltung der Nation zur Erhaltung der bestehenden Ordnung.

Wenn die Professionalisierung der Armee unleugbare Vorteile mit sich brachte – die nationalen Staaten begannen Konturen anzunehmen, die wirschaftliche Entwicklung der Länder als Rohstofflieferanten schritt voran, Infrastrukturen wurden verbessert, die soziale und nationale Integration verstärkte sich –, so sind die Gefahren und Nachteile nicht weniger offenkundig. Das eigentlich Paradoxe ist, daß die Modernisierung der Armee, mit der eine nationale Mentalität einhergeht, ja sogar der Nationalismus in Lateinamerika durch die Berufsarmee ins Leben gerufen wurde, die Abhängigkeit von außen verfestigt. Die Professionalisierung und Modernisierung der Armee bedurfte zunächst der Präsenz ausländischer Militärmissionen: Chile und Argentinien standen unter deutscher Leitung, Peru und Ekuador unter französischer, in Bolivien wirkte eine offizielle französische und eine private deutsche Militärmission, im karibischen und mittelamerikanischen Raum herrschte der nordamerikanische Einfluß vor. Nur Mexiko, empfindlich geworden nach den letzten ausländischen Aggressionen (1846 seitens Nordamerika; 1862–1867 seitens Frankreich), verzichtete für die Ausbildung und Reform der bewaffneten Kräfte auf eine ausländische Militärmission, schickte jedoch einige Offiziere zur Ausbildung nach Deutschland. Nicht zuletzt trug dieser Mangel der Modernisierung zum Zusammenbruch der regulären Armee in der Revolution von 1910–1917 bei.

Die Modernisierung der Armee ist nicht nur eine Organisationsfrage, sondern verlangt eine zeitgemäße Aufrüstung. Mit der Übernahme der modernen Waffen ist jedoch, da solche nur im Ausland gekauft werden können, normalerweise im Ursprungsland der ausbildenden Missionen, eine Abhängigkeit von außen gegeben. Gewiß setzt die mit der regulären Armee gewonnene militärische Überlegenheit den caudillistischen Rebellionen ein Ende, aber statuiert zugleich auch einen Rüstungswettbewerb unter den lateinamerikanischen Ländern. Jede Verbesserung z. B. der chilenischen Armeen ist eine Herausforderung für die argentinischen bzw. peruanischen Armeen.

Diese kontinuierliche Erneuerung der im Ausland gekauften Rüstung übersteigt bei weitem die wirtschaftlichen Möglichkeiten dieser Länder. Für eine Region wie Lateinamerika, die in der internationalen Arbeitsteilung zum Rohstofflieferanten programmiert ist und entsprechend von einer autonomen Industrialisierung ausgeschlossen bleibt, ist eine moderne Armee, die eigentlich den Besitz einer eigenen Aufrüstungsindustrie voraussetzt, eine enorme Belastung und zugleich eine Auslieferung an ausländische Interessen. Teures Kriegsmaterial, das mit harten Devisen bezahlt werden muß, und hohe Gehälter für die Berufsoffiziere, die als qualifiziertes Fachpersonal besondere Ansprüche geltend machen, lassen seit Anfang des Jahrhunderts durchschnittlich mehr als 20% des gesamten Haushaltes in das militärische Ressort fließen.

Die Professionalisierung der Armeen brachte eine Verschiebung des Offizierskorps mit sich. In der ersten Hälfte des 19. Jahrhunderts, als die letzten Caudillos aus der Zeit der Unabhängigkeit und den nachfolgenden Bürgerkriegen an den Rand gedrängt wurden, hielt die traditionelle Agraroligarchie die Spitzenpositionen der regulären Armee inne. Die Bürokratisierung der Armee und die Betonung der naturwissenschaftlichen Formation verleidet den Kindern der Oligarchie die militärische Ausbildung, macht sie dagegen als gesicherte bürgerliche Karriere attraktiv für eine aufsteigende Mittelklasse. Somit ist bei der Rekrutierung des Offizierskorps eine bedeutende Verschiebung zu verzeichnen.

Die Professionalisierung bedeutet objektiv einen Bruch zwischen der Armeehierarchie und der Agrararistokratie, der sich in verschiedenen Perioden des 20. Jahrhunderts bemerkbar machen wird. Außerdem führt der Zugang der Mittel- und unteren Mittelschichten zur militärischen Karriere – sowieso haben sie geringe Berufschancen und dazu keine, die die Sicherheit und die Privilegien bietet wie der Staatsdienst – und der Druck, den die Armee auf die Regierungen zwecks Erweiterung der Personalstellen ausüben kann, zu einer unangemessenen Erhöhung der Zahl der Offiziere, was wiederum schwerwiegende wirtschaftliche und politische Konsequenzen hat. 1901 kamen in der venezolanischen Armee 11 365 Offiziere im Dienst oder in der Reserve auf eine Truppenstärke von 4000 Mann[31]. Die Disproportionalität des Anteils der Offiziere, vor allem an der Spitze der Hierarchie, gemessen an der Menge der Soldaten, ist seitdem eine Auffälligkeit der lateinamerikanischen Armeen.

Die Modernisierung der Armee bewirkte in ihrer ersten Phase eine Zurückhaltung derselben im politischen Bereich; caudillistische Aufstände wurden allein durch die Anwesenheit einer gut integrierten, homogenen Armee eliminiert. Die Integration in den Weltmarkt zeitigte eine solche wirtschaftliche Expansion, daß sich ein allgemeiner Optimismus in den »oligarchischen Republiken« und ihren staatlichen Organen breitmachte. Eine Apolitisierung der Armee hieß Unterstützung der bestehenden sozialen und politischen Ordnung, ohne direkte Intervention. Sogar in Ländern, in denen der Militarismus endemisch geworden war, gelang es konstitutionellen, zivilen Regierungen, für einige Zeit an der Macht zu bleiben – Peru 1890–1914, Argentinien 1862–1930. Kurz vor dem Ersten Weltkrieg schien der Militarismus in Lateinamerika ein zur Vergangenheit gehörendes Phänomen zu sein. F. García Calderón bezieht sich auf Herbert Spencers Teilung der menschlichen Geschichte in zwei Perioden, die militärische und die industrielle, um dann festzustellen, daß in den lateinamerikanischen Ländern, »als die ökonomischen Interessen vorherrschten, die Militärkaste von der Macht verdrängt wurde«[32]. Mit der weiteren Integration des Subkontinents in die kapitalistische Welt schien der Militarismus ein Überbleibsel vorindustrieller Verhältnisse zu sein. Von der heutigen Perspektive ließe sich sagen: Wenn auch der Militärcaudillismus überholt war, so hatte doch der Militarismus kaum begonnen.

Politische Interventionen der professionalisierten Armeen: Der Fall Chile und der Fall Argentinien

Gerade die Professionalisierung der Armee, die unter anderem die Funktion hatte, die Offiziere per Fachausbildung und militärspezifischer Aufgaben von der Politik fernzuhalten, entpuppte sich als Grundvoraussetzung für politische Interventionen: nämlich ein Offizierskorps mit elitärem Bewußtsein, das sich als Verkörperung der Nation versteht und als solches die Rolle des Schiedsrichters zwischen den Parteien übernimmt. Solange die bestehende Ordnung als mit dem Wesen der Nation identisch betrachtet wird, fallen die politischen Interventionen der Armee zugunsten dieser Ordnung aus. Nicht umsonst hatten sich die »oligarchischen Republiken« zum eigenen Schutz moderne Armeen angeschafft. Ebenso wie es für die Armee selbstverständlich war, sich für die Beibehaltung der oligarchischen Ordnung einzusetzen, appellierte die Oligarchie spontan an die Armee, wenn ihr ihre Positionen auch nur um einen Millimeter bedroht schienen.

Die Armee wird immer dann zur Intervention getrieben, wenn sich der verfassungsmäßige Präsident anmaßt, an den »sakralen« oligarchischen Strukturen zu rütteln und die Interessen der aufsteigenden Mittelschichten allzu sehr betont oder gar deren Unterstützung sucht. Dieselben »Zivilisten«, die den Caudillismus als schlimmsten Auswuchs des Militarismus bekämpft hatten, stellten dann die Berufsarmee in ihren eigenen Dienst. Somit setzten die Oligarchien dem Caudillismus ein Ende, um die Epoche des Militarismus zu eröffnen.

Der Militärcaudillismus war lokaler bzw. regionaler Herkunft und basierte auf der persönlichen Klientel eines charismatischen Führers. Im Militarismus dagegen hält sich die Armee als Institution für die eigentliche Verkörperung der Nation, und als solche tritt sie mit überparteilichem Anspruch in die Politik, um die oligarchischen Interessen, als ob es die nationalen wären, zu unterstützen. Die Legitimation der Interventionen gründet sich nicht mehr auf das Charisma des Führers, sondern auf die heilige Mission der Armee, »das Vaterland vom Chaos und der Anarchie zu retten«. Der Militarismus ist somit in seiner ursprünglichen Form durch vier Merkmale gekennzeichnet:

1. Die Armee interveniert als ganze, unabhängig von ihrer geographischen Lage und personellen Besetzung.
2. Die militärische Intervention beruft sich nicht auf die Ausstrahlung einer Person, sondern auf ein nationales Programm, wobei jedoch die Interessen der Nation denen der Oligarchie gleichgesetzt werden.
3. Die Armee versteht sich als Garant der bestehenden Ordnung und als Verkörperung der höchsten Werte der Nation.
4. Die direkte Ausübung der Macht nach der Intervention wird begrenzt auf die Zeitspanne, die zur Wiederherstellung der alten Ordnung erforderlich ist.

Diese Merkmale sollen am Beispiel Chiles und Argentiniens, wo sich die traditionellen Formen des Militarismus am deutlichsten ausgeprägt hatten, konkretisiert bzw. relativiert werden.

Chile

Chile war, wie schon gesagt wurde, das Land, in dem sich der Militärcaudillismus am wenigsten bemerkbar gemacht hatte und wo sich entsprechend die »oligarchische Republik« am frühesten (1830) konsolidieren konnte. Chile ist auch das Land Lateinamerikas, das als erstes eine moderne, relativ gut ausgerüstete Armee besaß. Nach dem Sieg im Pazifikkrieg war die Armee so stark und selbstbewußt, daß es ihr gelang, die Araukanergebiete im Süden des Landes (1887) zu erobern. Damit war die seit der Kolonialzeit wichtigste militärische Aufgabe der regulären Armee – Schutz der offenen Grenzen – erledigt, was der Armee eine neue Beweglichkeit gab. Der ersten professionalisierten Armee Lateinamerikas fiel auch, als die Politik des Präsidenten José Manuel Balmaceda mit den oligarchischen Interessen in Konflikt geriet, die Rolle zu, die erste militärische Intervention durchzuführen. Balmaceda, Präsident der Republik seit 1886, vertrat eine national-kapitalistische Politik, zu deren Verwirklichung er einer starken Armee bedurfte, aber auch der Überwindung der oligarchischen und britischen Interessen. Die reichen Salpetervorkommen, die im Pazifikkrieg erobert wurden, fielen rasch in die Hände britischer Gesellschaften, die das große Geschäft machten, bei einer nur bescheidenen Partizipation des chilenischen Staates, die immerhin die Finanzlage des Landes beträchtlich aufbesserte, und der Beteiligung einiger oligarchischer Familien, was politisch gesehen die Funktion der Bestechung hatte. Obwohl Balmaceda selbst aus einer reichen und politisch einflußreichen Familie Santiagos stammte, hielt er als Vorbedingung einer starken Armee eine autonome industrie-kapitalistische Entwicklung für unumgänglich, die sich allerdings erst ankurbeln ließ, wenn die Allianz britisch-oligarchischer Interessen durchbrochen wurde. Er hatte sogar den Plan, die Salpetergebiete zu nationalisieren und die Exportgewinne für ein großangelegtes Projekt des Ausbaus der Infrastruktur und der Industrie zu verwenden.
Eine solche Politik, die die volle Unterstützung der aufsteigenden Mittelklasse genoß, ließ sich nur abwickeln bei einer Verschiebung der Macht von der Oligarchie auf breitere soziale Schichten, wozu eine fortschrittliche Wahlgesetzgebung nötig wurde. Dieses Gesamtvorhaben erklärt, warum die chilenische Regierung gerade eine preußische Militärmission anforderte:
1. Es sollte dem herrschenden britischen Einfluß ein Gegengewicht gesetzt werden. Da zudem die Marine von den Engländern aufgerüstet war, lag es nahe, die Armee von einer anderen militärischen Macht ausbilden zu lassen.
2. Preußen, das in ähnlicher Weise als Agrarland von einer Agrararistokratie

beherrscht war und bereits seinen Weg zur Industrialisierung gefunden hatte, bot sich als Modell an. Preußen war das Beispiel dafür, daß sich industrielle und militärische Entwicklung gegenseitig bedingen.
Bei diesem Vorhaben ließ ein Konflikt zwischen dem Präsidenten Balmaceda und der Oligarchie, die den Kongreß kontrollierte, nicht auf sich warten. Durch die Obstruktionspolitik des Kongresses sah sich Balmaceda gezwungen, den Kongreß am 1. Januar 1891 aufzulösen, wofür er eigentlich keine verfassungsmäßige Befugnis hatte, und war entschlossen, ohne Kongreß weiterzuregieren, bis durch ein demokratischeres Wahlgesetz ein neuer gewählt würde. Der aufgelöste Kongreß setzte daraufhin am 6. Januar 1891 den Präsidenten ab: der Bürgerkrieg war ausgebrochen.
Dem Kongreß, d. h. der Oligarchie, stand selbstverständlich von Anfang an die Marine zur Seite, die die Engländer zu einem schlagkräftigen Organ ausgebaut hatten. So waren die konservativen Kräfte in der Lage, schlimmstenfalls mit englischer Hilfe die chilenischen Häfen zu blockieren und damit das Land von jeglichen Außenbeziehungen abzuschließen. Die Armee dagegen spaltete sich auf; der größte Teil, der eine Stärke von 40 000 Mann erreichte, wenn man zu den regulären Truppen die Nationalgarden und die Polizei addierte, stand auf seiten Balmacedas. Er konnte jederzeit eine Landung der Marine verhindern, doch die Schwäche der Balmaceda-Armee lag darin, daß es ihr an Waffen und Führungskräften mangelte, da fast alle qualifizierten Berufsoffiziere auf seiten der oligarchischen Putschisten standen, einschließlich des Chefs der preußischen Mission, Emil Körner, der eine wichtige Rolle bei der Organisation der Kongreßarmee übernommen hatte.
Der Kern dieser Truppen bestand aus gutausgebildeten kleineren Einheiten, »wenige Hundert zählende Häuflein«[33], wie Körner selbst berichtet, denen es gelang, den Norden des Landes, in dem die Bergbaureichtümer lagen und der sehr dünn besiedelt war, unter Kontrolle zu halten. Somit fielen die Exporteinkünfte in die Hände der Anti-Balmaceda-Kräfte, mittels derer sie sich das nötige Kriegsmaterial, das ihnen Europa gern verschaffte, kauften. Dagegen wurden Balmaceda die schon vor dem Bürgerkrieg bei Krupp bestellten und bezahlten Waffen vorenthalten. Ebenso weigerte sich die französische Regierung, zwei längst bestellte und inzwischen angefertigte Kreuzer an die chilenische Regierung zu liefern.
Die Tatsache, daß die dicht bevölkerten Teile des Landes auf seiten Balmacedas standen, zeigt deutlich die Sympathie des chilenischen Volkes für die Reformpolitik des Präsidenten. In der Schlacht von Concón wurde 1891 eine dem Feind zahlenmäßig weit überlegene nationale und populäre Armee von einer kleineren, aber nach militärwissenschaftlichen Prinzipien organisierten und durch ausländische Waffenlieferungen gut ausgerüsteten Truppe niedergeschlagen[34]; Beweis dafür, daß eine moderne und vom Ausland unterstützte kleine Berufsarmee in der Lage ist, nationale Reformen, hinter de-

nen selbst die Mehrheit der Bevölkerung steht, mit Gewalt zu unterdrücken. Die Modernisierung der Armee zur Festigung einer nationalen Unabhängigkeit kehrte sich um in eine ausländische Abhängigkeit zur Aufrechterhaltung der Überlegenheit einer winzigen Minderheit.

Wirtschaftliche und militärische Abhängigkeit verstärken sich gegenseitig. Somit besiegelt die Modernisierung der Armee die Allianz oligarchischer und ausländischer Interessen, die Lateinamerika zum Lieferanten billiger Rohstoffe stempelt. Der in nationalistischer Ideologie und mit elitären Ansprüchen aufgewachsene lateinamerikanische Offizier ist vorerst nichts anderes als der Hüter antinationaler Interessen im Dienst der Allianz oligarchischer und imperialistischer Herrschaft.

Eine letzte Bemerkung: Auffällig ist bei dieser ersten militärischen Intervention einer lateinamerikanischen Armee, die zugunsten oligarchischer Interessen verläuft, der Konsens aller europäischen Mächte hinsichtlich der Verweigerung jeglicher militärischen Hilfe zur Konsolidierung eines unabhängigen Landes. Trotz der antibritischen Einstellung Deutschlands war jenes nicht bereit, den Bürgerkrieg in Chile auszunutzen, um auf Kosten des britischen Einflusses Positionen in Chile zu gewinnen. Auch Frankreich reagierte gegenüber der fortschrittlichen Politik Balmacedas, trotz des gespannten Verhältnisses zu Deutschland, mit der Verweigerung einer Waffenlieferung. Es schien, als ob eine gemeinsame Politik aller europäischen Mächte, über innere Differenzen und entgegengesetzte Interessen hinaus, die Entstehung einer außereuropäischen Industrienation unbedingt verhindern wollte. Allein der Botschafter der Vereinigten Staaten hielt eine wohlwollende Neutralität der Politik Balmacedas gegenüber: in Chile war England der gefährliche Gegner einer nordamerikanischen Expansionspolitik[35].

Nach dem Bürgerkrieg erlangte die chilenische Armee erhöhtes Prestige – es war evident geworden, daß sich die Allianz der oligarchischen und ausländischen Interessen ohne ihre Unterstützung nicht aufrechterhalten konnte – und gewann eine stärkere politische Homogenität, da diejenigen, die sich nicht eindeutig mit den oligarchischen Interessen identifiziert hatten, von der siegreichen Armee ausgeschlossen blieben. Die Armee ging also gestärkt, als professionelle und politische Kraft, aus dem Krieg hervor.

Die deutsche Mission, personell erweitert, konnte nun ihre Reformen im Ausbildungsbereich und hinsichtlich Organisationsfragen durchsetzen[36]. Emil Körner, der mit seinen militärischen Fachkenntnissen der Kongreßarmee gute Dienste erwiesen hatte, wurde die zentrale Figur der chilenischen Armee. Im letzten Jahrzehnt des 19. Jahrhunderts führten ungenaue Grenzfestlegungen zu erneuten Spannungen mit Argentinien. Ein Krieg zwischen beiden Ländern schien unvermeidbar. Der Rüstungswettlauf brachte Chile an die Grenze seiner wirtschaftlichen Möglichkeiten. Seine Kriegsmarine wurde die bedeutendste Lateinamerikas, seine Armee erreichte eine Stärke von 12 000 gutausgerüsteten Soldaten. Die militärischen Ausgaben beliefen sich auf 25% des gesamten Haushalts. Die Spannung zwischen Chile und Argentinien wurde so weit getrieben, daß beide Länder einen großen Teil ihrer Devisen für den Einkauf von Waffen ausgaben. Der Schutzmacht England aber, die an ihren Beziehungen zur argentinischen und chilenischen Oligarchie festhielt, gelang es, einen Krieg, der in jedem Fall ihren Interessen in beiden Ländern schaden würde, zu verhindern.

Der Rüstungswettbewerb wurde durch nationalistische Parolen und die Betonung angeblicher Gefahren seitens der Nachbarländer potenziert. Damit fallen die lateinamerikanischen Länder in die Abhängigkeit der Waffenlieferanten. Da der Waffenlieferant andererseits zugleich wirtschaftliche Interessen in der ganzen Region hat, liegt ihm nicht daran, diese Spannung so weit zu treiben, daß tatsächlich Kriege ausbrechen. Den beiden Hegemonialmächten, England im 19. Jahrhundert, den Vereinigten Staaten im 20. Jahrhundert, ist es gelungen, obwohl es an Spannungen zwischen den verschiedenen Ländern nicht fehlte, die Region mit wenigen Ausnahmen friedlich zu halten.

An der Schwelle des Jahrhunderts wurden die lateinamerikanischen Armeen in nationalistischem und imperialistischem Geist der deutschen bzw. französischen Armeen ausgebildet, den Blick auf den Feind von außen gerichtet, gegen den das Vaterland verteidigt werden sollte: Peru gegen Chile, Chile gegen Argentinien, Ekuador gegen Peru etc. Obwohl ihnen der äußere Feind ständig vor Augen stand, hatten die Armeen eigentlich nur die Aufgabe, bei internen Angelegenheiten zu intervenieren.

Nachdem in Chile die Armee 1891 die »oligarchische Republik« wiederhergestellt hatte, waren weitere direkte politische Interventionen vorläufig unnötig. Als Garant der bestehenden Ordnung mußte die Armee jedoch bei Streiks und Arbeiterdemonstrationen brutal eingreifen: 1907 gegen den Streik der Salpeterarbeiter; von 1911 bis 1920 gegen 293 weitere Streiks[37]. Die Armee, zum bloßen Henker der Oligarchie degradiert, fühlte sich allmählich in ihrer Ehre angegriffen. Der Geist der Ausbildung und die berufliche Tätigkeit lagen weit auseinander. Dieser Konflikt zwischen Ideologien, Werten und Zielvorstellungen einerseits und der polizeilichen Praxis andererseits, nebst der Verschiebung der sozialen Herkunft des Offizierskorps von der Oligarchie zur Mittelklasse, bringt einen zweiten Typ von militärischen Interventionen hervor: Die Armee, mit der Ziel- und Wertvorstellung der Mittelklasse mehr und mehr identifiziert, tritt in die politische Arena, um soziale Reformen durchzusetzen, die ihre bisherigen, brutal repressiven Funktionen überflüssig machen sollen.

Die zunehmende Unzufriedenheit innerhalb des chilenischen Offizierskorps wegen der einseitigen Politisierung der Armee zugunsten der Oligarchie, die ihren Ausdruck in den auf den Offizier zukommenden Repressionsmaßnahmen gegen die Masse der Bevölkerung und der unverkennbaren Beförderung von konservativen, unkritischen Offizieren findet, führte 1907 zu der Gründung einer »Liga Militar«, deren Programm sich zunächst auf die Durchsetzung der politischen Neutralität und der Betonung der fachlichen Qualifikation bei der Beförderung beschränkte. Einem Teil des Offizierskorps wurde es immer bewußter, daß diese Ziele grundsätzlich politische Reformen voraussetzten, was eine Politisierung der Armee zugunsten der Reformpolitik der aufsteigenden Mittelklasse bewirkte. 1912 wäre es fast einer militärischen Verschwörung gelungen, die Regierung abzusetzen, wenn nicht der von der Armee als Präsident lancierte Gonzalo Bulnes im letzten Moment abgesprungen wäre. Bei einer erneuten Verschwörung 1919 wurden die politischen Ziele radikaler. Hatten bisher die Offiziere bei ihrer politischen Tätigkeit jede Beziehung zu linken Gruppierungen abgelehnt, so zeigte sich bei dieser Verschwörung eine Zusammenarbeit zwischen Teilen der Armee und antioligarchischen Parteien.

Dank der Veränderung der politischen Einstellung der Armee und ihrer Verbindung mit den reformistischen Kräften konnte Arturo Alessandri 1920 mit einem Reformprogramm als Präsident gewählt werden, das dem der Militärverschwörung von 1919 ähnlich war. Man behauptete sogar, daß Alessandri Kontakte hatte zu den gescheiterten Putschisten von 1919, zumindest hat er die verurteilten Offiziere wieder in die Armee integriert. Im September 1924 intervenieren die Streitkräfte erneut bei einem Konflikt zwischen dem reformistischen Präsidenten Arturo Alessandri und dem weiterhin konservativen Kongreß, der wie zu Balmacedas Zeiten jede Reform grundsätzlich ablehnt. Durch militärischen Druck sah sich der Kongreß gezwungen, sofort 18 soziale Gesetze, die seit langem anstanden – u. a. eines zur Kranken- und Unfallversicherung und zur gewerkschaftlichen Freiheit – zu verabschieden. Die Armee war, erschrocken von der Härte der Arbeiterproteste, unerbittlich bei der Durchsetzung sozialer Reformen, durch die sie selbst zugleich von der undankbaren Repressionsausübung entlastet wurde. Begeistert von den Erfolgen, forderte sie darüber hinaus die Auflösung des Kongresses und eine grundsätzliche Reform des politischen Systems.

Der Präsident, der die Armee gern als Pressure-group benutzt hatte, aber nicht das politische System nach militärischem Diktat verändern wollte, zog sich nach Europa zurück. Es wurde daraufhin eine »Junta Militar« unter der Präsidentschaft des Admirals Neff konstituiert. Die zentrale Rolle, die in diesem Zusammenhang die Marine spielte, ist Zeichen davon, daß bereits ein Kompromiß mit der Oligarchie eingegangen wurde. Als es sich zeigte, daß die »Junta« die alte oligarchische Republik wiederherstellen wollte, brach am 23. Januar 1925 ein zweiter militärischer Putsch aus, der von der liberal-reformistischen Fraktion der Armee inszeniert wurde und den Präsidenten Alessandri an die Macht zurückholte[38].

In diesem zweiten Putsch übernahmen die jungen liberalen Offiziere die

Führung, an ihrer Spitze der Oberstleutnant Ibañez. Alessandri kam nicht umhin, ihn zum Kriegsminister zu ernennen, und trat sogar bald selbst zurück, als er sah, daß er sich ihm gegenüber nicht mehr durchsetzen konnte. Der konservative Kandidat Emiliano Figueroa (1925) gewann daraufhin die Wahlen, mußte aber auch Ibañez, zunächst als Kriegsminister, später als Innenminister, im Kabinett dulden. Zwei Jahre später trat auch Figueroa zurück, und nichts konnte nun den Aufstieg des Mannes, der seit 1924 großen Einfluß in der Armee hatte, verhindern. Mit 98% der Stimmen wurde Ibañez 1927 zum Präsidenten der Republik gewählt.
Während seiner Zeit als Kriegsminister hatte Ibañez die Offiziere aus der Armee gedrängt, die der traditionellen Oligarchie sehr verbunden waren, und so die Armee für eine Politik der Reformen zugunsten der aufsteigenden Mittelklasse empfänglich gemacht. Andererseits hatte er als Innenminister die linken revolutionären Gruppen und Parteien streng verfolgt. Er war der Mann, der die Mittelschichten auf sich vereinigen konnte und, da er entschieden gegen die Arbeiterbewegung vorging, letztlich auch von der Oligarchie akzeptiert wurde. Obwohl Ibañez die Armee in der Zeit von 1924–1927 in den Dienst seines eigenen Aufstiegs gestellt hatte, profilierte er sich zugleich als kluger Politiker, der in einer Situation der Krise Parteien und Interessen ausbalancierte. Sein Weg zur Präsidentschaft verläuft nicht in den schon beschriebenen Bahnen des Militarismus, da er persönlich, und nicht die Armee, die Macht übernimmt, und das zudem durch legale Wahlen. Der Aufstieg Ibañez' ist sowohl das Ergebnis der Kontrolle der Armee als auch das einer breiten Massenbewegung, und seine Macht lag in der Ausbalancierung dieser beiden Bereiche. Dies charakterisiert einen neuen Typus des lateinamerikanischen Militarismus, den man wohl *Militärpopulismus* nennen kann[39].
Beispiel dieser vermittelnden Politik ist die Schaffung einer Militärpolizei, »Carabineros de Chile« (1927), die direkt vom Innenministerium abhängt und ein Gegengewicht zum Militär bildet. Damit wurde eine Forderung der rebellierenden Offiziere von 1912 und 1919 erfüllt, und die Armee von den repressiven Einsätzen befreit. Andererseits verfügte die mit der Wahl Alessandris (1920) emporgekommene Mittelklassenregierung über ihre eigene bewaffnete Organisation. Das Offizierskorps der Carabineros entstammte den Mittel- bzw. populären Schichten und war der zivilen Regierung solidarisch verbunden. Die Regierung, die die Carabineros auf ihrer Seite wußte – sie übergab ihr sogar die Präsidentenwache –, fühlte sich in ihrem Schutz der Armee gegenüber stärker[40].
Ibañez versuchte, die Politik des gescheiterten Balmaceda fortzusetzen: Industrialisierung mittels staatlicher Lenkung, die von einer technokratischen Intelligenz geplant wurde. Die Weltkrise von 1929 setzte dieser Politik der Reformen ein plötzliches Ende. Als der Kupferpreis rapide sank und die

staatlichen Finanzen Bankrott machten, zwang die Armee im September 1931 Ibañez, von der Macht zurückzutreten. Die Weltwirtschaftskrise gab der Armee ihre »rettende« Funktion zurück. Gegen den neugewählten Präsidenten Estéban Motero unternahm sie am 4. Juni 1932 einen militärischen Putsch, der zunächst die Macht in die Hände der Linken fallen ließ: Der Luftwaffenoffizier Marmaduke Grove proklamierte eine »Sozialistische Republik Chile« – die 13 Tage dauerte. Der Armee, erschrocken über eine solche linke Entwicklung, gelang es, den ehemaligen Botschafter Ibañez' in den Vereinigten Staaten, Dávila, zum Präsidenten zu ernennen. Doch schon nach kurzer Zeit setzte sie am 13. September einen eigenen Offizier, den General Blanche, als Präsidenten ein, um die Ordnung wiederherzustellen und neue Wahlen vorbereiten zu können. Der alte liberale Arturo Alessandri, der sich inzwischen mit der konservativen Partei und dem Establishment versöhnt hatte, wurde wiedergewählt.

Die rasche Politisierung der Armee nach links zeigte der Oligarchie, wie gefährlich es gewesen war, die Armee in die Politik hineingezogen zu haben. Mit der Wiederwahl des nach »rechts« gerichteten Alessandri (1933) war eine befriedigende Lösung für die herrschenden Interessen gefunden worden. Die parlamentarische Regierung erwies sich letztlich als bester Garant der bestehenden Sozialordnung. Dazu war jedoch eine politische Neutralität der Armee eine unerläßliche Voraussetzung. Mit der Ausnahme eines mißlungenen Putsches 1939 blieb die Armee von 1933–1973 ihrer verfassungsmäßigen Aufgabe treu.

Der in diesen Jahren oft gepriesene Apolitizismus der chilenischen Armee war nicht mehr als die latente Unterstützung der bestehenden Ordnung. Als der revolutionäre Prozeß, der mit der Regierung der Unidad Popular einsetzte, diese in Frage stellte, griff das Militär im September 1973 ein, um die von dem Volksaufstand bedrohten Interessen der Mittelklassen, die, wie die oligarchischen, längst mit ausländischen Geschäften verkettet waren, zu schützen. 1970 bemerkte schon der französische Soziologe Alain Joxe, daß die langen Nichtinterventionen der Armee nicht eine politische Enthaltung bedeuteten, sondern daß diese scheinbare Apolitisierung die Nachphase tiefgreifender militärischer Interventionen (1891, 1924) gewesen ist. »Eine Militärintervention in Chile ist soviel wert wie zehn in anderen Ländern: sie ist perfekt. Das politische Schweigen des Militärs ist Ausdruck einer anhaltenden Befriedigung aufgrund eines gelungenen Werks[41].« Obgleich in der Geschichte Chiles militärische Putsche im Vergleich zu anderen lateinamerikanischen Ländern selten sind und Chile stolz ist auf die langen Perioden der politischen Enthaltsamkeit der Armee im 19. und 20. Jahrhundert, war jene vielleicht dort präsenter als in jedem anderen Land.

Militarismus ist daher das prägnanteste Merkmal des politischen Lebens in Chile – wenn auch von ganz besonderer Art: Eine Intervention alle dreißig oder vierzig Jahre genügt, um das politische Leben der Nation in den gewünschten Bahnen fließen zu lassen. Verliefen 1890/91 die militärischen Interventionen eindeutig zugunsten der traditionellen Oligarchie, 1924 zugunsten der Mittelklassen, so handelte es sich 1973 um eine Allianz oligarchischer und Mittelklasseninteressen gegen eine durch die Massen getragene Entwicklung zum Sozialismus. Gemeinsam ist jedoch allen diesen Interventionen, daß die Armee jeweils auf seiten der hegemonialen ausländischen Interessen gestanden hat.

Argentinien

Die Modernisierung der argentinischen Armee wurde verstärkt während der zweiten Präsidentschaft von Julio A. Roca (1898–1904) fortgesetzt: 1899 traf eine deutsche Militärmission ein, die mit der Lehre an der ein Jahr später gegründeten Kriegsakademie (»Escuela Superior de Guerra«) beauftragt war; 1901 führte man die allgemeine Wehrpflicht ein. Ab 1905 durfte kein Offizier mehr befördert werden, der nicht ein ordnungsgemäßes Studium an der Militärschule absolviert hatte. Eine solche Entwicklung in Argentinien läßt sich primär zurückführen auf die zunehmenden Spannungen mit Chile, das eine relativ hochprofessionalisierte starke Armee besaß.
In Chile war eine Armee modernisiert worden, die geraume Zeit der Neutralität, wenn nicht sogar Identifikation mit dem oligarchischen Regime hinter sich hatte, in Argentinien dagegen eine solche mit einer langen Geschichte von politischen Interventionen und Bürgerkriegen. Die späte Professionalisierung der argentinischen Armee konnte nicht so bald die lange Zeit des Caudillismus und der militärischen Interventionen verwischen. Auch die Richtung der Politisierung verläuft in Chile und Argentinien entgegengesetzt: Wenn in Chile, wie wir gesehen haben, die Armee mit der Stärkung der Oligarchie beginnt und zur Unterstützung der Mittelklasse übergeht, wandelt sich an der Schwelle dieses Jahrhunderts die Art der Politisierung der Armee in Argentinien von einer Förderung der Mittelklassenziele bis 1930 zum Putsch gegen diese Politik.
Nach dem mißlungenen Putsch 1890, der ganz gegen die oligarchische Republik gerichtet war, spaltete die reformistische Partei »Unión Cívica« eine Gruppe ab, die »Unión Cívica Radical«, die als Partei der aufsteigenden Mittelklassen einen großen Aufschwung nahm[42]. Da sie nur mittels verfälschter Wahlen von der Macht ferngehalten wurde, war ihr erstes Ziel eine Veränderung des Wahlsystems. 1905 versuchte vergeblich ein Teil der Armee, der mit den Radikalen sympathisierte, ihren Aufstieg zu erzwingen. Die Professionalisierung der argentinischen Armee diente deshalb auch dem Zweck, die Armee politisch zu neutralisieren, d. h. ihren antioligarchischen Tendenzen entgegenzuwirken. Trotz aller dieser Maßnahmen gelang es

nicht, das Streben der Armee nach einer grundsätzlichen politischen Veränderung zu unterbinden; hinzu kamen steigende soziale Unruhen, die durch anarchistisch-terroristische Gruppen potenziert wurden[43], bis schließlich ein aufgeklärter Teil des Establishments einsah, daß eine Veränderung des Wahlsystems unumgänglich war. Als Sáenz Peña 1911 das allgemeine Gesetz des Wahlrechts unterschrieb, war der Sieg der radikalen Partei nicht länger aufzuhalten. Im April 1912 gewannen die Radikalen in der Hauptstadt und in der Provinz Santa Fe die Wahlen. 1916 wurde der Führer der Radikalen Partei, Hipólito Yrigoyen, Präsident der Republik.

Der Aufstieg der Radikalen hatte zwar die Konservativen überrascht, doch blieben ihre wirtschaftlichen und zum Teil politischen Positionen unangetastet. In vielen Provinzen, in denen die Konservativen die Wahlen gewonnen hatten, mußten die Radikalen mit ihrer starken Opposition rechnen. Obgleich Yrigoyen ein populäres Image besaß und sich die Regierung zum ersten Mal den Arbeitern gegenüber in Streiks und Konflikten wohlwollend verhielt, verschärfte sich deren soziale Lage weiterhin, da die sozio-ökonomischen Strukturen kaum angerührt wurden. Im Januar 1919, als bei einem kleinen Metallarbeiterstreik ein Polizist getötet wurde und eine starke Gegenreaktion erfolgte, brach ein allgemeiner Streik in Buenos Aires aus und führte zu Zerstörungen und Verwüstungen, die nur durch die Intervention der Armee unterbunden werden konnten. Diese Ereignisse blieben in Buenos Aires als die »Semana trágica« (die tragische Woche) lange in Erinnerung.

Die Übernahme der Macht durch die Radikalen, was praktisch eine politische Revolution hieß, wurde von der ganzen Armee geduldet, von bestimmten Teilen sogar sehr begrüßt. An einen militärischen Putsch gegen eine solche Erweiterung der politischen Basis war nicht zu denken, da die oligarchische Republik inzwischen jeden Kredit verloren hatte und zudem die Armee politisch zerstritten war. Die Kräfte, die gegen die neue politische Entwicklung waren, versteckten sich hinter dem Anspruch der politischen Neutralität einer professionalisierten Armee. Diesmal aber hieß politische Neutralität Distanzierung von einer Regierung, die von den breiteren Massen getragen wurde und die die Positionen der Oligarchie in Frage stellte. Diese Haltung der Armee bekundete daher kein Sich-Entfernen von der Politik, sondern war eher der Ansatz zu einer Veränderung der politischen Richtung. In der Tat nimmt die Politisierung einer schon durch und durch professionalisierten Armee während der Regierungszeit der Radikalen (1916–1930) beträchtlich zu. Dabei zeigte sich immer mehr die Prädominanz antiparlamentarischer und antidemokratischer Tendenzen.

Die Gründe für diese Entwicklung sind auf innen- wie auf international politischer Ebene zu suchen. Yrigoyen hatte eine für Mittelklassen typische antimilitaristische Einstellung: Im Militarismus sah er das Übel der Vergangenheit und konnte auf keinen Fall die Stärke der Armee mit dem Wohl der

Nation identifizieren. Das von der Armee forcierte Wettrüsten vermochte ihn nicht zu überzeugen. Dabei kam ihm die schwierige Weltkriegslage entgegen, die die Waffenangebote stark einschränkte. Die ihm von der Armee nahegebrachte Kriegsgefahr seitens der Nachbarländer schob er mit Ironie beiseite. Der Armee mißfiel diese kreolische persönliche Politik Yrigoyens, die sich auch bei der Beförderung der Offiziere niederschlug – die Spitzenpositionen waren von solchen besetzt, die persönliche Beziehungen zum Präsidenten oder zur Radikalen Partei hatten. Der Ruf nach politischer Neutralität wurde laut. 1921 organisierten unzufriedene Offiziere einen Geheimbund (Logia General San Martín), der die spezifischen Anliegen der Armee wahrnehmen sollte. Ihm oblag die Aufgabe, als Pressure-group gegen die Regierung zu agieren, um die folgenden minimalen Forderungen durchzusetzen:
1. Mitbestimmung bei der Ernennung des Kriegsministers, 2. Einfluß bei der Festlegung der militärischen Ausgaben, 3. Beförderung nach objektiven Kriterien.
In der ersten Präsidentschaft von Yrigoyen zielt die Armee darauf ab, sich als besondere und autonome Organisation zu etablieren, mit den ihr eigenen Funktionen und Aufgaben, die ausschließlich von ihr selbst bestimmt und kontrolliert werden können. Diese Verselbständigung von Gesellschaft, Staat und Regierung ist die Basis für die in der zweiten Periode Yrigoyens sich verbreitende Vorstellung der Armee als über der Gesellschaft, dem Staat und der Regierung stehendes Organ – als reine Verkörperung der Nation.
Der entscheidende Faktor für die Politisierung der Armee nach rechts war jedoch mit der Krise der internationalen Arbeitsteilung verbunden. Schon die wirtschaftlichen Veränderungen im Ersten Weltkrieg hatten die Positionen der Rohstofflieferanten sehr geschwächt. Obgleich sich in der Nachkriegszeit Verbesserungsmomente zeigten, wurde es offenkundig, daß es sich um eine strukturelle und nicht bloß konjunkturelle Krise handelte. In den zwanziger Jahren wurde man sich zunehmend bewußter, daß Argentinien nunmehr keine sozio-ökonomische Entwicklung auf der Grundlage der Exporterweiterung erwarten konnte. Man hätte Abschied nehmen müssen von einem Agrarland, das seinen hohen Lebensstandard dem Export verdankte.
Aber die Radikalen waren nicht in der Lage, grundsätzliche Veränderungen vorzunehmen. Argentinien war seit der zweiten Hälfte des 19. Jahrhunderts auf dem Export von Agrarprodukten aufgebaut, und es war auch für Linksliberale undenkbar, diese Grundstruktur anzutasten. Die Weltwirtschaftskrise von 1929, die Argentinien, als vom Außenhandel völlig abhängig, sehr hart traf, verschärfte die Gegensätze zwischen der Armee und dem 1928 wiedergewählten 76jährigen Yrigoyen, so daß er trotz großer Popularität mit seiner betont personalistischen Politik nicht Herr der Lage werden konnte. Die Stunde der Streitkräfte war gekommen.
Die Periode der konstitutionellen Regierung, die 1862 begonnen hatte, fand

am 6. September 1930 ihr Ende. Damit eröffnet sich eine Epoche der ununterbrochenen Vorherrschaft der Armee, gekennzeichnet durch häufige militärische Putsche (1943, 1955, 1959, 1962, 1966, 1969), die bis heute anhält. Die Armee, die den Präsidenten Yrigoyen absetzte, war sich insofern einig, als daß sie diese militärische Intervention als unerläßlich ansah, aber über die Aufgabe der Armee nach dem Putsch vertrat man verschiedene Meinungen. Eine nationalistische Gruppe von Offizieren unter General Uriburu strebte nach einem korporativistisch-faschistischen Staat, während die Mehrheit, deren prominente Figur General Justo war, die Verfassung des Landes beibehalten wollte und nur eine Wiederherstellung der Verhältnisse vor 1916 im Auge hatte. Der Putsch vom 6. September wurde selbstverständlich von den aktivistischen und politisch extremen Offizieren Uriburus unter passiver Duldung der Mehrheit der Armee durchgeführt. In den 17 Monaten, die Uriburu Präsident des Landes war, gelang es ihm nicht, die Verfassung in eine totalitäre Richtung zu wenden. Dazu fehlte ihm eine soziale Basis, und in der Armee selbst fand er nur bedingt Unterstützung. Er sah sich deshalb gezwungen, manipulierte Wahlen auszurufen, durch die dem General Justo im November 1931 die Macht übergeben wurde.

Die alte oligarchische Republik wurde somit in dem Moment wiederhergestellt, in dem bereits die zu ihr gehörende Wirtschaftsstruktur zerschlagen war. Das oligarchische Streben, die traditionellen Agrarprodukte unter allen Umständen und unter allen Preisen weiterhin zu exportieren, zwang zu Handelsbedingungen, die der nationalen Würde spotteten. 1933 wurde ein Handelsvertrag mit Großbritannien abgeschlossen, der Roca-Runcinam-Vertrag, in welchem die Argentinier, um den britischen Markt zu behalten, den englischen Investitionen und Exporten übermäßige Begünstigungen garantierten. Diese Erfahrung brachte in der Armee die Meinung auf, daß nur eine nationalistische Wirtschaftspolitik die »nationale Würde« und Unabhängigkeit garantieren könnte.

Die militärische Intervention, die in der Wiederherstellung der alten oligarchischen Ordnung versandete, löste weder die wirtschaftlichen noch die politischen Probleme des Landes, sondern verschärfte jene noch durch die Verhinderung jeder Reformpolitik. Allein mittels der alten Methode der Verfälschung und Manipulation der Wahlen konnte sich das System aufrechterhalten. Als auf diese Weise im Februar 1938 der Zivilist Roberto Ortiz zum Präsidenten gewählt wurde, war sein erstes Anliegen, die zunehmende Kluft zwischen den Regierenden und Regierten zu überbrücken. Er sah seine Aufgabe darin, eine solche Politik zu treiben, daß am Ende seiner Amtsperiode unverfälschte Wahlen möglich würden und somit Argentinien einen friedlichen Weg aus der politischen Krise finden könnte. Diese Politik der progressiven Demokratisierung konnte allerdings nicht verwirklicht werden, zum einen wegen der Verschlechterung der internationalen Lage durch den Aus-

bruch des Zweiten Weltkrieges, zum anderen, weil der Präsident Ortiz 1940 krank wurde und sein Vizepräsident Castillo, ein konservativer Rechtsprofessor, jede Liberalisierung ablehnte.
Die politische Krise wurde damit verschärft und die Politisierung der Armee wieder aktuell. Obgleich die Armee den Anspruch erhob, das Wesen der Nation zu verkörpern und deshalb ein einheitliches politisches Auftreten suchte, bedeutete jede Politisierung eine Fraktionierung gemäß der verschiedenen Tendenzen innerhalb der herrschenden Klasse. Ein Teil der Armee, der noch immer unter dem Einfluß des Ex-Präsidenten, General Justo, stand, zeigte deutlich eine Sympathie für England und konnte sich für Argentinien kein anderes politisches System vorstellen als die traditionelle oligarchische Republik. Andere wachsende Teile der Armee waren von den faschistischen Beispielen in Europa und von den militärischen Erfolgen Deutschlands begeistert und wollten jenes Modell nachahmen.
Schon in der kurzen Präsidentschaft von Uriburu wurden mit Deutschland wieder enge Beziehungen aufgenommen, die seit dem Ersten Weltkrieg abgebrochen waren. 1935 holte man eine deutsche Mission unter der Leitung von General Günther Niedenführ, die den Generalstab beraten sollte. Diese Mission blieb bis 1940 im Land. In der zweiten Hälfte der dreißiger Jahre schickte man jährlich 20 Offiziere zur weiteren Ausbildung nach Deutschland. Die Tatsache, daß der Pro-Nazi-General Juan Bautista Molina im Jahr 1937 zum Präsidenten des »circulo militar« gewählt wurde, dem Club, dem die meisten Offiziere angehörten, zeigt, wie verbreitet die Naziideologie war bzw. wie bedenkenlos man ihr gegenüberstand[44].
Von Juli 1940 bis Juni 1942 konnte der kranke Präsident Ortiz sein Amt nicht ausüben, versuchte aber dennoch, seine proalliierte und demokratische Haltung einzubringen. Der Vizepräsident Castillo, der eine entgegengesetzte Politik betrieb, war nun als provisorischer Präsident im Amt. Diese beiden Tendenzen, die sich gegenseitig aufhoben zu einer Politik der Neutralität, spiegelten die beiden Richtungen der proalliierten und prodeutschen Fraktion innerhalb der Armee. Als Castillo im Juni 1942 zum Präsidenten ernannt wurde, behielt er die Neutralität bei, allerdings zu einem Moment, in dem die Vereinigten Staaten eine einheitliche kontinentale Einstellung verlangten (Rio-de-Janeiro-Konferenz 1942). Die Vereinigten Staaten weigerten sich nach dem Kriegseintritt, einem Lande wie Argentinien, das noch diplomatische Beziehungen zum Feind unterhielt, Waffen zu liefern. Brasilien dagegen, das eine ausgesprochen proalliierte Position eingenommen hatte, wurde militärisch unterstützt. Die Gefahr, möglicherweise mit dem weit besser bewaffneten Brasilien in kriegerische Auseinandersetzungen treten zu müssen, war Anlaß für eine große Unruhe innerhalb der argentinischen Armee. Da die nationalistischen Offiziere die Beibehaltung der argentinischen Neutralität als Minimalforderung einer nationalen Politik betrachte-

ten, waren sie auf keinen Fall bereit, die amerikanische Bedingung zu akzeptieren. Deshalb blieb ihnen nichts weiter übrig, als zu versuchen, eine eigene Rüstungsindustrie aufzubauen und vorerst von den Deutschen hochentwickelte technologische Waffen zu verlangen.
Von 1942–1944 versuchte Argentinien vergeblich, über Spanien deutsche Waffen zu kaufen. Letztlich war jedoch das nordamerikanische Waffenembargo ein wichtiger Faktor zum Aufstieg nationalistischer Elemente in der Armee. Ein weiterer Schlag gegen die proalliierte Fraktion innerhalb der Armee war der Tod des Generals Justo am 11. Januar 1943.
Da die Deutschen keine Waffen liefern konnten und der Druck der Nordamerikaner anstieg, organisierten sich einige nationalistische Offiziere, um ihre Anliegen besser durchzusetzen. Am 10. März 1943 gründeten sie den Geheimbund G.O.U. (grupo de oficiales unidos), der in den nächsten Jahren in der Politik Argentiniens eine wesentliche Rolle spielen wird[45]. Einer der Gründer dieses nationalistischen Bundes war ein Oberst, der die Politik Argentiniens bis in unsere Tage prägen wird: Juan Domingo Perón.
Perón (1895-1974) stammte aus einer Mittelklassenfamilie spanisch-italienischer Herkunft. Mit 16 Jahren begann er sein Studium am »Colegio Militar«. Sein sprunghafter Aufstieg fällt zusammen mit der Machtübernahme des Militärs im Jahre 1930. Von 1936–1938 war er als Oberstleutnant Militärattaché in Chile. Aufgrund seiner allzu guten Kenntnisse der Verteidigungspläne mußte er jedoch als Persona non grata das Land verlassen. 1939 fuhr er nach Italien, um seine militärische Ausbildung fortzusetzen. Während seines Aufenthaltes in Europa hatte er Gelegenheit, Deutschland, Spanien und Portugal näher kennenzulernen, Erfahrungen, die bei seiner politischen Konzeption ihren Niederschlag fanden[46].
Der Putsch gegen Präsident Castillo am 4. Juni 1943 hatte die öffentliche Meinung in Argentinien sehr überrascht und ist insofern merkwürdig, als er sich gegen eine autoritär-konservative Regierung wendet, die sich große Mühe gemacht hatte, die argentinische Neutralität zu bewahren. Anlaß war, daß Castillo ein Mitglied der traditionellen Oligarchie, das weder Popularität genoß noch für fähig gehalten wurde, in diesen schwierigen Zeiten die Regierungsgeschäfte zu übernehmen, R. Patrón Costas als seinen Nachfolger lancieren wollte. Dreizehn Jahre nach dem Putsch gegen Yrigoyen sah sich die Armee sodann gezwungen, gegen die von ihr selbst wieder eingesetzte oligarchische Republik vorzugehen.
Die Erfahrung der letzten Jahrzehnte führte bei der Armee zu einer Ablehnung aller Politiker von links oder rechts. Das System war so sehr in Mißkredit geraten, daß sogar die liberal-demokratische Verfassung des Landes fragwürdig wurde und der autoritär-faschistische Staat als moderne Form seiner Überwindung erschien. Im Putsch am 4. Juni 1943 war sich die Armee hinsichtlich der Ablehnung des bestehenden politischen Systems einig, ohne

jedoch die Differenzen zwischen den Alliierten-Sympathisanten und den Germanophilen ausgleichen zu können. Ihnen allen fehlte, vielleicht nur mit Ausnahme von Perón, ein konstruktives politisches Programm.
Der amtierende Kriegsminister des abgesetzten Präsidenten, General Pedro Ramírez, wurde Präsident und der General Farrell Kriegsminister, der wiederum Oberst Perón, seinen Freund, zum Staatssekretär im Kriegsministerium ernennen ließ und ihm großes Vertrauen entgegenbrachte. Perón konnte auf Grund dieser günstigen Umstände viele wichtige Positionen der Streitkräfte mit seinen Kollegen vom G.O.U. besetzen und andererseits viele Offiziere in diesen Geheimbund aufnehmen. Die Kontrolle der Armee war sein erstes politisches Ziel. Darüber hinaus bemühte er sich überraschenderweise, Direktor einer bisher unbedeutenden Abteilung zu werden (Departamento Nacional de Trabajo), die sich mit Arbeitsfragen beschäftigte. Es gelang ihm bald, die Abteilung aus dem Innenministerium auszugliedern und in eine selbständige »Secretaria de Trabajo y Previsión« (Sekretariat für Arbeit und soziale Sicherheit) in direkter Abhängigkeit von der Präsidentschaft umzuwandeln. Das Verdienst Peróns war, erkannt zu haben, daß eine langfristige militärische Herrschaft ohne eine breitere soziale Basis nicht aufrechtzuerhalten ist.
Mit dieser Entscheidung trug Perón den grundsätzlichen Veränderungen Argentiniens Rechnung, die durch die Weltwirtschaftskrise bewirkt wurden:
1. Die Schutzmacht England, die im 19. und in den ersten Jahrzehnten des 20. Jahrhunderts Argentinien praktisch wie eine Kolonie behandelt hatte, verlor mit der Krise ihre Weltposition. Selbst der Roca-Runcinam-Vertrag mit all seinen Begünstigungen für Großbritannien war nicht in der Lage, die Wirtschaft Argentiniens wieder in Gang zu setzen. Die sich verringernde Agrarausfuhr verhinderte zugleich die Einfuhr von Industriegütern. Die industrielle Kapazität des Landes wurde so ausgenutzt und erweitert. Diese Industrialisierung durch Importsubstitution hatte in Argentinien eine junge Nationalindustrie geschaffen, die jedoch der Förderung des Staates bedurfte. Der einzig gangbare Weg hieß, sich von der britischen Abhängigkeit zu befreien und eine national-autonome Wirtschaftspolitik anzusteuern.
2. Die Weltwirtschaftskrise setzte der europäischen Einwanderung ein Ende. Wenn 1920 jeder zweite Einwohner von Buenos Aires im Ausland geboren war und die meisten Industriearbeiter aus Spanien und Italien kamen, so rekrutierte sich in den darauffolgenden Jahren die Arbeiterklasse aus dem Landesinnern. Die Ersetzung des »alten« Proletariats europäischer Herkunft durch das »neue« Proletariat aus der durch die Agrarkrise hervorgebrachten Landflucht veränderte grundsätzlich die Struktur der Arbeiterbewegung.
An der Schwelle des Jahrhunderts dominierte noch eine anarchistische Gewerkschaftsorganisation, die vor allem italienische und spanische Arbeiter zusammenfaßte (Federación Obrera Regional Argentina »FORA«). In den

zwanziger Jahren wurde bereits diese extrem linke Organisation durch harte Repressionen der Polizei und Armee und auch durch die Ausweglosigkeit einer solchen Politik, die ihre Basis verloren hatte, sowie durch die arbeiterfreundliche radikale Regierung an den Rand gedrängt. Eine Gewerkschaftsbewegung mit einer sozialistischen Ideologie und einer reformistischen Praxis gewann an Boden (Confederación General de Trabajo = CGT). 1940 gelang es den Kommunisten, einige Gewerkschaften unter ihre Kontrolle zu bringen (Gewerkschaften der Bau- und Metallarbeiter), was zu einer Spaltung der CGT in zwei feindliche Lager führte. Als Perón 1943 das »Sekretariat für Arbeit und soziale Sicherheit« reorganisierte, waren die wichtigsten Merkmale der Gewerkschaften folgende:

a) Niedrige Mitgliederzahl. Weniger als 10 % der Arbeiterschaft waren gewerkschaftlich organisiert, davon die meisten in Buenos Aires und Umgebung.

b) Tendenzen zur Bürokratisierung. Die Ablösung der Leader von der Basis nahm rasch zu, so daß die spezifischen Interessen der Spitzenfunktionäre maßgebend wurden. Die Schwäche und Korruption der gewerkschaftlichen Bewegung war die Voraussetzung für Peróns Erfolge bei der staatlichen Eingliederung der Arbeiterbewegung[47].

Der Abbruch der diplomatischen Beziehungen zu den Achsenmächten führte die erwartete politische Krise herbei, in der General Ramírez sein Amt dem Kriegsminister Edelmiro J. Farrell übergeben mußte (Februar 1944). Perón wurde zunächst Kriegsminister und unter Beibehaltung dieses Amts und dem des Sekretärs für Arbeit und soziale Sicherheit einige Monate später Vizepräsident. Somit brachte ihm der Putsch von 1943 den Aufstieg an die Macht, zu deren Konsolidierung er von Juli 1944 bis Oktober 1945 die Weichen gestellt hatte: auf der einen Seite die Kontrolle der Armee, auf der anderen die Schaffung einer an ihn gebundenen politischen Bewegung auf breiter Basis.

Durch die Betonung der Professionalisierung, die Verbesserung der Gehälter und Aufstiegschancen der Offiziere, die Erhöhung der staatlichen Ausgaben für Aufrüstung und die Entwicklungspläne für eine nationale Rüstungsindustrie zog er die Streitkräfte auf seine Seite. Die zweite Säule seiner Politik bestand in einer fortschrittlichen Sozialpolitik, durch die er die Gewerkschaften von sich abhängig machte. Als Anfang Juli 1945 der Präsident Farrell für das kommende Jahr freie Wahlen versprach, war Perón auf Grund seiner Position in der Armee und in den Gewerkschaften der bestplazierte Kandidat. Der bis jetzt als Professioneller hoch anerkannte Offizier demaskierte sich als kluger Taktiker und raffinierter Politiker, der alle Fäden der Macht in seiner Hand hielt und für seinen persönlichen siegreichen Aufstieg einzusetzen wußte. Auf seiner Seite standen der überwiegende Teil der Armee, der Staatsapparat, viele Sektoren der Mittelklasse und die arbeitende Bevölkerung; gegen seine Kandidatur waren die traditionellen Parteien, sowohl die Konservativen als auch die Überreste der Radikalen, die Intellektuellen und Universitäten sowie Teile der Armee, die entweder seine antioligarchische Demagogie für sehr gefährlich hielten oder für die Rückkehr eines Zivilisten an der Spitze des Staates plädierten. Die entscheidende Hilfe erhielt Perón später vom nordamerikanischen Botschafter Spruille Braden, der ihm in seiner unverhüllten Kampagne gegen ihn die schlagende Parole in den Mund legte: Braden oder Perón.

Der revolutionäre Aufstieg von Perón verursachte große Unruhen bei der Oligarchie, Teilen der Armee und den Vereinigten Staaten, die die nationalistische und in der Vergangenheit profaschistische Politik Peróns in der Nachkriegszeit nicht glaubten dulden zu können. Am 9. Oktober 1945 mußte Perón auf Druck der Marine alle seine Ämter niederlegen und wurde unter militärischen Arrest gestellt. Schon am 17. Oktober organisierte die Gewerkschaft eine imposante Demonstration, auf der sie die Rückkehr Peróns forderte. Da weder die Polizei noch die Armee, beide von Peronisten unterwandert, bereit waren zu intervenieren, mußte man mit Perón verhandeln. Farrell akzeptierte ein Kabinett von Freunden und Anhängern Peróns, während der Leader selbst seine Wahlkampagne verstärkt fortsetzen konnte. Im Februar 1946 gewann Perón mit großer Mehrheit die Wahlen.

Durch die Tatsache, daß er am 4. Juni 1946 sein Amt antritt, dem dritten Jubiläumstag des letzten militärischen Putsches, unterstreicht er die Kontinuität des Regimes. Er verstand sich selbst als Soldat und Vertreter aller militärischer Tugenden. Er sah seine Aufgabe darin, die argentinische Gesellschaft nach den zentral-hierarchischen Prinzipien einer Armee zu organisieren, unter denen Disziplin, Loyalität und Effektivität an erster Stelle stehen. Bei jeder Gelegenheit betonte er die gewichtige Rolle der Streitkräfte bei der »Nationalen Revolution«. Außerdem setzte er die Modernisierung der Armee noch intensiver fort: Zwischen 1945 bis Anfang 1948 fielen 50,7 % der staatlichen Investitionen in den Verteidigungsbereich; 1946 wurden 35 % des nationalen Haushalts für militärische Ausgaben verwendet. Betrug die Armee 1931 ca. 25 000 Mann mit 1935 Offizieren, so erweiterte sie sich bis 1952 auf mehr als 80 000 Soldaten mit 5520 Offizieren. Von 1943 bis 1955 erhöhte sich die Zahl der Generäle von 37 auf 90[48]. So wie Perón der große Förderer der Armee war, so beruhte auch letztlich seine Macht auf dem Beistand der Streitkräfte.

Doch unterschied er sich von allen anderen Militärpräsidenten dadurch, daß er zum einen durch freie Wahlen legitimiert war, zum anderen über eine durch die Gewerkschaften organisierte breite Basis verfügte. In der Ausbalancierung und im Hin- und Herpendeln zwischen diesen beiden Kräften lag seine autokratische Macht. Da der Aufstieg und die Konsolidierung seines Regimes eindeutig auf dem Militär beruhten, muß man den Peronismus unter den Begriff des Militarismus subsumieren. Aber es handelt sich in diesem Fall um einen Militarismus besonderer Art: Denn Perón versuchte zugleich, in den Gewerkschaften eine Gegenkraft zu schaffen, um eine langfristig geplante Umwandlung der staatlichen Institutionen zu erreichen. Während die früheren Militärregierungen jeweils in einer Wiederherstellung der verfassungsmäßigen Ordnung versandeten, unterwanderte Perón den liberal-demokratischen Staat in Richtung eines totalitären neuer Prägung. Durch zwei klare politische Hauptziele unterscheidet sich Perón von allen seinen Vorgängern: 1. Nationale Integration der Arbeiterklasse durch eine fortschrittliche Sozialpolitik und Anhebung des Lebensstandards der Massen. 2. Aufhebung der Abhängigkeit vom Außenhandel durch die Förderung einer nationalen Industrie. Beide Elemente sind typisch für eine populistische Politik. Daher ist der Peronismus als *Militärpopulismus* zu bezeichnen.

Mexiko: Vom Militärcaudillismus zur Überwindung des Militarismus

Mexiko ist unter den großen lateinamerikanischen Republiken das Land, in dem sich der Militärcaudillismus am längsten gehalten hat, aber auch dasjenige, in dem sich heutzutage der Militarismus am wenigsten bemerkbar macht. Chile dagegen ist das Land mit der kürzesten Periode des Militärcaudillismus und der längsten und tiefgreifendsten des Militarismus. Eine vergleichende Studie der militärischen Interventionen in Mexiko und Chile würde die grundsätzlichen Unterschiede zwischen Militärcaudillismus und Militarismus verdeutlichen. Inwieweit anhaltende Auswirkungen des Militärcaudillismus die Erscheinung des Militarismus erschweren, läßt sich am Beispiel Mexikos erfahren.

In den ersten 55 Jahren nach der Unabhängigkeit bis zur Diktatur Porfirio Diaz' (1876–1910) sind 74 Personen in verschiedenen Eigenschaften an die Spitze des mexikanischen Staates gelangt: 2 Kaiser, 36 Präsidenten, 9 provisorische Präsidenten, 12 Regenten etc.[49]. Die politische Instabilität dieser Phase zeigt, wie tief die Krise war, die die Unabhängigkeit in diesem Land hervorgerufen hatte. Die Eigenart der mexikanischen Konfliktsituation liegt darin, daß der Volksaufstand eines Hidalgo und Morelo von derselben kolonialen Armee niedergeschlagen wurde, die, um die kolonialen Privilegien aufrechtzuerhalten, die Unabhängigkeit proklamiert hatte.

So wie heute die weiße Minderheit von Rhodesien die Unabhängigkeit gerade deshalb ausgerufen hat, um ihre herrschende Position gegenüber der afrikanischen Mehrheit beizubehalten, wurde die Unabhängigkeit Mexikos von einer Landaristokratie mittels der spanischen kolonialen Armee gegen die

Masse einer regional und rassisch-kulturell sehr unterschiedlichen Bevölkerung durchgesetzt. Die Aufrechterhaltung der kolonialen Verhältnisse im Innern ohne deren traditionelle Legitimität und ohne die vermittelnde Rolle der königlichen Bürokratie erwies sich aber letztlich als undurchführbar: Die »koloniale« Ordnung Mexikos hätte sich politisch nur unter der traditionellen Monarchie halten können, was allerdings eine Fortsetzung der Bindung an die Metropole bedeutet hätte. Eine mexikanische Monarchie zu etablieren, wurde erfolglos versucht. War jedoch erst einmal die traditionelle Legitimität abgebrochen, so ließ sie sich auf künstliche Weise nicht wieder errichten. Die Folgerichtigkeit, doch zugleich Uneinführbarkeit einer neuen monarchischen Ordnung hinterläßt ein politisches Vakuum, das durch die kontinuierlichen Interventionen der vielen Caudillos nicht geschlossen werden konnte.
Die sich im Unabhängigkeitsprozeß bildende nationale Armee ist Ausdruck dieser Machtzersplitterung: Sie ist in ihrer Konstitution durch die Verschiedenartigkeit der Herkunft der Offiziere – einige sind Partisanen aus dem Volksaufstand, die meisten Berufsoffiziere der ehemaligen kolonialen Armee – von vornherein gespalten[50]. Diese Armee ist keine homogene zentral organisierte Kraft, sondern zeigt je nach der Person des Führers, der Art der Zusammensetzung der Truppen und der Besonderheiten der Region sehr verschiedene Eigentümlichkeiten. Allen Ausprägungen aber ist die Prädominanz personalistischer bzw. lokaler Interessen gemeinsam. Die Landaristokratie, die sich an die Streitkräfte gewandt hatte, um ihre Privilegien zu erhalten, sah sich einer chaosbringenden Armee gegenüber, die bloß auf die eigenen Vorteile bedacht war und mehr einer Räuberbande ähnelte als einem Herr im modernen Sinne.
Natürlich genoß eine solche Armee kein Sozialprestige: Als Soldaten ließen sich nur sozial Auffällige und Kriminelle rekrutieren, und niemand, der auf sich hielt, war bereit, den Beruf des Offiziers zu wählen, außer zwecks einer raschen politischen Karriere bzw. finanziellen Bereicherung. Dieses vom militärischen Gesichtspunkt absolut untaugliche Heer war zudem für den Staat eine sehr kostspielige Angelegenheit, die er sich eigentlich nicht leisten konnte. Seine sich schon im Bankrott befindenden Finanzen wurden durch die steigenden Anforderungen der Armee aufs äußerste strapaziert. Die Schwäche der Zentralgewalt forderte politische Interventionen der Streitkräfte geradezu heraus, womit jene ihrerseits ihre übermäßigen Forderungen durchsetzen konnten, was die finanzielle Misere des Staates verschärfte und damit die Ohnmacht der Zentralgewalt besiegelte. Die Hauptanliegen der Armee, die sich bis zur Mitte unseres Jahrhunderts durchhalten konnten, bestanden darin, daß die Gelder, auf die jede Einheit Anspruch hatte, dem jeweiligen Militärchef ausgezahlt wurden, ohne daß die Regierung Einblick oder Kontrolle über ihre Verteilung und Anwendung hatte nehmen können. Diese staatlichen Mittel, angeblich für Truppe und Ausrüstung, wurden fast aus-

schließlich als Gehälter und Schmiergelder für eine korrupte Offizierskaste ausgezahlt, die ständig mit militärischen Staatsstreichen drohte, um noch direkter über Haushaltsmittel zu verfügen. Oft existierten nur auf dem Papier Regimenter und ihre Materialien, Gespenstereinheiten, die bis zu den vierziger Jahren unseres Jahrhunderts typisch für die mexikanische Armee waren.

Als Mexiko sich zum ersten und einzigen Mal in einem Krieg befand (1846–1847), erwies sich mangels Waffen, Disziplin und militärischen Wissens seine totale Verteidigungsunfähigkeit gegen den nördlichen Nachbarn, und mehr als die Hälfte des nationalen Territoriums im Norden des Landes ging verloren (Texas, Neu-Mexiko, Kalifornien). Der Militärcaudillimus verhinderte nicht nur jede politische Stabilität, sondern ließ das Land sowohl gegenüber dem äußeren Feind als auch gegenüber kriminellen Umtrieben ohne jeden militärischen Schutz. Die völlige Unsicherheit während dieser Periode paralysierte den Bergbau, den wichtigsten Reichtum des Landes, der das Land früher an den Außenmarkt gebunden hatte. So ging Mexiko allmählich auf eine Subsistenzwirtschaft zurück – jede Hazienda, jedes Dorf produzierte für seinen eigenen Konsum –, was letztlich die Existenz der Nation in Frage stellte. Die eine Hälfte des Landes mußte es den Nachbarn abgeben, die andere Hälfte löste sich in kleine wirtschaftlich und politisch selbständige Einheiten auf. Das Ende der Nation schien gekommen zu sein.

Für eine dünne Mittelschicht und einige wenige Intellektuelle eröffnete sich als einzige Alternative eine liberale Politik sozialer Reformen, die die sozio-ökonomische Basis des Militärcaudillismus – das Latifundium – aufheben sollte. Bei der Übernahme des siegreichen Modells der USA mußten die indianischen und spanischen Elemente als Ursprung aller Übel der bisherigen Geschichte abgelehnt werden. Die Rettung der Nation durchlief ihre Negation.

Diese Politik der Reformen richtete sich vorwiegend gegen die Latifundisten und gegen die zu ihnen gehörende politische Form des Militärcaudillismus. Wegen der Enteignung der kirchlichen Ländereien – die Kirche war der größte Latifundist des Landes – und der Beseitigung der militärischen Privilegien der Kolonialzeit brach 1858 der Bürgerkrieg aus. Als die Liberalen mit Benito Juarez an der Spitze 1861 in der Hauptstadt Mexikos eintrafen, blieb den konservativen Kreisen – der Landaristokratie, der Kirche und der regulären Armee – nur ein chimärischer Versuch, eine importierte Monarchie unter ausländischem Schutz zu etablieren, d. h. in neuer Form die koloniale Vergangenheit wiederherzustellen.

Die Zahlungsunfähigkeit der liberalen Regierung bezüglich Auslandsverschuldungen erleichterte diese Operation: England, Frankreich und Spanien schickten Truppen nach Mexiko. Mit den Spaniern und Engländern konnte noch eine diplomatische Verständigung erfolgen. Die Franzosen blieben im

Land. 1864 war Mexiko wieder eine Monarchie unter dem österreichischen Prinzen Maximilian als Kaiser. Als jedoch wider Erwarten der europäische Monarch eine liberale Reformpolitik vertrat und damit seine erzreaktionäre Basis verlor, und als mit dem Ende des nordamerikanischen Bürgerkrieges die französische Intervention in Mexiko von den USA als Casus belli angesehen wurde, folglich Napoleon III. seine Armee aus Mexiko zurückrufen mußte, waren die Tage des Kaisers Maximilian gezählt. Ohne in- und ausländische Unterstützung scheiterte 1867 zum zweiten Mal das monarchische Experiment. Die liberale Republik war wieder restauriert.
Der erfolgreiche Kampf gegen die Franzosen und die Maximilian-Monarchie brachte eine Wiederbelebung des Militärcaudillismus: Partisanen hatten sich gegen die ersten Ansätze einer konservativen Berufsarmee durchgesetzt. »Der Sieg hinterließ eine Generation von Helden in Uniform«, die nun die Entlohnung für die geleisteten Dienste für das Vaterland forderte. Die vielen Enttäuschten waren ständig bereit, ihr Los mittels neuer militärischer Revolten günstig zu wenden. Auch ca. 100 000 entlassene Soldaten, für die Frieden Erwerbslosigkeit hieß, schlossen sich gern jeder Revolte an. Nach dem gewonnenen Krieg zersplitterte die liberale Partei in verschiedene Fraktionen, und ihre Auseinandersetzungen boten genügend Anlässe und Vorwände für militärische Interventionen, so daß die liberalen Reformen die erhoffte Stabilisierung nicht mit sich brachten. Einen der Militärcaudillos, der sich im Bürgerkrieg und im Krieg gegen die Franzosen ausgezeichnet hatte, Porfirio Diaz, gelang es 1876, durch einen militärischen Putsch eine vierunddreißigjährige Diktatur zu errichten, die erstmalig nach der Unabhängigkeit eine Periode des Friedens anbot.
Die politische Philosophie Porfirio Diaz' beschränkte sich auf das Prinzip »Wenig Politik und viel Verwaltung«, d. h. Aufbau einer politischen Stabilität durch Eliminierung der politischen Vielfalt, was de facto eine Nichtachtung der liberalen Verfassung einschloß – die auch in der Tat nicht auf die mexikanischen Verhältnisse anwendbar war –, um eine Modernisierungspolitik (Verwaltung), die das Land den kapitalistischen Verhältnissen angleichen sollte, durchzusetzen. Dazu bedurfte es einer nationalen wirtschaftlichen und administrativen Integration des Landes, wodurch die zentrale Regierung erst an Effektivität gewinnen konnte. Wegsteine dieser Politik waren die Aufhebung der inneren Zölle, Ausbau einer Infrastruktur – von 1876 bis 1910 wuchs das Eisenbahnnetz von 460 km auf 19 000 – und durch die Aufnahme ausländischen Kapitals eine rasche Steigerung der Bergbauproduktion, die so wieder zum Pfeiler der mexikanischen Ausfuhr wurde. Hinzu kam eine Rationalisierung des landwirtschaftlichen Sektors, der für den Export arbeitete, wie auch erste Ansätze einer nationalen Industrie.
Das moderne Mexiko ist ohne Zweifel ein Produkt der dreißigjährigen Periode des Friedens und des wirtschaftlichen Wachstums, die Mexiko als

Rohstofflieferant in den internationalen Weltmarkt integrierte[51]. Diese »Entwicklung nach außen« modifizierte grundsätzlich die soziale Struktur des Landes, proletarisierte einerseits die ländliche Bevölkerung indianischer Herkunft, die in noch vorkapitalistischen Verhältnissen lebte, und verbreiterte andererseits die urbane Mittelklasse, ohne ihr die Möglichkeit einer selbständigen politischen oder wirtschaftlichen Betätigung anzubieten.

Mit diesem Prozeß der Modernisierung der mexikanischen Wirtschaft und Gesellschaft ging jedoch nicht, wie in Chile und Argentinien, eine Professionalisierung der Armee einher. An ihrer Spitze standen weiterhin Generäle, die, wie Diaz selbst, keine andere militärische Ausbildung vorweisen konnten als den erfolgreichen Partisanenkrieg gegen die französische Intervention und ihre Beteiligung am Putsch von 1876. Diaz versuchte langsam, aber zielstrebig, die Gefahren des Militärcaudillismus zu umgehen, ohne diesen direkt anzugreifen. Weiterhin bestand die traditionelle Unsitte, daß die regionalen Militärchefs über die militärischen Ausgaben ohne Kontrollen oder Mitbestimmung seitens der Regierung verfügen konnten. Diese offene Korruption wurde von Diaz als Garantie für die Treue der Generäle ausgenutzt: Zufriedene Generäle an der Spitze sehr schwacher, kaum existenter militärischer Einheiten verminderten zweifellos eine Putschgefahr. Außerdem benutzte Diaz verschiedene Methoden, um potentielle Feinde loszuwerden, z. B. diplomatisches Exil, einen neuen Ministersessel oder gar physische Eliminierung. Fünfzehn Jahre nach der Errichtung seiner Diktatur hatte er die Streitkräfte fest in seiner Hand.

Zwar war sich Diaz bewußt, wie wichtig eine hochprofessionalisierte Armee für die Stabilisierung der politischen Ordnung wäre, befürchtete aber bei den nötigen Umstrukturierungen eine steigende Putschgefahr. Die eigentlich polizeiliche Funktion des Heeres auf dem Land konnte auch von schlechtausgerüsteten und wenig ausgebildeten Einheiten übernommen werden. Für die Aufrechterhaltung der sozialen Ordnung schien eine kleine reguläre Armee – die Federales – und die Landpolizei – die Rurales – zu genügen.

Erst in der zweiten Hälfte des Porfiriats wurde die Professionalisierung des Heeres intensiviert, doch verhinderten die vergangenen Erfahrungen mit ausländischen Interventionen (USA und Frankreich), eine ausländische Militärmission ins Land zu rufen. Eine nordamerikanische bzw. französische war nunmehr den Mexikanern indiskutabel, andererseits fürchtete man, daß die Nordamerikaner keine europäische dulden würden. Tatsächlich war Mexiko »zu weit von Gott und zu nah an den Vereinigten Staaten«. Übrig blieb allein, einige Dutzend Offiziere nach Europa – Deutschland, Frankreich und Spanien – zu schicken; aber diese Ansätze hatten noch keine Frucht getragen, als 1910 die politische Krise aufbrach.

Das gewalttätige Ende der Porfirio-Diaz-Diktatur und die nachfolgenden revolutionären Jahre bedeuten eine Wiedergeburt des Militärcaudillismus.

Der Charakter der mexikanischen Revolution ist umstrittenes Thema vieler Diskussionen: Handelt es sich dabei um eine »bürgerliche Revolution« oder um die erste der »peripheren Welt«? Wenn man die militärische Geschichte in den Vordergrund stellt, wird man die sogenannte mexikanische Revolution, obgleich sie neue Elemente des 20. Jahrhunderts in sich trägt, die in die Verfassung von 1917 eingegangen sind – so der Begriff des modernen sozialen Staates –, zu den Ausläufern des 19. Jahrhunderts rechnen, da ihre Dynamik von der mexikanischen Vergangenheit bestimmt ist.
In gewissem Sinne stellt der Zusammenbruch des Porfiriats wieder die anarchische Situation her, die nach der Krise der Unabhängigkeit (1821–1845) und nach dem Ende der französischen Intervention (1867–1876) herrschte. 1821 wurde nach der Unabhängigkeit die reguläre koloniale Armee mit Elementen aus dem Volksaufstand durchsetzt und somit in eine caudillistische umgewandelt; 1867 wiederum wurde diese inzwischen reguläre Armee durch bewaffnete Einheiten aus dem Partisanenkrieg ersetzt. Die mit Mühe reorganisierte zentrale Armee der Diktatur Porfirio Diaz' wurde nun in der mexikanischen Revolution aufgelöst. Das prägnanteste Merkmal des mexikanischen Staates war seine Unfähigkeit, eine tüchtige Armee aufzustellen, die einem bewaffneten Volksaufstand standzuhalten vermochte. Bis Mitte des 20. Jahrhunderts konnte in Mexiko das Monopol der Gewalt nicht fest in die Hände der zentralen Regierung gelangen. Politische Differenzen wurden immer wieder durch Konfrontation verschiedener bewaffneter Gruppen entschieden. Edwin Lieuwen hat mit Recht darauf hingewiesen, daß der letzte Grund für den Zusammenbruch des Diaz-Regimes in einer kampfunfähigen und kampfunlustigen Armee lag[52].
Madero rief ein »Ejercito Libertador« zusammen, um gegen die reguläre Armee Diaz' – die Federales – zu kämpfen. Nach der Tradition des 19. Jahrhunderts versprach sein »Plan von San Luís de Potosí« am 20. November 1910 den Aufständischen je nach der Zahl der Männer, die sie zusammentrommeln konnten, einen militärischen Grad, mit dem sie sich nach dem Sieg der Revolution in der regulären Armee integrieren durften. Noch bevor die offizielle Armee niedergeschlagen wurde, ging Diaz ins Exil. Der nun gewählte Präsident Madero übernahm den alten staatlichen Apparat einschließlich der Federales und versuchte, ohne seine Versprechen einzuhalten, die revolutionäre Armee aufzulösen, da er nun gegenüber seinen eigenen bewaffneten Partisanen, die ländlicher Herkunft waren und eine radikale Agrarreform durchsetzen wollten, Mißtrauen hegte. Als die reguläre Armee kaum zwei Jahre später im Februar 1913 gegen Madero rebellierte, zeigte sich, wie illusorisch es war, die politische Revolution fortsetzen zu wollen, ohne die sozio-ökonomischen Strukturen anzutasten. Diese beizubehalten hieß in der Tat, sich den Händen des porfirianischen Staatsapparats auszuliefern.

General Huertas Versuch, ein militärisches Regime traditioneller Art zu errichten, mißlang aus folgenden Gründen:

1. Die Auflösung der revolutionären Truppen war Madero nicht gelungen. Er setzte sogar gegen diese seine ehemalige Gefolgschaft, die Federales, ein, im Norden gegen Pascual Orozco, im Süden gegen Emiliano Zapata. Als sich die Nachricht von der Ermordung Maderos verbreitete, griffen viele Maderisten wieder zu den Waffen, andere Partisanen hatten den Kampf noch gar nicht aufgegeben. Die völlige Verstreuung der bewaffneten Revolutionäre, doch vor allem die Schwäche und Kampfunfähigkeit der zentralen Armee ohne moderne Ausrüstung, Disziplin und Ideal ließ anfangs das Ergebnis des Krieges im ungewissen. Nun erwies sich ein militärisches Regime ohne eine effiziente, modernisierte Armee als höchst problematisch.

2. Entscheidend wirkte jedoch die nordamerikanische Intervention auf seiten der antimilitärischen Kräfte. Mit Waffenlieferungen unterstützte man die revolutionäre »konstitutionelle Armee«, und es landeten sogar nordamerikanische Truppen in Veracruz, um den wichtigsten Hafen des Landes zu besetzen, was für Huerta eine Paralysierung des Außenhandels bedeutete. Daß die USA Partei nahmen gegen eine konservative Militärregierung, hat oftmals überrascht und harrt noch einer befriedigenden Aufklärung[53]. Die mexikanische Revolution ist in ihrem Verlauf nicht ohne die nordamerikanische Politik zu verstehen, und nicht wenig besagt die Tatsache, daß eine Revolution von den USA geduldet bzw. die Fraktion, die sich letztlich durchsetzen konnte, von ihnen unterstützt wurde, über den revolutionären Charakter dieser sogenannten Revolution.

Als Huerta das Land verlassen mußte und kurz darauf die reguläre Armee kapitulierte (August 1914), beging der Chef der revolutionären Kräfte, Venustiano Carranza, nicht den Irrtum Maderos. Er forderte die völlige Auflösung der »federalen Armee«, deren Offiziere entweder das Land verlassen oder sich in einen zivilen Beruf integrieren mußten. Mit der Auflösung der Armee ging der klassische Militarismus Mexikos, der kaum zwei Jahre gedauert hatte, zu Ende. Der Militärcaudillismus, jetzt in revolutionärer Fassung, erhob sich von neuem.

Das Land blieb in Händen von 150 000 bewaffneten Revolutionären, die in verschiedenen Armeen mit ganz unterschiedlichen sozialen Zusammensetzungen und politischen Ideologien organisiert waren. Der Sieg über Huerta bedeutete zugleich den Ausbruch der Kämpfe zwischen den verschiedenen revolutionären Fraktionen, von denen die gemäßigte, die die Unterstützung der USA genoß, unter der militärischen Führung eines ehemaligen mittleren Bauern, Álvaro Obregón, stand. Selbst Francisco Villa und Emiliano Zapata, die beiden Bauernführer der radikaleren Fraktionen, hatten untereinander keine Koordination. Zwischen 1914 und 1919 lebte das Land in anarchischen Zuständen, die an die Situation vor der Errichtung der porfirianischen Diktatur erinnern. Carranza und Obregón mußten die linken populären Armeen Villas und Zapatas besiegen. Es gelang Carranza, das urbane Proletariat gegen die revolutionären Agraristen zu mobilisieren. So wurden gegen Zapata die sogenannten »roten Bataillone« von der anarchistischen »Casa del Obrero Mundial« aufgestellt. Durch diese ständigen militärischen Auseinandersetzungen wuchs die revolutionäre Armee rapide an: Um 1916 waren es 200 000 mit mehr als 50 000 Offizieren und 500 Generälen, d. h. es kamen auf 40 Mann ein General und auf vier Mann ein Offizier.

Das politische Ziel der Revolution Maderos war die Errichtung demokratischer Verhältnisse durch die Einführung von nichtmanipulierten Wahlen unter Ausschluß der Wiederwahl für dasselbe Amt (sufragio electivo, no reelección). Die erfolgreichen bewaffneten Aufstände hatten wohl die Diktatur und ihre militärische Basis, die Federales, beseitigt, aber um den Preis, das Land auf einen Militärcaudillismus des 19. Jahrhunderts zurückgeworfen zu haben. In ihrer ersten Phase hatte die Revolution nur die politische Stabilität, die Basis der wirtschaftlichen Entwicklung der letzten dreißig Jahre, untergraben, ohne die Grundstrukturen überhaupt berührt zu haben. So waren die positiven Elemente des Porfiriats zerstört, doch vorläufig keine praktikablen Alternativen in Sicht. Die gefürchtete Vergangenheit der Anarchie und Gewalt kam auf das Land zurück.

Das Überleben des Landes hing von einer Lösung dieser Probleme ab:

Die Auswüchse des Militärcaudillismus mußten gebändigt werden, und eine funktionstüchtige Zivilregierung, die nicht in eine persönliche Diktatur entgleiste, war zu schaffen. Man brauchte mehr als zwanzig Jahre (1914–1940), um die revolutionären Armeen sozial zu integrieren, ein professionalisiertes und dem Bedarf des Landes angepaßtes Heer aufzustellen und ein politisches System in Kraft zu setzen, das nicht bei jedem Präsidentenwechsel in einen militärischen Putsch bzw. Bürgerkrieg ausartete.

Als Carranza im Mai 1917 Präsident wurde, konsumierte die revolutionäre Armee 72 % des staatlichen Haushalts, ohne daß damit schon die minimalste Sicherheit garantiert gewesen wäre. Man rechnete mehr als 25 000 unkontrollierte Bewaffnete, die in kleinen Banden, halb Räuber, halb Partisanen, verstreut auf dem Land das Monopol der Gewalt in Händen des Staates in Frage stellten. Diese innere Unsicherheit förderte die Beibehaltung einer unangemessen großen Armee und gab jener eine mächtige Position gegenüber der Regierung.

Immer wenn die Amtsperiode eines Präsidenten abgelaufen war und dieser versuchte, einen eigenen Kandidaten zu lancieren, ohne die Ansprüche der herrschenden Generäle zu berücksichtigen, war eine Krise unvermeidbar. Gegen den Präsidenten Carranza putschte alsdann sein ehemaliger Kriegsminister, der hervorragende militärische Führer der »konstitutionellen Armee«, Álvaro Obregón (1920), als Carranza versuchte, eine unbekannte, zweitrangige Person, Bonilla, den Botschafter Mexikos in den USA, vorzuschieben, um möglicherweise selbst indirekt die Macht zu behalten.

Der Putsch von Agua Prieta bedeutete gewiß eine Radikalisierung des revolutionären Kurses: Um sich gegen andere Militärcaudillos abzusichern, suchte er die Unterstützung der Gewerkschaften (CROM = Confederación Regional Obrera Mexicana) durch eine arbeiterfreundliche Politik und die der Bauern durch erste Maßnahmen zur Bodenverteilung. Damit sollte die zentrale Regierung eine breitere Basis gewinnen, die weitere Staatsstreiche unterbinden könnte. Andererseits wirkte sich der erfolgreiche Putsch für die im Land verstreuten Caudillos als nachahmenswert aus. Den aufkommenden verschiedenen Putschen und Revolten gegenüber zeigte Obregón äußerste Härte und ließ rebellierende Generäle und Offiziere erschießen (Francisco Murguia 1921, Antonio Pruneda 1922). Bei den Leuten, die auf seiner Seite standen, mußte er Korruption und Bestechung zulassen: »Es gäbe keinen General, der einem Schuß von 50 000 Pesos widerstehen könnte.« Obgleich objektiv gesehen sein Putsch eine Wiederbelebung des Militärcaudillismus einschloß, war sich Obregón bewußt, daß die Armee, vor allem die Zahl der Offiziere und der Generäle, verringert sowie der Grad der Professionalisierung angehoben werden mußte.

Durch diese Reform gelang es Obregón, die militärischen Ausgaben von 61 % des nationalen Budgets (1921) auf 36 % (1923) zu reduzieren. Mit dieser Politik der Modernisierung und Zentralisierung der Armee, die die Machtbereiche und Privilegien der Militärcaudillos begrenzte, und vor allem mit dem Ansinnen Obregóns, General Calles als seinen Nachfolger zu nominieren, provozierte er im Dezember 1923 einen neuen militärischen Aufstand, an dem sich fast die Hälfte der Armee beteiligte. Aus diesem Bürgerkrieg ging die zentrale Regierung dank der Mobilisierung der Arbeiter- und Bauernmassen, aber auch wegen mangelnder Koordination und sich widerstreitender politischer Ansichten der putschenden Generäle siegreich hervor. Das war für den Militärcaudillismus der härteste Schlag. Danach endete keiner der noch folgenden Putsche erfolgreich.

Die Dekade von 1924-1934 charakterisiert sich durch eine steigende Konzentration der politischen Macht in Händen der zentralen Regierung dank der Persönlichkeit von General Plutarco Elias Calles, der sich während und nach seiner Präsidentschaft als unantastbarer Caudillo behaupten konnte. Obgleich es an militärischen Revolten und bewaffneten Konflikten nicht fehlte – der hervorstechendste war der mit der Kirche (1926–1929), der sogar in einigen Staaten die Bauernschaft zu den Waffen greifen ließ, um die Rechte der Kirche zu verteidigen (guerra de los cristeros)[54] –, machte sich eine gewisse Stabilität breit.

Die Militärpolitik dieser Periode ist durch den Kriegsminister Calles, den General Amaro geprägt, der die Verringerung der militärischen Ausgaben und die Anhebung des Ausbildungsniveaus des Offizierskorps anstrebte. Ein Meilenstein ist in diesem Zusammenhang das 1926 erlassene Gesetz zur Reglementierung der Beförderung nach professionellen Gesichtspunkten. Wenn auch die Zahl der Soldaten auf 55 000 reduziert werden konnte und jene zudem für öffentliche Arbeiten herangezogen wurden, so mußte man doch aus politischen Gründen eine unangemessen hohe Zahl von Generälen in Kauf nehmen und konnte der verbreiteten Korruption bei der Militärspitze auch nicht ganz beikommen. Im ganzen gesehen, ist jedoch ein enormer Fortschritt hinsichtlich der Professionalisierung der mexikanischen Armee zu verzeichnen.

Das bei weitem größte Verdienst von Calles liegt jedoch darin, einen politischen Apparat zur friedlichen Regelung der Wahl des jeweiligen offiziellen Kandidaten für die Präsidentschaft geschaffen zu haben. Noch im Oktober 1927, als die Amtsperiode Calles' dem Ende zuging, gab es einen militärischen Putsch gegen die Kandidaten des Gewerkschaftsführers und auch Calles' Mann, Luis Morones. Der Putsch, hinter dem wegen des höheren Grades der Zentralisierung der Armee nur ein Viertel der Streitkräfte stand, mißlang, und seine Führer, die Generäle Serrano und Gomez, mit fast allen ihren Offizieren, wurden erschossen. Da Calles im November 1926 die Verfassung von 1917 in dem Sinne verändert hatte, daß ein Präsident wiedergewählt werden konnte, wenn zwischendurch das Amt von einer anderen Person besetzt war, stellte sich Obregón wieder als Kandidat und konnte wegen seines großen Prestiges alle revolutionären Fraktionen auf sich vereinigen. Mexiko schien mindestens vier stabile Jahre vor sich zu haben, wenn nicht am 17. Juli 1928 ein religiöser Fanatiker Obregón ermordet hätte.

Calles gelang es daraufhin, in einer geheimen Versammlung die dreißig an der Spitze der Armee stehenden Generäle zu überzeugen, daß, wenn einer von ihnen Anspruch auf die Präsidentschaft erhob, erneut Aufstände und Bürgerkriege ausbrächen, man indessen die Krise überwinden könnte, wenn sich die Armee auf einen Zivilisten einigte. Im Dezember 1928 gründete Calles die Revolutionäre Nationale Partei (PNR), die sich aus drei Fraktionen, den Arbeitern, den Bauern und dem Militär, zusammensetzte, mit der Intention, bewaffnete Konflikte bei der Nominierung eines Kandidaten für die Präsidentschaft auszuschalten. Obgleich nun ein politisches Instrument des Ausgleichs der verschiedenen Interessen innerhalb der »revolutionären Familie« vorhanden war, brach im März 1929 wiederum ein militärischer Aufstand aus, der erst nach dreimonatigen militärischen Operationen niedergeschlagen werden konnte.

Zwar wechselte in der Zeit von 1928–1934 dreimal die Person des Präsidenten, doch blieb die Macht fest in Händen von fünf Divisionsgenerälen (divisionarios): Calles, Amaro, Cedillo, Cárdenas, Almazán. Die vorläufige Einigkeit dieser fünf Generäle gewährte eine sechsjährige Zeit der Stabilität, in der sich der Prozeß der Professionalisierung fortsetzte: 1932 gründete man die Escuela Superior de Guerra, die erste Militärschule Mexikos für die Spitze der Armee. Während der Präsidentschaft von Lázaro Cárdenas gelangte diese Entwicklung auf ihren Höhepunkt: Alle Offiziere mußten sich 1936 einer Prüfung unterziehen, nach der die unqualifizierten zu entlassen waren. 1939 wurde der Wehrdienst zur Pflicht, was der regionalen Rekrutierung der Armee ein Ende setzte und damit dem Militärcaudillismus die Basis entzog. Mit der Modernisierung des Heeres lief eine solche des Landes parallel. Durch eine tiefgreifende Agrarreform und die Nationalisierung des Erdöls wurden die Bedingungen für die industrielle Entwicklung der nachfolgenden Jahre geschaffen. Nun endlich trägt die Revolution ihre Früchte: Grundsätzliche Reformen haben den Weg zu einer kapitalistischen Entwicklung eröffnet. Die Partei, jetzt als »Partido de la Revolución Mexicana« (PRM) reorganisiert, vermindert den Einfluß der Armee durch die Einführung eines neuen Sektors, dem sogenannten populären Sektor, in dem verschiedene Schichten und Berufe der Mittelklasse vertreten sind. 1945 nimmt der Nachfolger von Cárdenas, General Ávila Camacho, bei einer Neuorganisation der Partei, die alsdann den Namen »Partido Revolucionario Institucional« (PRI) bis heute trägt, den militärischen Sektor als eigenständige Fraktion innerhalb der Partei heraus. Die Offiziere halten sich nun entweder von der Politik fern oder gehen zum populären Sektor über. Der Militärcaudillismus ist endgültig überwunden.

Mexiko besitzt heute eine kleine professionalisierte Armee, deren Ausrüstung und Organisation ausschließlich für die Beibehaltung der inneren Ordnung konzipiert ist und die nur rund 7 % des nationalen Budgets beansprucht. Die schreckliche Erfahrung eines langanhaltenden Militärcaudillismus hat das mexikanische Volk gelehrt, die politische Stabilität hoch zu schätzen. Die revolutionäre Partei, gegründet von der herrschenden Militärelite, um direkte militärische Auseinandersetzungen auszuschalten, hat sich als Stabilisierungsfaktor sehr bewährt. Es ist ein System des Ausgleichs zwischen den verschiedenen »revolutionären« Fraktionen geschaffen worden, das alle sechs Jahre die friedliche Wahl eines Präsidenten garantiert: Seit 1946 wurde nicht einmal mehr ein Militär für das höchste Amt im Land vorgeschlagen[55].

Mit dieser langen Periode der politischen Stabilität geht eine rasche sozioökonomische Entwicklung einher, die dem Land eine industrielle Zukunft zu sichern scheint. Auf Grund dieser Transformation des Landes ist eine Wiedergeburt des Militärcaudillismus ausgeschlossen. Ob allerdings eines Tages der Militarismus in einer seiner Varianten hervortritt, ist eine Frage, die von dem weiteren Verlauf des politischen Systems in seiner Funktion als ausgleichender Kraft einerseits und als Motor des wirtschaftlichen Wachstums anderseits abhängt.

Peru: Der technokratische Militarismus

Der militärische Putsch in Peru am 3. Oktober 1968 eröffnete eine neue Etappe des Militarismus in Hispanoamerika[56]. Schon das Manifest der »Revolutionären Militärregierung« ist auffällig in seiner Verdammung der »bestehenden ungerechten sozialen und wirtschaftlichen Ordnung«, in der Unterstreichung der »Abhängigkeit von wirtschaftlichen Mächten, die unsere Souveränität und nationale Würde verletzen« und in der Ankündigung einer neuen Politik, deren Ziel »die Umwandlung der sozio-ökonomischen und kulturellen Struktur« sein soll[57]. Das Manifest bricht nicht nur mit der alten militärischen Phraseologie – kommunistische Bedrohung, Zerfall der Nation, Gefahr für das Vaterland und die Streitkräfte –, sondern betont grundsätzlich Reformen, die die peruanische Linke seit langem vorgeschlagen hatte.

Überraschend ist, daß dieses Militär nicht nur eine andere Sprache spricht, sondern daß seinen Worten Taten folgen: Am 9. Oktober 1968 besetzt die Armee die Talara-Ölraffinerie, die der Internationalen Petroleum Company (I.P.C.), einer Tochtergesellschaft der Standard Oil of New Jersey, angehörte. Zum ersten Mal innerhalb der peruanischen Geschichte war eine Regierung bereit, mit einem mächtigen ausländischen Konzern frontal zusammenzustoßen und durch die Nationalisierung dieser Gesellschaft einen mehr als fünfzigjährigen Konflikt zwischen dem peruanischen Staat und der ausländischen Firma zu lösen[58]. Das machte natürlich ein gespanntes Verhältnis zu den USA unvermeidlich, brachte aber der Militärregierung im eigenen Land mit einemmal große Popularität. Die Regierung betonte, daß diese Nationalisierung eine Ausnahme sei und daß die Politik des Militärs nicht beabsichtige, weitere ausländische Investitionen zu nationalisieren, vielmehr durch Modernisierung der Wirtschaft und Gesellschaft Perus bessere Bedingungen für neue ausländische Investitionen schaffen wolle.

Die Spannungen zwischen Peru und den USA in den Jahren 1968/1969 führten nicht zu einem Abbruch der Beziehungen; die USA zeigten letztlich Verständnis für das peruanische Experiment, das keine Ausscherung aus dem kapitalistischen System beinhaltete, sondern vielmehr eine bloße Modernisierung anstrebte. Das Agrarreform-Gesetz vom 24. Juni 1969 bestätigt den reformistischen Ansatz der Regierung. Das Gesetz ist direkt gegen den traditionellen Latifundismus in der Sierra gerichtet und begann überraschenderweise mit der großen Zuckerplantage der Nordküste, der wirtschaftlichen Säule der traditionellen Oligarchie, die bisher, angeblich wegen ihrer großen Produktivität, an allen Reformen vorbeiging. Ein Jahr nach der Machtübernahme des Militärs wurde es offensichtlich, daß man es mit einem neuen Typus des Militarismus zu tun habe, der sich von den bisherigen Formen stark unterscheidet.

Das Militär übernahm nicht die Macht mit dem Ziel, die »Ordnung« aufrechtzuerhalten und den »öffentlichen Frieden« zu hüten, der zeitweise durch die Forderungen des Volkes bedroht schien – was bisher den Militarismus charakterisiert hatte –, sondern er ergriff gerade deshalb das Ruder, um die bestehende Ordnung so umzuwandeln, daß »eine echte soziale Gerechtigkeit und eine rasche nationale Entwicklung möglich werden«. Im Vergleich zu einem Militarismus im Dienst der Oligarchie will ein entwicklungsfördernder Militarismus alle einem Wirtschaftswachstum oder einer Sozialentwicklung hinderlichen Faktoren beseitigen. Aber auch gegenüber einem Militärpopulismus, der zwar dieselben Ziele verfolgt, unterscheidet sich dieser neue Typ des Militärs dadurch, daß er nicht einen aus der Armee emporsteigenden Führer duldet, der versucht, auf breiterer sozialer Basis und mittels Organisation einer Massenbewegung eine Gegenkraft zu den Streitkräften zu errichten. Das neue Militär will seine Reformen nicht auf das Charisma eines Führers, die Kraft einer Ideologie oder die Unterstützung einer Massenbewegung bauen, sondern allein auf sich selbst als unumstößliche Institution. Die angeblich ideologische Neutralität – »weder Kapitalismus noch Kommunismus« – ist für diesen neuen Militarismus ebenso wesentlich wie die Ablehnung jeder »Politik« als auch die der Mitarbeit von Berufspolitikern oder Gewerkschaften.

Durch drei Merkmale hebt sich also dieser Militarismus von allen früheren Formen des lateinamerikanischen Militarismus ab: 1. Die Streitkräfte als Institution übernehmen die Macht. Das setzt die Existenz einer professionalisierten, homogenen und zentral gelenkten Armee voraus. (Darin unterscheidet sich das neue Militär von allen militärcaudillistischen Modellen der Vergangenheit.) An die Spitze des Staates setzen die Streitkräfte die Person, die auch an der Spitze der militärischen Hierarchie steht, und die militärische Institution versucht zu verhindern, daß der militärische Führer soziale oder politische Kräfte unterstützt, die eine Gegenmacht etablieren könnten, durch die die Macht des Militärs begrenzt würde. (Das unterscheidet diesen Typus von dem schon beschriebenen des Militärpopulismus.)

2. Die Armee übernimmt die Macht, um »das Land zu entwickeln«. Es handelt sich hierbei nicht um eine kurzfristige Intervention zur Wiederherstellung des Friedens oder der Verfassung mit der politischen Perspektive, so schnell wie möglich freie Wahlen auszurufen, sondern das Militär »beabsichtigt, so lange an der Macht zu bleiben, bis die Unterentwicklung besiegt wird«. (Darin unterscheidet sich der neue Militarismus vom verbreiteten traditionellen Typus.)

3. Das Militär lehnt jede politische Ideologie sowie jede Unterstützung von außen ab. Sein Vertrauen schenkt es gemäß militärischer Art der Disziplin und Effizienz ausschließlich »technokratischen Lösungen«. So kann man diesen Typus als *»technokratischen Militarismus«* bezeichnen[59].

Sehr vielfältig sind die Faktoren, die Peru, ein Land, wo der Militarismus in seiner ersten Form während der ersten Hälfte des 20. Jahrhunderts geherrscht hat, zu einer solchen Veränderung gebracht haben. Man kann diese in zwei große Gruppen unterteilen:

1. Faktoren allgemeiner Natur, die die sozio-ökonomische Entwicklung im 20. Jahrhundert betreffen und die das Land in eine Situation der »permanenten Krise« gestürzt haben.
2. Faktoren, die nur die Armee in spezifischem Sinne angehen.

Gewiß, beide Faktorenkomplexe sind aufeinander bezogen, insofern die Armee nicht in einem leeren Raum steht und die allgemeinen Bedingungen des Landes auch den Rahmen ihrer Entfaltung stecken. Dennoch ist eine solche Differenzierung in der Darstellung ratsam.

Allgemeine Bedingungen

Eine Demokratie westlicher Prägung konnte sich in Peru weder im 19. noch im 20. Jahrhundert stabilisieren. Am Ende des 19. Jahrhunderts, nach einigen Jahrzehnten des Militärcaudillismus, kristallisierte sich eine »oligarchische Republik« im Dienst der Export-Import-Interessen der Küsten-Oligarchie. Das von außen angetriebene wirtschaftliche Wachstum Perus – Nachfrage nach Grundstoffen und Nahrungsprodukten wie Kupfer, Wolle, Baumwolle und Zucker – wird von einer dünnen Schicht von Großgrundbesitzern und ausländischen Konzernen kontrolliert, führt jedoch auch zur Entstehung eines Mittelklassensektors von Freiberuflichen und Angestellten sowie zu einem Minen- und Industrieproletariat. Obwohl der im Manufaktursektor beschäftigte Teil der Bevölkerung relativ klein war – 1940 ca. 15,4 % der aktiven Bevölkerung –, blieb er im Lima-Callao-Raum und in den Zuckerregionen der Nordküste zentriert, so daß dieser Teil, gemessen an seiner objektiven Größe, einen übermäßigen politischen Einfluß ausüben konnte. Diesen neuen Sektoren gelang es, sich ab 1930 in einer Massenpartei mit revolutionärem Programm zu organisieren (APRA)[60], so daß seitdem die Streitkräfte immer wieder intervenieren mußten, um die Machtübernahme dieser neuen politischen Kraft zu verhindern. Das politische Leben Perus polarisiert sich somit in zwei Machtzentren, einerseits in eine Massenpartei, auf deren Programm »der Kampf gegen den USA-Imperialismus« und »die progressive Nationalisierung der Industrie und des Bodens« stand, andererseits in die Armee, auf dem Sprung, jedwede strukturelle Veränderung zu verhindern. Das frühe Auftauchen einer revolutionären Partei, die tief in der Bevölkerung verankert war, zwang die Armee, sich als Hüter der bestehenden Ordnung stets in die Politik einzumischen. In der zweiten Hälfte des 20. Jahrhunderts ist die Feindschaft der Streitkräfte mit der APRA einer der ausschlaggebenden Faktoren ihrer Politisierung[61].

Die APRA hatte in den dreißig Jahren der Verfolgung ihren revolutionären Drang verloren und einen sicheren Platz innerhalb des politischen Systems gefunden. In den Wahlen von 1962 erreicht Haya de la Torre, der indiskutable Führer der APRA, die meisten Stimmen (32,94 %), worauf eine neue Intervention der Armee erfolgt. Das Militär erlaubt sogar nicht, daß ein inzwischen vorsichtig konservativ gewordener Haya an die Macht gelangt. Der Putsch im Juli 1962 war getragen von der Absicht, die Präsidentschaft von Haya de la Torre zu verhindern und dem annehmbaren Politiker, Belaúnde Terry, den Wahlsieg vorzubereiten. Dreißig Monate später kehrte die Armee in die Kasernen zurück. Obgleich es dem Militär in einer so kurzen Zeit nicht möglich war, neue Weichen zu stellen, müssen zwei Fakten als symptomatisch erwähnt werden: 1. Die Schaffung eines Instituts für wirtschaftliche Planung. 2. Ein Rahmengesetz für eine Agrarreform. Sehr zurückhaltend, aber eindeutig, begann die Armee eine reformistische Politik, die der von ihr protektionierte Kandidat weiterentwickeln sollte.
Belaúnde wurde Präsident in sehr kritischen Zeiten. Das politische System genoß kein Prestige mehr, der Ruf nach Reformen wurde laut, und die kubanische Revolution begeisterte die politisch bewußte Öffentlichkeit. Tiefgreifende Veränderungen waren nicht aufzuhalten, doch waren auch zum ersten Mal die Streitkräfte bereit, solche Reformen zuzulassen, und auch die Vereinigten Staaten förderten unter Kennedy durch »die Allianz für den Fortschritt« eine ähnliche Politik. Um das Land dem industriellen Zeitalter einzufügen, schien eine echte Agrarreform anzustehen. Dem Kongreß, der von Konservativen und der konservatistisch gewordenen APRA beherrscht war, gelang es, die sowieso nicht große Reformlust des Präsidenten zu stoppen. 1964 wurde ein Reformgesetz mit so vielen Ausnahmen und juristischem Schutz zugunsten der Landbesitzer erlassen, daß sich eine radikale Veränderung der Bodenverhältnisse bald als undurchführbar erwies. Es wurde von Tag zu Tag deutlicher, wie illusorisch unter Beibehaltung der demokratischen Spielregeln und unter Achtung der verfassungsmäßigen Institutionen eine völlige Umstrukturierung des Landes war. Man sollte nicht vergessen, daß sich letztlich die Legitimation der heutigen Militärdiktaturen Lateinamerikas darauf gründet, daß die verfassungsmäßige Regierung jedwede Reformpolitik zunichte macht.
Die regierende Partei Belaúndes, die sich als reformistische Kraft aus sehr verschiedenen sozialen Gruppierungen zusammensetzte, spaltete sich, als sie an die Macht gelangt war, in zwei Fraktionen: in eine kleine, an wirklichen Reformen interessierte Gruppe und in eine größere, die sich einer reformistischen Partei angeschlossen hatte, um so wirksamer Reformen verhindern zu können. Die erste Gruppe genoß die Unterstützung der Streitkräfte; die zweite die des Kongresses und die des ganzen politischen Establishments. Belaúnde versuchte, zwischen beiden Tendenzen hin- und herzupendeln, bis

die Armee, erschrocken von der Veränderungslosigkeit des Landes und dem Grad der Korruption und der Höhe der Außenverschuldung, den Präsidenten ins Exil schickte. Für die Streitkräfte war die Erfahrung mit ihrem Günstling Belaúnde die eindeutige Bestätigung, daß sich in Peru Reformen und demokratisch-parlamentarische Institutionen nicht vereinbaren lassen. Von »Politikern« war – ganz gleich welcher Richtung – nichts zu erwarten. Dennoch waren Ohnmacht und Korruption der demokratischen Institutionen wie auch die finanzielle Krise, in der sich das Land befand, in Peru gewiß kein Novum, und bisher hatte sich die Armee aus diesen Gründen nicht für einen reformistischen Kurs entschieden. Diese Faktoren wurden erst im Zusammenhang mit den sozialen Unruhen, die das Land in den sechziger Jahren befielen, bedeutsam. In den Jahren von 1960 bis 1965 ist eine steigende Mobilisierung der Bauernschaft auf dem Hochland zu beobachten[62]. Das ist ohne Zweifel das umwälzende Phänomen des gegenwärtigen Peru; die ländliche indianische Bevölkerung des Hochlandes, Jahrhunderte unterdrückt, bekundete durch ein Spektrum sehr unterschiedlicher Kampfmaßnahmen – Landbesetzungen, Streiks, Organisation von Gewerkschaften – ihre Forderungen nach grundsätzlichen Reformen. Das traditionelle Hazienda-System war in der Auflösung. Der Staat bekämpft die Bauernorganisationen, und ihre Leader werden verhaftet, doch in den Gegenden, in denen der Druck der Bauern nicht aufzuhalten war, führte man eilig eine Agrarreform durch. Die Armee wurde mit der ihr sehr unangenehmen Aufgabe betraut, die Bauernaufstände und seit 1965 die Guerillagruppen, denen es nicht gelungen war, sich mit den Bauern zu vermischen, blutig niederzuschlagen[63]. Diese militärische Operation, die zwar den Streitkräften keine Schwierigkeiten bereitete, bestärkte jene jedoch in der Ansicht, daß die »öffentliche Ordnung« zwar zu bewahren ist, aber nur durch eine Veränderung der veralteten Agrarstrukturen. Die Bauernaufstände der sechziger Jahre vermitteln der Armee die beiden Grundeinsichten, die die neue Politik des Militärs bestimmen: 1. Die Durchsetzung der Reformen ist dringend. 2. Es gibt keine Alternative als die Veränderung der veralteten Strukturen, um die Ordnung langfristig aufrechtzuerhalten.

Veränderte Funktion der Streitkräfte

Die peruanische Armee wurde gegen Ende des 19. Jahrhunderts modernisiert. Eine apolitische professionalisierte Armee zu schaffen, um dem Militärcaudillismus des 19. Jahrhunderts eine Schranke zu setzen, war das Hauptziel der »oligarchischen Republik«. Hinter diesem gemeinsamen Anliegen der oligarchischen Regierung und der Armee versteckten sich abweichende Auffassungen hinsichtlich der Aufgabe der Armee. Während sich die Streitkräfte primär als Instrument zur Verteidigung des Vaterlandes gegen einen äußeren Feind verstehen, sieht die »oligarchische Regierung« in der Armee ausschließlich ein Mittel zur Aufrechterhaltung des inneren Friedens. Diese Divergenz bleibt sowohl durch die künstliche Schaffung von »internationalen« Spannungen gegen Chile, später sogar gegen Ekuador, als auch wegen der häufigeren Interventionen der Armee in die Politik des Landes bis Ende der fünfziger Jahre verdeckt. Erst zu dieser Zeit konnte zum einen durch die innere Krise und zum anderen wegen der Intention der USA, die lateinamerikanischen Armeen ausschließlich zur Aufrechterhaltung der »inneren Ordnung« auszubilden und zu bewaffnen, die Divergenz bewußt werden. Die Armee entdeckt sich als bloßes polizeiliches Instrument zur Aufrechterhaltung einer veralteten und unzeitgemäßen sozio-ökonomischen Ordnung. Diese oktroyierte Funktion stellt ihr traditionelles Selbstverständnis als Verteidiger des Vaterlandes gegenüber äußeren Feinden in Frage. In dem Prozeß der Neudefinition der »nationalen Verteidigung« spielte das um 1950 gegründete »Centro de Altos Estudios Militares« (CAEM) eine wichtige Rolle[64]. Diese Ausbildungsstätte für die höhere Offizierslaufbahn hat verständlicherweise die Frage der nationalen Verteidigung in engem Zusammenhang mit der sozio-ökonomischen Entwicklung des Landes gesehen.

Die Verteidigung oder Sicherheit des Staates hänge letztlich vom »Nationalpotential«, d. h. von den menschlichen und wirtschaftlichen Ressourcen des Landes ab und nicht von den traditionellen militärischen Eigenschaften wie Disziplin, Mut und Opferbereitschaft. Folglich ist die Verteidigungspolitik nicht mehr als ein Kapitel der allgemeinen Entwicklungspolitik. »Solange nicht der Wohlstand aller Mitglieder der peruanischen Nation erreicht ist, kann es keine wirksame Sicherheitspolitik oder nationale Verteidigung und folglich keine militärische Strategie geben[65].« »Die Schlacht gegen die Unterentwicklung« ist somit die erste, die die Armee gewinnen muß, wenn sie an anderen möglichen Fronten siegen soll. Ebenfalls muß sich die Armee vor allem um den Wohlstand aller und eine gewisse soziale Gerechtigkeit kümmern, wenn es sich lohnen soll, eine bestimmte Ordnung zu verteidigen. So stammt die neue reformistische, entwicklungsfördernde Mentalität der Armee direkt aus dem alten Nationalismus. Ihr Ziel bleibt unverändert. Nur ist man sich dessen bewußt geworden, daß ein polizeilicher Begriff der Ordnung nicht ausreicht, um diese aufrechtzuerhalten. Hierbei werden konservative und nationalistische Elemente mit revolutionären und fortschrittlichen gemischt. In der unterentwickelten Welt ist der Nationalismus noch eine revolutionäre Kraft.

Diese allgemein strategische Argumentation hat unmittelbaren Bezug zu einer technokratischen. Die moderne militärische Technik und Organisation unterscheidet sich nicht grundsätzlich von anderen zivilen Techniken und Arbeitsorganisationsweisen. Der Offizier, der immer kompliziertere Waffen beherrschen muß, der für den Bau von Wegen und Brücken ausgebildet ist, gewohnt ist, große Gruppen, die auf ein gemeinsames Ziel ausgerichtet sind, zu leiten, ist in der Tat in der unterentwickelten Welt der bestmögliche Techniker. Der »Militär-Desarrollismus« ist in letzter Substanz Technokratismus im Dienst der Entwicklung. Aus diesem Technokratismus erklärt sich der Antipolitismus: typisch für Militär und technische Intelligenz. Die Schlacht gegen die Unterentwicklung wird gewonnen wie alle anderen Schlachten: durch eine Strategie, die eindeutige Prioritäten in bezug auf die Ressourcen setzt, und durch eine eiserne Disziplin bei den ausführenden Organen.

Die Errungenschaften der Militärregierung in den letzten sechs Jahren sind beachtlich. Sie übertreffen bei weitem, was die peruanische Linke für möglich gehalten hätte. Das Latifundium, vor allem in seinen rückschrittlichen Formen, ist praktisch überwunden; die Stellung des ausländischen Kapitals hat sich grundsätzlich verändert, und der Staat verfügt über alle wichtigen Instrumente, um einen Industrialisierungsprozeß in Gang zu setzen: Kontrolle des Außenhandels und des Finanzwesens, Nationalisierung eines großen Teiles des Dienstleistungssektors, Reservierung der aufkommenden Schwerindustrie. Alles das bedeutet aber noch nicht, daß eine echte Revolution stattgefunden hätte – es hat keine Verschiebung der sozialen und der Machtstrukturen gegeben –, wohl aber eine Erneuerung, die dem Land eine industrielle Zukunft eröffnete. Dennoch liegt der Grundwiderspruch des militärischen Reformismus darin, Reformen anzustreben, die nur erfolgreich durchgeführt werden könnten, wenn sie von einer größeren sozialen Basis getragen würden, bei denen jedoch in der Tat jede spontane Teilnahme der Bevölkerung aus Angst, den Prozeß nicht in der Hand zu behalten, beschnitten wird. Dieser »technokratische Paternalismus« degradiert die Arbeiter- und Bauernschichten zu bloßen Ausführern des Regierungsprogramms, von denen er nur Gehorsam und die Fähigkeit erwartet, »die großen Opfer, die der Kampf gegen die Unterentwicklung fordert«, passiv zu ertragen.

Die nationale Integration verschiedener Klassen zu einer gemeinsamen Front ist eine wesentliche Voraussetzung jeder akzelerierten Entwicklung. Im März 1972 wurde das »Sistema Nacional de Apoyo a la Movilización Social« (SINAMOS) gegründet mit dem Ziel, gewichtige Sektoren der Gesellschaft – Slum, Bauern, Arbeiter, Jugend und Freiberufliche – für die Ziele der Regierung zu mobilisieren, was freilich bedeutet, alle konkurrierenden Aktivitäten anderer Organisationen dieser Bereiche zu kontrollieren oder zu verbieten. Dazu wird ein vertikales Modell der Integration erstellt, das von der Harmonie der Klasseninteressen ausgeht – dem Julio Cotler »korporativistischen Charakter« zuschreibt[66]. Entscheidend bei diesem Prozeß ist, ob die militärische Vereinheitlichung in eine Mehrklassenfront im Dienst echter Reformen steht, eines wirtschaftlichen Wachstums und der Industrialisierung des Landes, oder ob allmählich nach den ersten Erfolgen diese zu einem starren

Gehäuse zur Konservierung der sozialen Privilegien wird. Vorläufig befindet sich Peru noch in der ersten Phase der Erneuerung. Es ist noch ungewiß, ob sich die Reformen in ihren Widersprüchen erschöpfen und das reformistische Militärregime schließlich zu einem Vorwand wird, um die bestehende Ordnung mit Gewalt aufrechtzuerhalten.

Theoretische Ansätze zum lateinamerikanischen Militarismus

Das Immerwiedererscheinen des Militärs seit der Unabhängigkeit macht offenkundig, daß diese Region noch nicht ihre eigene politische Ordnung gefunden hat. Die Fraktionierung des ehemaligen spanischen Imperiums in oft nicht lebenstüchtige politische Einheiten und die permanenten militärischen Interventionen sind die zwei miteinander verbundenen Eigentümlichkeiten des republikanischen Zeitalters. Alle beide sind Ausdruck der tiefgreifenden Krise, die die Unabhängigkeit hervorgerufen hat, einer Krise, die prinzipiell, solange die Balkanisierung und der Militarismus andauern, als nicht überwunden betrachtet werden kann. So gesehen, ist der Militarismus eine Konstante des politischen Lebens Lateinamerikas: Regierungen der Stärke und Gewalt, als bloßer Ausdruck der inneren Schwäche, der Desintegrationstendenzen und der zentrifugalen Kräfte, die seit dem plötzlichen und unvermittelten Zusammenbruch der kolonialen Ordnung in dieser Region freigesetzt sind. Die koloniale Gesellschaft, die die Unabhängigkeit noch lange Zeit überlebt, erschwerte die Entfaltung und Konsolidierung eines nationalen Staates, der aber für eine kapitalistisch-autonome Entwicklung unerläßlich gewesen wäre. Oder anders gesagt, die Schwäche der kapitalistisch-bürgerlichen Elemente im kolonialen Spanisch-Amerika hat die Konsolidierung eines modernen nationalen Staates aufgehalten: Sozio-ökonomische Faktoren bedingen die politischen und umgekehrt, ohne daß einer von beiden als Determinante gelten könnte.
Von dieser zweiseitigen Feststellung her lassen sich zwei Grundthesen hinsichtlich des Militarismus ableiten:
1. Militarismus erscheint als die notwendige Ausfüllung des politischen Vakuums, das die koloniale Gesellschaft hinterließ. Mit der Integration in den kapitalistischen Weltmarkt, die sich in der zweiten Hälfte des 19. Jahrhunderts vollzieht, glaubt man auch, den Militarismus endgültig überwunden zu haben. Herbert Spencer liefert mit seinem evolutionistischen Modell von der militärischen zur industriellen Gesellschaft das notwendige theoretische Rüstzeug. Diese Position wurde von den lateinamerikanischen positivistischen Denkern des 19. Jahrhunderts, die sich durch eine antimilitaristische Haltung auszeichneten, bereitwillig übernommen[67]. Heutzutage wird diese Meinung

von einigen nordamerikanischen Sozialwissenschaftlern bewußt reaktualisiert. Aus einer gemeinsamen Wesensbestimmung der amerikanischen Geschichte – wohlbemerkt der nordamerikanischen und lateinamerikanischen[68] – wird die Verwirklichung der Demokratie als der historische Sinn Amerikas angesehen. Der lateinamerikanische Militarismus wäre in allen seinen Formen das Haupthindernis bei diesem »Struggle for Democracy«. Edwin Lieuwen ist der typische Vertreter dieser liberalen Position[69]. Militärische Regierungen erscheinen somit als regressive Momente im kontinentalen Kampf um Verwirklichung der Demokratie. Lieuwen muß allerdings den Widerspruch wahrnehmen, daß die Vereinigten Staaten, die das liberal-demokratische Modell verkörpern sollen, Militärdiktaturen in Lateinamerika unterstützen und daß der Militarismus am tiefsten in Mittelamerika und im karibischen Raum verankert ist, wo auch der nordamerikanische Einfluß am ausgeprägtesten erscheint.

Die zweite Position sieht die fehlende soziale und wirtschaftliche Integration als die Schwäche der lateinamerikanischen Regierungen an, die den Militarismus als historische Notwendigkeit mit hervorbringt. Bei der Konsolidierung und nationalen Integration dieser neuen Staaten spiele der Militarismus die Rolle, die die absolute Monarchie in Europa übernommen hatte. Die historische Funktion des Militärs sei die Schaffung echter Nationen mit entsprechenden sozio-ökonomischen Basen und notwendigen Infrastrukturen, und nur dann wäre ein demokratisches System möglich. In unserer Zeit ist diese Position, wenn auch auf sehr vorsichtige Weise, von J. J. Johnson wieder aufgenommen worden[70]. Johnson weist darauf hin, daß zivile, verfassungsmäßige Regierungen nicht immer fortschrittlicher und dynamischer gewesen seien als militärische, und wenn Gewalt in Lateinamerika wegen des niedrigen sozio-ökonomischen Standes unvermeidbar sei, so müßten die Vereinigten Staaten aus berechtigten eigenen Interessen in Lateinamerika die militärische der revolutionären Gewalt vorziehen. Militarismus erscheine als notwendiges Übel, solange diese Länder nicht den Entwicklungsgrad erreicht hätten, den ein funktionierendes demokratisches System voraussetze.

Die entgegengesetzten Auffassungen von Lieuwen und Johnson mit konträren praktischen politischen Implikationen haben in den letzten Jahren in den USA die Diskussion über den lateinamerikanischen Militarismus polarisiert. Lieuwen begründet seine Ablehnung der nordamerikanischen Unterstützung der Militärdiktaturen letztlich damit, daß gerade die Aufrechterhaltung solch repressiver Gewaltregime der revolutionären Gewalt Vorschub leiste; dagegen hegt Johnson die Vermutung, daß sich ohne militärischen Damm längst in vielen lateinamerikanischen Ländern revolutionäre Regierungen durchgesetzt hätten. Diese politische Diskussion ist insoweit beendet, als seit der Ermordung Kennedys im November 1963 und des Abbruchs des reformistischen Kurses sich die nordamerikanische Strategie von dem Prinzip

bestimmen läßt, Militärregime zu unterstützen, solange diese eine deutlich antikommunistische Politik treiben.
Bis zum Zweiten Weltkrieg ist der Einfluß Nordamerikas auf die lateinamerikanischen Armeen praktisch inexistent. Aus diesem Grund wurde er bisher in dieser Arbeit nicht erwähnt. In den letzten dreißig Jahren hat er jedoch so rapide zugenommen, daß sogar die Entwicklung des Militarismus in Lateinamerika als ein Übergang von begrenzter lokaler Herrschaft (Militärcaudillismus) zur Verfestigung der Abhängigkeit von außen (technokratischer Militarismus) angesehen worden ist[71]. Der Militarismus wäre in seinen vergangenen Formen ein Phänomen, das vorwiegend von innen her zu erklären sei; man sei aber durch seine heutige Form genötigt, eine interamerikanische Dimension einzubeziehen und müsse den Militarismus als ein Instrument des hegemonialen Anspruchs der Vereinigten Staaten verstehen. Erst 1926 wurde in den USA ein Gesetz erlassen, das der Regierung erlaubt, Militärmissionen nach Lateinamerika zu schicken; dennoch wurde die erste erst 1938 in Kolumbien tätig, und zwar zu einem Zeitpunkt, an dem der deutsche militärische Einfluß in dieser Region besorgniserregend war. Bis zum Zweiten Weltkrieg lag die Ausbildung der lateinamerikanischen Offiziere sowie die Modernisierung der Armee fest in europäischen Händen.
Die Forderungen des Krieges – den Einfluß der Achsenmächte zu bekämpfen und den lateinamerikanischen Rohstoff zu sichern – veränderten grundsätzlich die Situation. Die Vereinigten Staaten waren nun darauf angewiesen, militärische Basen in Lateinamerika zu errichten und die lateinamerikanischen Streitkräfte zu modernisieren, um sie in eine hemisphärische Strategie einbeziehen zu können. Da die Europäer wegen des Krieges als Waffenlieferanten wegfielen, konnten die Nordamerikaner relativ einfach diese Position übernehmen. Als der Krieg mit dem Sieg der Alliierten zu Ende ging, waren die Nordamerikaner schon fest in den südlichen Nachbarländern etabliert und hatten die lateinamerikanischen Armeen hinsichtlich Ausbildung, Aufrüstung und finanzieller Hilfe völlig abhängig gemacht.
Der »Kalte Krieg« lieferte erneut eine politische Basis für diese militärische Kooperation: Im Vertrag von Rio de Janeiro (1947) wurde eine gemeinsame Verteidigungspolitik verankert. Jeder Angriff gegen einen amerikanischen Staat seitens eines außerkontinentalen oder amerikanischen Staates gilt als Angriff gegen die Gemeinschaft der amerikanischen Staaten. De facto gewinnen allein die USA das Recht, sich in alle inneramerikanischen Angelegenheiten einzumischen und reaktualisieren damit in gewisser Weise die alte Monroe-Doktrin. Der Koreakrieg verstärkt die finanzielle und organisatorische Beihilfe der USA für einige lateinamerikanische Armeen. Ab 1952 werden von den USA zu diesem Zweck bilaterale Verträge (Mutual Assistance Pact) vorgezogen; durch die Tatsache, daß viele dieser Verträge Geheimabkommen enthielten, nahm die Mißbilligung der politisch interes-

sierten lateinamerikanischen Öffentlichkeit zu. Der Sieg der kubanischen Revolution (1959) intensiviert die militärische Kooperation der USA mit den lateinamerikanischen Staaten, aber eröffnet zugleich neue Konfliktpunkte: Die Vereinigten Staaten sind auf Grund dieser Erfahrung ausschließlich an einer Umstrukturierung der lateinamerikanischen Armeen in effiziente Antiguerilla-Einheiten interessiert. Die Armeen der großen Länder bleiben aber einer konventionellen Verteidigungskonzeption verhaftet und kaufen die ihnen von den Vereinigten Staaten vorenthaltenen Waffen auf dem europäischen Markt.

Ab den sechziger Jahren sind die großen lateinamerikanischen Armeen erneut miteinander in ein Wettrüsten eingetreten, was die Pläne der Vereinigten Staaten bezüglich der Reduzierung der lateinamerikanischen Armeen auf die Bekämpfung der internen Subversion zunichte machte. Der Versuch einiger lateinamerikanischer Länder, ihre Armeen auf dem höchsten technologischen Stand zu halten, belastet diese Länder allzusehr und verstärkt die schon vorhandene finanzielle Krise, was letztlich ihre bestehende Ordnung schwächt. Außerdem nehmen einige Armeen, wie in Peru, nationalistische, entwicklungsfördernde Positionen ein, die häufig mit den nordamerikanischen Interessen kollidieren. Obgleich die Abhängigkeit der lateinamerikanischen Armeen von den USA seit den vierziger Jahren immer größer geworden ist und die Vereinigten Staaten durch die Kontrolle einiger lateinamerikanischer Armeen über ein weiteres Instrument zur hegemonialen Behauptung auf dem Kontinent verfügen, nehmen die Konflikte zwischen den Interessen der Armeen der größeren Länder (vor allem Brasilien und Argentinien) und den Vereinigten Staaten tendenziell zu[72].

Die Abhängigkeit von außen, die mit der Modernisierung der Armee seit Beginn des 20. Jahrhunderts zwar besonders beachtet werden muß, darf jedoch nicht zur zentralen Kategorie erhoben werden, um den Militarismus zu verstehen, vielmehr sind von Anfang an die inneren Bedingungen ausschlaggebend. Wenn auch der Militarismus als eine Konstante des politischen Lebens Lateinamerikas Symptom für das Auseinanderklaffen von sozio-ökonomischen Strukturen und politischen Institutionen ist, so sind doch verschiedene Typen von militärischen Interventionen zu unterscheiden, da sich sowohl die sozio-ökonomischen wie die politischen Strukturen in den letzten 150 Jahren der Unabhängigkeit verändert haben.

Militärische Interventionen sind gewiß Ergebnis der politischen Schwäche der jeweils herrschenden Klasse, der es nicht gelingt, ihre Herrschaft institutionell auszuüben. Doch je nach dem Grad der sozio-ökonomischen Entwicklung der Klasse, die die Hegemonie ausübt, und dem Stand der Modernisierung der Streitkräfte muß man verschiedene Typen von Militarismus unterscheiden. Das erste Stadium, als die Nation nicht mehr als ein geistiger Entwurf und die Macht auf lokaler und regionaler Ebene zersplittert war und die Armee, die weder zentral kontrolliert werden konnte noch die minimalsten Fachqualifikationen aufwies, bewaffneten Banden glich, bezeichnet man als *Militärcaudillismus.* Als dann die Export-Import-Oligarchie durch die Integration in den kapitalistischen Weltmarkt das Hinterland zu kontrollieren vermochte und die Armeen modernisiert und von der zentralen Regierung abhängig wurden, haben wir es mit der ersten Form des *Militarismus* zu tun, dessen politische Funktion die Aufrechterhaltung der »oligarchischen Republik« ist. Seit den zwanziger Jahren ist die Krise der traditionellen Oligarchie durch den Zusammenbruch des Systems der internationalen Arbeitsteilung unaufhaltbar. Der Aufstieg der Mittelklassen, die mit der importsubstituierenden Industrialisierung ihren Ausgang nimmt, führt zu neuen Formen der militärischen Interventionen. So wie die traditionelle Oligarchie sich nicht hat lange behaupten können ohne die direkte Unterstützung des Militärs, konnten auch die Mittelklassen ohne die Mitwirkung der Armee weder die Macht erobern noch halten. Wenn die Mittelklassen auf breiterem Klassenbündnis unter der Leitung eines militärischen Führers, der den Beistand der Armee genießt, ihre Herrschaft auf dem Prinzip des wirtschaftlichen Nationalismus etablieren, spricht man von *Militärpopulismus.* Wenn jedoch in diesem Prozeß der Modernisierung von der Armee und den Mittelklassen die Teilnahme einer größeren sozialen Basis nicht zugelassen wird aus Angst, daß man vielleicht die Kontrolle darüber verlieren könnte, und deshalb die Armee ihre Herrschaft ohne jede politische oder ideologische Verbindung, sozusagen aseptisch, ausüben will, handelt es sich um die bisher letzte Form des Militarismus, den *»technokratischen Militarismus«.*

Gegenüber der liberalen Auffassung, die einen Gegensatz zwischen Militarismus und Mittelklassen aufbauen will, muß man heute in Lateinamerika geradezu die Mittelklasse als die eigentliche Trägerin der militärischen Interventionen bezeichnen[73]. Daß die Mittelklasse aber ihren hegemonialen Anspruch nicht ohne die Unterstützung der Armee verwirklichen kann, ist keine Besonderheit, sondern scheint vielmehr das Schicksal aller herrschenden Klassen Lateinamerikas gewesen zu sein. Gerade die Unfähigkeit jedweder herrschenden Klasse in dieser Region, ihre Macht politisch zu institutionalisieren, ist der letzte Grund für den Militarismus in seinen verschiedenen Formen seit 150 Jahren.

Anmerkungen

1 Über die politische Rolle des Militärs siehe Samuel *Finer*, The Man on Horseback. The Role of the Military in Politics, London 1962; John J. *Johnson* (ed.). The Role of the Military in Underdeveloped Countries, Princeton 1962; Morris *Janowitz*, The Military in the Political Development of New Nations, Chicago 1964

2 Lyle N. *McAlister*, The ›Fuero Militar‹ in New Spain, 1764–1800, Gainesville, Florida 1957, S. V

3 Richard *Konetzke*, Entdecker und Eroberer Amerikas. Von Christoph Kolumbus bis Hernán Cortés, Frankfurt am Main 1963

4 Silvio *Zavala*, Los intereses particulares en la conquista de la Nueva Espaňa, Madrid 1933

5 Silvio *Zavala*, La Encomienda indiana, Madrid 1935; Leysley B. *Simpson*, The Encomienda in New Spain. The Beginning of Spanish Mexico, Berkeley 1966; John F. *Bannon* (ed.), Indian Labor in the Spanish Indies. Was there another Solution?, Boston 1966

6 Enrique *Otte*, Die Negersklavenlizenz des Laurent de Gorrevod. Kastilisch-genuesische Wirtschafts- und Finanzinteressen bei der Einführung der Negersklaverei in Amerika. In: Spanische Forschungen der Görresgesellschaft, Bd. 22, Münster 1965

7 Charles S. *Braden*, Religious Aspects of the Conquest of Mexico, Reprinted, New York 1966

8 Zu dieser Typologisierung vergleiche: Ignacio *Sotelo*, Soziologie Lateinamerikas. Probleme und Strukturen, Stuttgart 1973, Kapitel 2

9 Richard *Konetzke*, Das spanische Weltreich. In: Historia Mundi, Bd. 8, Bern 1960, S. 368

10 Günter *Kahle*, Die Encomienda als militärische Institution im kolonialen Hispanoamerika. In: Jahrbuch für Geschichte von Staat, Wirtschaft und Gesellschaft Lateinamerikas, Bd. 2, Köln 1965

11 Pierre *Chaunu*, Interprétation de l'Indépendance de l'Amérique Latine. In: Bulletin de la Faculté des Lettres de Strasbourg, Jg. 41, Nr. 8, 1963, S. 417

12 Ramón de *Basterra*, Los Navíos de la Ilustración, Real Compañía Guipuzcoana de Caracas y su influencia en los destinos de América, Caracas 1925, neue Auflage, Madrid 1970

13 Vgl. Troy S. *Floyd* (ed.), The Bourbon Reformers and Spanish Civilization. Builders or Destroyers?, Boston 1966; Richard *Heer*, The Eighteenth Century Revolution in Spain, Princeton 1958; E. *Arcila* Farías, El siglo ilustrado en América. Reformas económicas del siglo XVIII en Nueca España, Caracas 1955

14 Über die katastrophale Verteidigungssituation Hispanoamerikas im 18. Jahrhundert haben wir einen zeitgenössischen Bericht: Jorge *Juán* und Antonio de *Ulloa*, Noticias secretas de América, Buenos Aires 1953

15 Gino *Germani*, Kalman *Silvert*, Politics, Social Structure and Militar Intervention in Latin America. In: Archives européennes de Sociologie, Bd. 2, 1961, S. 76

16 Tulio *Halperin* Donghi, Tradición política española e ideología revolucionaria de mayo, Buenos Aires 1961. Diese Problematik wurde von Manuel *Giménez Fernández*, Las doctrinas populistas en la independencia de Hispanoamerica, Sevilla 1947, eingeführt.

17 Für eine gute Einführung in die Zeit der Unabhängigkeitskriege siehe John *Lynch*, The Spanish American Revolution 1808–1826, New York 1973

18 Joan E. *Garcés*, Desarrollo político y desarrollo económico. Los Casos de Chile y Colombia, Madrid 1972, S. 73

19 Vgl. Tulio *Halperin* Donghi, The Aftermath of Revolution in Latin America, New York 1973; Charles C. *Griffin*, Economic and Social Aspects of the Era of Spanish-American Independence. In: The Hispanic American Historical Review, Bd. 29, Nr. 2, 1949

20 José Luis *Romero*, La ciudad latinoamericana y los movimientos políticos. In: Jorge E. *Hardoy* (ed.), La Urbanización en América Latina, Buenos Aires 1969, S. 301

21 Dieses Phänomen ist für Mexiko gut studiert: Günter *Kahle*, Militär und Staatsbildung in den Anfängen der Unabhängigkeit Mexikos, Köln 1969

22 Über den Caudillismus, siehe: A. Curtis *Wilgus* (ed.), South American Dictators During the First Century of Independence, Washington 1937; Hugh M. *Hamill* Jr. (ed.), Dictatorship in Latin America, New York 1965; William H. *Beezly*, Caudillismo. An Interpretative Note. In: Journal of Inter-American Studies, Bd. 11, Nr. 3, 1969

23 Jorge Abelardo *Ramos*, Historia Política del Ejército Argentino, Buenos Aires 1959, S. 20

24 Francisco *García Calderón*, Les Démocraties latines de l'Amérique, Paris 1914, S. 350

25 Victor *Villanueva*, El Ejército Peruano: del cuadillaje anárquico al militarismo reformista, Lima 1973, S. 132–133

26 Vgl. Frederick B. *Pike*, The modern History of Peru, New York 1967

27 Jorge *Basadre*, Historia de la República del Perú, Lima 1946

28 Emil *Körner*, Die historische Entwicklung der chilenischen Wehrkraft, Beiheft zum Militärwochenblatt, Fünftes Heft, Berlin 1910, S. 141

29 Aldo *Ferrer*, La economía argentina, las etapas de su desarrollo y problemas actuales, México 1963

30 Dario *Cantón*, Los antecedentes de la revolución de 1930: organización profesional y Ley Sáenz Peña. In: La Política de los militares argentinos, 1900 bis 1971, Buenos Aires 1971

31 John J. *Johnson*, Militares y sociedad en América Latina, Buenos Aires 1966, S. 82

32 Francisco *García Calderón*, a.a.O., S. 70–71

33 Emil *Körner*, a.a.O., S. 146

34 Harold *Blakemore*, British Nitrates and Chilean Politics, 1886–1896: Balmaceda and the North, Bristol 1974

35 Frederick B. *Pike*, Chile and the United States 1880–1962, Notre Dame, Indiana, 1963, S. 66–70

36 Gerhard *Brunn*, Deutscher Einfluß und deutsche Interessen in der Professionalisierung einiger lateinamerikanischer Armeen vor dem 1. Weltkrieg (1885–1914). In: Jahrbuch für Geschichte von Staat, Wirtschaft und Gesellschaft Lateinamerikas, Bd. 6, 1969

37 Carlos *Rama*, Die Arbeiterbewegung in Lateinamerika. Chronologie und Bibliographie 1492–1966, Bad Homburg 1967, S. 105–166

38 Ricardo *Donoso*, Alessandri: Agitador y demoledor: Cincuenta años de historia política de Chile, 2 Bände, Mexiko und Buenos Aires 1952–1954

39 Frederick B. *Pike*, Chile and The United States, S. 181–200

40 Frederick M. *Nunn*, Chilean Politics 1920–1931. The Honorable Mission of the Armed Forces, Albuquerque 1970

41 Alain *Joxe*, Las fuerzas armadas en el sistema político de Chile, Santiago de Chile 1970, S. 43

42 Gabriel del *Mazo*, El radicalismo. Ensayo sobre su historia y doctrina. Bd. 1: Desde los Orígenes hasta la conquista de la República representativa y primer gobierno radical. Buenos Aires 1957

43 Vgl. Alberto *Belloni*, Del anarquismo al peronismo. Historia del movimiento obrero argentino, Buenos Aires 1960; Robert J. *Alexander*, Labor Relations in Argentinia, Brazil and Chile, New York 1962; eine anarchistische Selbstdarstellung: Diego *Abad de Santillán*, La F. O. R. A. Ideología y trayectoria del movimiento revolucionario en la Argentina, Buenos Aires 1933, 2. Aufl. 1971

44 Eine gute Beschreibung der Rolle der argentinischen Armee in dieser Periode: Robert A. *Potash*, The Army and Politics in Argentina 1928–1945, Stanford 1969

45 Enrique *Díaz Araujo*, El G. O. U. en la Revolución de 1943. Una experiencia militarista en la Argentina, Mendoza 1970

46 Über Perón und den Peronismus gibt es eine umfangreiche Literatur. Eine gute deutschsprachige Einführung, Peter *Waldmann*, Der Peronismus 1943–1955, Hamburg 1974

47 Miguel *Murmis* und Juán Carlos *Portantiero*, Estudios sobre los orígenes del peronismo / 1, Buenos Aires 1971

48 Alain *Rouquié*, Adhesión militar y control político del Ejército en el régimen peronista (1946–1955). In: Aportes, Nr. 19, 1971, S. 79–80

49 Alberto *Ciria*, Cuatro ejemplos de relaciones entre Fuerzas Armadas y poder político. In: Aportes, Nr. 6, 1967, S. 32

50 Vgl. Günther *Kahle*, Militär und Staatsbildung in den Anfängen der Unabhängigkeit Mexikos, Köln 1969

51 Luis *Nicolau d'Olwer* et a., El Porfiriato. La vida económica, Bd. 7 Historia Moderna de México, ed. Daniel *Cosío* Villegas, México 1965

52 Edwin *Lieuwen*, Mexican Militarism. The Political Rise and Fall of the Revolutionary Army 1910–1940, Albuquerque 1968, S. 11–12

53 Kenneth J. *Grieb*, The United States and Huerta, Lincoln, Nebraska, 1969

54 Jean *Meyer*, La Cristiada, Bd. 1: La guerra de los cristeros, Bd. 2: El conflicto entre la iglesia y el estado 1926/1929, México 1973

55 Für die politische Entwicklung Mexikos: Frank R. *Brandenburg*, The Making of modern Mexico, Englewood Cliffs, N. J. 1964; Robert K. *Furtak*, Revolutionspartei und politische Stabilität in Mexiko, Hamburg 1969

56 Dieser Teil ist eine Zusammenfassung der Arbeit Ignacio *Sotelo*, Los militares en el Perú: continuidad y cambio de su función política. In: Papers, Revista de Sociología de la Universidad Autónoma de Barcelona, Nr. 2, 1974

57 El Comercio, Lima, 4. Oktober 1968

58 Vgl. Luis *Laurie Solís*, La diplomacia del petróleo y el caso de La Brea y Pariñas, Lima 1934, 2. Aufl. 1967; Alfonso *Benavides* Correa, El petróleo peruano o la autopsia de un clan, Lima 1961

59 Der Begriff »technokratischer Militarismus« erscheint m. E. zuerst bei Victor *Alba*, El ascenso del militarismo tecnocrático. In: Panoramas, Nr. 6, Mexico 1963

60 Vgl. Frederick B. *Pike*, The Old and the New APRA in Peru: Myth and Reality. In: Inter-American Economic Affairs, Bd. 18, Nr. 2, 1964; Richard L. *Clinton*, APRA: An Appraisal. In: Journal of Inter-American Studies and World Affairs, Bd. 12, Nr. 2, 1970

61 François *Bourricaud*, Pouvoir et société dans le Pérou contemporain, Paris 1967, S. 205 ff.

62 Vgl. Hugo *Neira*, Sindicalismo campesino y complejos regionales agrícolas, Perú 1960–1970. In: Aportes, Nr. 18, 1970

63 Ministerio de Guerra, Las guerrillas en el Perú y su represión, Lima 1966; Roger *Mercado*, Las guerrillas en el Perú, Lima 1967; Hector *Béjar*, Perú 1965: Apuntes sobre una experiencia guerrillera, La Habana, 1969

64 Victor *Villanueva*, El CAEM y la revolución de la Fuerza Armada, Lima 1972

65 Luis *Valdez* Pallete, Antecedentes de la nueva orientación de las Fuerzas Armadas en el Perú. In: Aportes, Nr. 19, 1971, S. 180

66 Julio *Cotler*, Bases del Corporativismo en el Peru. In: Sociedad y Política, Lima Nr. 2, 1972, S. 10

67 Über den lateinamerikanischen Positivismus siehe Leopoldo *Zea*, The Latin-American Mind, Norman, University of Oklahoma Press 1963

68 Der Panamerikanismus wurde zuerst explizit bei Herbert Eugene *Bolton*, The Epic of Greater America. In: H. *Cline*, Latin American History, Bd. 1, Austin 1967. Für die Polemik zu dieser Auffassung siehe das von Lewis *Hanke* herausgegebene Buch, Do the Americas Have a Common History. A Critique of the Bolton Theory, New York 1964

69 Edwin *Lieuwen*, Arms and Politics in Latin America, New York 1960, derselbe, Generals vs. Presidents, Neomilitarism in Latin America, New York 1964

70 John J. *Johnson*, The Military and Society in Latin America, Stanford 1964

71 Vgl. Horacio L. *Veneroni*, Estados Unidos y las Fuerzas Armadas de América Latina. La dependencia militar. Buenos Aires 1973

72 Alain *Joxe* und Cecilia *Cadena*, El Armamentismo de los países dependientes, el caso latinoamericano. In: Estudios Internacionales, Santiago de Chile, Nr. 14, 1970

73 Vgl. José *Nun*, América Latina: la crisis hegemónica y el golpe militar. In: Desarrollo económico, Buenos Aires, Bd. 6, Nr. 22/23, 1966

Klaus Eßer

Militärherrschaft und Industrialisierung in Lateinamerika

Vorbemerkung

In überaus großer Zahl liegen Untersuchungen vor, in denen die politische Einflußnahme des Militärs als Bestandteil des »Diktatur-Demokratie-Komplexes« oder als Variante des »political culture«-Syndroms begriffen wird oder in denen die einzelnen Funktionen des Militärs als »nation-builders«, »developmental elite« und auch als »Intelligentsia in Uniform« sorgfältig beschrieben werden. Ebenso gibt es zahlreiche Strukturanalysen der Streitkräfte in den einzelnen Ländern Lateinamerikas, Arbeiten zu den jeweiligen »civil-military relations«, sogar Modelle, welche die Herstellung von Korrelationen zwischen Frequenz und Charakteristika militärischer Einflußnahme auf die Politik und dem sozio-ökonomischen Entwicklungsstand von Ländern erlauben[1]. So verdienstvoll viele dieser Arbeiten einzelne Aspekte militärischer Herrschaft beleuchten, Unbehagen stellt sich bei ihrem Studium ein, da entweder überhaupt nicht oder nur beiläufig oder gar schematisch-statistisch versucht wird, die sozio-ökonomischen Voraussetzungen politischer Entwicklung, und insbesondere militärischer Herrschaft, und die durch diese geschaffenen ökonomischen, sozialen und politischen Entwicklungsbedingungen in den betroffenen Ländern zu berücksichtigen.
Vor allem auf zwei Probleme stößt der Versuch, die Intervention des Militärs in die Politik als einen der wichtigen Faktoren zu begreifen, die durch die wirtschaftliche Entwicklung und die entsprechende Veränderung der Klassenstruktur bedingt sind und ihrerseits die gesellschaftliche Entwicklung mitbedingen. Einmal sind Fallstudien selten, in denen eine solche Fragestellung berücksichtigt wird – was in überblicksartigen Arbeiten wie der vorliegenden gelegentlich kühne Konstruktionen erforderlich macht. Zum andern ist es schwierig, sich von festgefügten Interpretationsmustern zu lösen, zugleich aber jene Hast der Verallgemeinerung zu vermeiden, die sich in mechanischer Her- und Ableitung politischer Entwicklung aus ökonomischen Prozessen[2] oder gar in manipulierender Einzwängung sozio-ökonomischer Entwicklung in widerspruchsfreie Erklärungsschemata erschöpft. Die vielen derart verkürzenden Dependenzanalysen besitzen eine nicht minder ermüdende Wirkung als jene politischen Oberflächenbetrachtungen, in denen mit großem Aufwand das Ende der politischen Einflußnahme des Militärs in Lateinamerika oder – einige Jahre später – das Einsetzen eines »Neo-Militarismus« angezeigt wird[3].
Die vorliegende Arbeit geht von der Feststellung aus, daß das Militär in diesem Jahrhundert in den Ländern Lateinamerikas, insbesondere in den Groß- und Mittelstaaten, in zwei aufeinanderfolgenden Perioden durch seine Intervention in die Politik unterschiedliche Klassenallianzen und Industrialisierungsmodelle förderte. Im Zeitraum von der Weltwirtschaftskrise bis zum

Korea-Krieg trugen nicht alle, jedoch die in ihrer politischen Wirkung wichtigsten Interventionen des Militärs in die Politik zum Entstehen proindustrieller Klassenfraktionsallianzen von Teilen der Bourgeoisie und der Mittelschicht und dem organisierten Proletariat sowie zur Durch- und Umsetzung von Politiken »importsubstituierender Industrialisierung« bei. Im Zeitraum von der Mitte der fünfziger Jahre bis zur Mitte der siebziger Jahre hingegen dienten fast alle Interventionen der Überwindung dieser Mitte-Links-Allianzen, der Stärkung der neuen Rechts-Mitte-Allianzen und der Durchsetzung einer alternativen Industrialisierungsstrategie. Diese ist charakterisiert durch Dynamisierung der Inlandsnachfrage nach dauerhaften Konsumgütern, selektive Fortführung der industriellen Importsubstitution und Forcierung der industriellen Exporte.

Die Arbeit besteht aus vier Teilen. Schwerpunktmäßig wird die zweite Periode von Interventionen des Militärs in die Politik, also der Zeitraum von 1955 bis 1975, behandelt. In den beiden ersten Teilen werden Determinanten militärischer Herrschaft in Lateinamerika erörtert, wobei zugleich eine übersichtsartige Darstellung der politischen Interventionen des Militärs in diesem Jahrhundert gegeben wird. Im ersten Teil werden die Gewichtung des »äußeren Faktors« in einem großen Teil der vorliegenden Literatur, die These, das Militär würde eindeutig zugunsten bestimmter Schichten in die Politik intervenieren, und verschiedene Themen zum Zusammenhang zwischen politischer Einflußnahme und militärischer Aufgabe der Streitkräfte in Lateinamerika kritisiert. Im zweiten Teil wird der Differenzierungsprozeß des Militärs der einzelnen Staaten Lateinamerikas auf Grund der Herausbildung unterschiedlicher ökonomischer Entwicklungsstufen und damit auch Ländergruppen in Lateinamerika untersucht.

Im Mittelpunkt der Analyse stehen die Krise der »importsubstituierenden Industrialisierung« und der diese tragenden populistischen Klassenallianzen seit Mitte der fünfziger Jahre, die Herausbildung einer neuen politischen Kräftekonstellation in vielen Ländern der Region durch die politischen Interventionen des Militärs in den sechziger Jahren, die Schaffung geeigneter Bedingungen für eine neue Industrialisierungsstrategie durch das Militär sowie die Veränderungen in Wirtschaft und Staat, die sich auf Grund der Umsetzung dieser neuen Entwicklungsstrategie abzeichnen (Teil 3). Im vierten Teil wird nach den nationalen, regionalen und internationalen Wirkungen sowie nach der Perspektive von Militärherrschaft und kapitalistischer Industrialisierung in Lateinamerika gefragt.

Äußere Beeinflussung, Klassenbindung und Charakter der militärischen Aufgabe als Determinanten politischer Intervention des Militärs

Militärhilfe als Bestandteil imperialistischer Intervention

Nordamerikanische Autoren, etwa Lieuwen oder Johnson, und von diesen beeinflußte Lateinamerikaner, so Nun, gehen vom Primat der »inneren Faktoren« über den »äußeren Faktor« aus. Die ersteren »scheinen ... den Rahmen abzustecken, in dem ein Druck von außen wirksam werden kann«. Angesichts der Dichte der sozialen Beziehungen in den Ländern Lateinamerikas, so Nun, sei es »sehr unwahrscheinlich, daß eine Offiziersgruppe sich mit Unterstützung der nordamerikanischen Botschaft um Mitternacht gegen die Regierung erhebt«[4]. Übersehen wird häufig, daß sich die Wirkung äußerer Einflußnahme langfristig zu akkumulieren pflegt – ein Vorgang, der in Arbeiten zur Dependenz der Länder Lateinamerikas gründlich untersucht wurde.
Es geht nicht darum, unter Hinweis auf jahrhundertelange externe Einflußnahme eine Dominanz des »äußeren Faktors« auch dort anzunehmen, wo gegenwärtig eindeutig interne Faktoren entscheidend sind. Einmal hat aber offensichtlich in vielen Ländern, besonders in Kleinstaaten in der unmittelbaren Dominationssphäre der USA, zeitweise der »externe Faktor« den Rahmen für die innere Entwicklung und für die politische Aktion des Militärs abgesteckt. Auch in den letzten beiden Jahrzehnten haben direkte militärisch-politische Eingriffe der USA, etwa 1965 in der Dominikanischen Republik, und mittelfristig angelegte, indirekte politische und ökonomische Einflußnahmen, etwa in Bolivien ab 1969 oder in Chile ab 1970, wesentlich, wahrscheinlich sogar entscheidend[5] dazu beigetragen, daß sich reaktionäre Kräfte in Militär und Politik durchzusetzen vermochten. Zum anderen ist zu berücksichtigen, daß Lateinamerikas Streitkräfte, solange sie bestehen, intensiver externer Einflußnahme ausgesetzt sind. Die Industriestaaten sahen immer schon Militärhilfe als eines der wirksamsten Instrumente ihrer Penetration in den Ländern der Region an. Dieses Instrument gewann in dem Maße an Bedeutung, wie die Kluft zwischen den Industrialisierungsniveaus von imperialistischen und Entwicklungsländern wuchs. Die Streitkräfte Lateinamerikas wurden immer abhängiger von Lieferungen an Rüstungsgütern und militärischem Know-how aus den Industrieländern.
Die zahlreichen Militärdiktaturen im 19. Jahrhundert haben ebensowenig wie die Zivilregierungen verhindert, daß an die Stelle der Spezialisierung auf den Bedarf Spaniens und Portugals die ökonomische Integration ihrer Länder in den zunächst von Großbritannien, dann zunehmend durch die

USA dominierten Welthandel trat. Sie haben auch nicht dazu beigetragen, daß die externen Bedingungen für eine binnenorientierte industrielle Entwicklung ihrer Länder im Zeitraum von 1914 bis 1954/55 relativ günstig waren. Vielmehr ist dieser Umstand auf eine bestimmte internationale Konstellation zurückzuführen, einmal auf den zeitweisen Zusammenbruch des Welthandels im Ersten Weltkrieg, während der Weltwirtschaftskrise und noch einmal im Zweiten Weltkrieg, zum andern auf den in den Zwischenzeiten erbitterten Wettkampf der kapitalistischen Industriestaaten, besonders der USA, Großbritanniens und des Deutschen Reiches, um Rohstoffquellen und Märkte für industrielle Produkte in Lateinamerika – einen Wirtschaftskampf, der von politisch-ideologischen Feldzügen begleitet wurde. Eines der wichtigsten Instrumente imperialistischer Expansion waren damals militärische Beratergruppen. Mit dem Ziel, zumindest eine »Neutralisierung« Südamerikas zu erreichen[6], engagierten sich deutsche Militärmissionen außer in Chile auch in Argentinien, wo sie bereits seit 1899 zeitweise das Heer ausbildeten, sowie in Bolivien, dessen Streitkräfte während des Chaco-Krieges mit Paraguay (1932–1935) von deutschen Offizieren beraten wurden. Italienische Militärmissionen waren außer in Bolivien auch in Ekuador tätig. Der militärische und politische Einfluß der Achsenmächte war auch in anderen Ländern der Region im Heer und in der Luftwaffe besonders stark. Eine Ausnahme blieb Brasilien. Die Marine vieler Länder – in Brasilien auch das Heer – stand dagegen vorwiegend unter britischem, französischem und US-Einfluß.

Die Arbeit von Militärberatern der Achsenmächte und die Spezialisierung von Angehörigen der Streitkräfte im Deutschen Reich und Italien trug dazu bei, daß viele jüngere Offiziere in den dreißiger Jahren Sympathisanten von Nationalsozialismus, Faschismus und Falangismo wurden. Die Voraussetzungen hierfür waren günstig. Einmal lehnten sie ebenso wie diese Bewegungen in den europäischen Ländern »nachholender Industrialisierung« jenen ökonomischen »Liberalismus« ab, der zur Rechtfertigung der traditionellen internationalen Arbeitsteilung zwischen Rohstoff- und Industriegüterproduzenten diente. Zum andern boten diese Ideologien Material gegen die »liberale Demokratie« der traditionellen Machtgruppen in ihren eigenen Ländern, also der von den proindustriellen Offizieren bekämpften Agrar- und Handelsbourgeoisie. Es zeichnete sich damals eine bis heute wirksame Konstellation ab, indem diese traditionellen Gruppen zur Stärkung ihrer eigenen Position die ökonomische und politische Vormachtstellung der USA duldeten oder gar begünstigten.

Ab 1938/39 wurde der Einfluß der Achsenmächte in Lateinamerika über Sonderprogramme von Pentagon und State Department zurückgedrängt; ab 1940 wurden die militärischen Beratergruppen der faschistischen Länder in fast allen Ländern durch solche der USA ersetzt. Zugleich setzte ein ideologischer Kampf gegen Lateinamerikas nationalistische Offiziere und zugunsten der »liberalen Demokratie« ein, an dem bis zum Anfang der fünfziger Jahre auch zahlreiche nordamerikanische Lateinamerikanisten teilnahmen. Die USA wurden nun bei weitem wichtigster Wirtschaftspartner Lateinamerikas. US-Konzerne kontrollierten bald den größten Teil der Rohstoffausbeutung in den Ländern der Region.

Während im 19. Jahrhundert nach Krisen des internationalen Kapitalismus die – bescheidenen – Ansätze zu einer inländischen Industrialisierung, da die Freihandelsbedingungen bestehen blieben, immer wieder unterbrochen wurden, erwies sich nun nach einer mehr als 30jährigen Krise des industriellen Kapitalismus und der langen industriellen Entwicklung in den größeren Ländern Lateinamerikas eine Rückkehr zur traditionellen internationalen Arbeitsteilung als nicht mehr möglich. Entsprechende Politiken konservativer Zivil- und Militärregierungen, so in Brasilien in der zweiten Hälfte der vierziger Jahre oder in Peru in der ersten Hälfte der fünfziger Jahre, scheiterten trotz US-Unterstützung. Zwar wurde nun die Vormachtstellung der USA in der Region nicht mehr von konkurrierenden imperialistischen Mächten bestritten, die proindustrielle Gruppen dieser Länder unterstützten; jedoch waren diese Gruppen, vor allem weil sich nationalistische Militärs an ihre Spitze stellten, stark genug, ihre Programme industrieller Entwicklung weiterhin zu verfolgen.

Verschiedene externe Faktoren begünstigten trotz der eindeutigen Vormachtstellung der USA im Zeitraum von 1940 bis 1958/60 den Industrialisierungsprozeß in Lateinamerika. Erstens bemühte sich Washington angesichts des »Kalten Krieges« und des Engagements in anderen Weltregionen, offene Konflikte mit nationalistischen Regierungen zu vermeiden, sofern diese nicht wesentliche Sicherheits- und Wirtschaftsinteressen der USA bedrohten. Zweitens engagierten sich ab Mitte der fünfziger Jahre – nach Abschluß der Wiederaufbauperiode – die westeuropäischen Länder und Japan mit privaten Direktinvestitionen vorwiegend im industriellen Sektor der größeren Länder Lateinamerikas, wodurch dessen Überfremdung sich zwar verstärkte, die industrielle Entwicklung aber weiter vorangetrieben wurde. Drittens bildete sich in den USA selbst eine politisch einflußreiche Gruppe von Unternehmen heraus, die Maschinen und Halbfabrikate nach Lateinamerika lieferte und sich dort ebenfalls mit Investitionen im industriellen Sektor engagierte, während andererseits die Gruppe der Exporteure von Konsumgütern – auch angesichts der ungünstigen Wettbewerbsposition gegenüber den übrigen Industrieländern – an Bedeutung verlor.

Eine breit aufgefächerte Militärhilfe, zunächst von vielen lateinamerikanischen Offizieren nur widerwillig akzeptiert, wurde nach dem Zweiten Weltkrieg zu einem wichtigen, in einigen Ländern zum wichtigsten Eckpfeiler der hegemonialen Expansionspolitik der USA. Daß auch während des »Kalten

Krieges« die »Sicherheitsinteressen des Westens« den USA vor allem als Vorwand für die ökonomische Durchdringung und politische Kontrolle der Länder Lateinamerikas dienten, wird u. a. darin deutlich, daß die Streitkräfte der Region fast ausschließlich mit gebrauchten und veralteten Rüstungsgütern ausgestattet wurden. Eine umfangreiche Militärhilfe wurde deswegen möglich, weil sie gegenüber Kongreß und Öffentlichkeit – auch der lateinamerikanischen – als Bestandteil der Entwicklungshilfe ausgegeben wurde. So konnte im Rahmen des starken Anstiegs der US-Entwicklungshilfe an Lateinamerika zwischen 1953 und 1963 »a relative parity of military to nonmilitary appropriations«[7] bewahrt werden. Die Ausbildungs- und Spezialisierungshilfe der USA für lateinamerikanische Offiziere erwies sich als besonders wirksam. Sie war begleitet von einer intensiven politischen Indoktrination, die nicht nur über Ausbilder, Einladungsprogramme und gemeinsame Manöver vermittelt wurde, sondern auch durch Einbeziehung lateinamerikanischer Truppen in kriegerische Auseinandersetzungen. Viele brasilianische Offiziere, vom europäischen Faschismus ohnehin kaum beeinflußt, sind durch die Zusammenarbeit mit US-Offizieren während des gemeinsamen Kampfes gegen die Achsenmächte in Italien wesentlich geprägt worden, wie sich nach 1964 zeigte, als eine Gruppe dieser proamerikanischen Militärs in enger Kooperation mit den USA die Regierung in diesem größten Land Lateinamerikas übernahm. Ähnliches gilt für die kolumbianischen Offiziere, die am Korea-Krieg teilnahmen, und für die Militärs aus Brasilien, Paraguay und Honduras, welche 1965 die US-Truppen in der Dominikanischen Republik verstärkten.

Die Ausbildungshilfe trug erheblich zur Professionalisierung der Offizierskorps bei, wodurch diese auch homogener wurden. Die von Lateinamerikanisten und Militärsoziologen der USA verbreitete These, zunehmende Professionalisierung führe zu stärkerer Entpolitisierung des Militärs, erwies sich als falsch[8]. Die Konsequenzen des Umstandes, daß mehr als 20 Jahre lang Ausbildung, Spezialisierung und Ausrüstung der Streitkräfte der Länder Lateinamerikas fast ausschließlich durch die USA bestimmt und geprägt waren, für die politische Orientierung des Militärs wurden ab Mitte der fünfziger Jahre sichtbar, als die US-Militärhilfe begann, politische Früchte zu tragen.

Untermauert wurde der militärische Einfluß der USA durch die Einrichtung von Militärstützpunkten im karibischen Raum ab 1940, durch zahlreiche Militärmissionen, die in allen Ländern wichtige militärisch-politische Beraterfunktionen übernahmen und bei vielen Staatsstreichen mitwirkten, sowie durch ein engmaschiges Netz von multi- und bilateralen Abkommen. Noch im Zweiten Weltkrieg wurde ein Interamerikanischer Rat für Verteidigung gegründet. Im Rahmen der Offensivstrategie der USA nach diesem Krieg entstand 1947 das Interamerikanische Beistandsabkommen von Petropolis. Der »Rio-Pakt« war ebensowenig wie die Organisation Amerikanischer Staaten, die ein Jahr später in Bogotá gegründet wurde, in erster Linie ein Instrument der »Verteidigung nach außen«, also zur Erhaltung der »hemisphärischen Sicherheit«. Und auch die bilateralen Mutual Defense Assistance Pacts vom Anfang der fünfziger Jahre, die als weitere Bestandteile der strategischen Vorbereitung auf eine militärische Auseinandersetzung mit der UdSSR bezeichnet wurden, dienten in der Praxis vor allem US-Dominationsinteressen, etwa der Stabilisierung von Regimen wie dem General Stroessners in Paraguay oder des Somoza-Clans in Nikaragua.

In den fünfziger Jahren verlor der Aufbau einer kollektiven Verteidigung zusammen mit den übrigen OAS-Ländern für die USA weiter an Bedeutung, während Maßnahmen gegen »kommunistische Subversion« in Lateinamerika in den Vordergrund traten. Washington drängte zur Unterzeichnung antimarxistischer Solidaritätserklärungen. In Caracas wurde 1954 erklärt, daß »die Beherrschung eines amerikanischen Staates oder die Kontrolle seiner politischen Institutionen durch die internationale kommunistische Bewegung das politische System einer extrakontinentalen Macht auf die Hemisphäre ausdehnen« würde, »was eine Bedrohung der Souveränität und politischen Unabhängigkeit der amerikanischen Staaten darstellen und den Frieden Amerikas gefährden würde«[9]. Auch Artikel der OAS-Charta[10] ließen sich im Sinne der Breschnew-Doktrin interpretieren, so daß zum Zwecke der Aufrechterhaltung von Frieden und Sicherheit eine Aufhebung des Prinzips der Nichteinmischung möglich wurde. An Rechtfertigungen zu politischen und militärischen Interventionen, so in Guatemala 1954, fehlte es nicht. Allerdings mißlang im April 1961 der Sturz der prosozialistischen Regierung Kubas über den Einsatz von Exilkubanern, den die Regierung Eisenhower vorbereiten ließ, der jedoch von der Regierung Kennedy nicht mehr voll unterstützt wurde – und zwar vor allem, weil in diesem Land die Streitkräfte durch ein Volksheer abgelöst worden waren.

Die Regierung Kennedy kombinierte in ihrer Lateinamerika-Politik drei Maßnahmenbündel miteinander. Erstens wurde Kuba über die OAS politisch isoliert und ökonomisch boykottiert. Zweitens wurde 1961 die »Allianz für den Fortschritt« geschaffen, um über demokratische Reformregierungen die wirtschaftliche und soziale Entwicklung Lateinamerikas zu beschleunigen. Drittens wurden Sondereinheiten der Streitkräfte in den Ländern der Region im Antiguerillakampf ausgebildet. Die vor allem in der Panama-Kanalzone vermittelten »counter-insurgency«-Methoden, die auch präventive entwicklungsorientierte Maßnahmen einschlossen, erleichterten während der sechziger Jahre den Streitkräften in vielen Ländern Lateinamerikas die Niederschlagung nicht nur von Partisanen-, sondern auch von Bauernaufständen, so etwa im südlichen Hochland Perus. Das militärische und politische Ziel der Verhinderung einer Revolutionierung Lateinamerikas von Kuba aus wurde im Rahmen der neuen Lateinamerika-Politik erreicht. Die

»Allianz für den Fortschritt« stärkte auch die Position nordamerikanischer Konzerne im Wettkampf mit denen anderer Industrieländer. Die geförderte Entwicklungsstrategie jedoch geriet ebenso wie die schwachen reformkapitalistischen Bewegungen und Regierungen bald in eine Krise.

Die Regierungen Johnson und Nixon vertraten weiterhin die Ansicht, Sicherheits- und Wirtschaftsinteressen der USA seien in Lateinamerika langfristig nur durch eine industriell-kapitalistische Entwicklung durchzusetzen, entwarfen aber eine neue Lateinamerika-Politik bzw. kehrten in mancher Hinsicht zur traditionellen Lateinamerika-Politik zurück. Die Unterstützung der Reformregierungen wurde unter der Regierung Johnson geringer. Die USA schlugen 1965 in der Dominikanischen Republik einen Militärputsch unter Oberst Caamaño zugunsten der Rückkehr des von anderen Militärs abgesetzten, demokratisch gewählten Präsidenten Bosch, eines linksbürgerlichen Politikers, nieder. Nach 1965 versuchte Washington zeitweise, zusammen mit befreundeten Militärregierungen in Lateinamerika, besonders der Brasiliens, eine permanente interamerikanische Streitmacht der OAS aufzubauen und über eine solche supranationale Institution das Prinzip der Nichteinmischung praktisch aufzuheben. Der Widerstand der demokratischen Reformparteien und -regierungen gegen dieses Projekt erwies sich jedoch als zu groß.

Die Regierung Nixon befreite die Lateinamerika-Politik endgültig von Exportartikeln wie dem »Ideal der freiheitlichen, demokratischen Sozialrevolution«. Rockefeller brachte von seiner Lateinamerika-Mission die Empfehlung mit, die Militärregierungen der Region, in vielen Fällen »einzige Alternative gegen Anarchie und Chaos«[11], sollten über eine Verstärkung der Militärhilfe gefördert werden. Die US-Industrie forderte gleichzeitig eine Zunahme der Militärhilfe, da sie angesichts des Vordringens westeuropäischer Waffenlieferanten Unterstützung im Kampf um diesen wichtiger werdenden Markt für Rüstungsgüter benötigte. Republikanische Politiker betonten zugleich die Notwendigkeit, die US-Zahlungsbilanz zu verbessern. Pragmatisch, konsequent und machtpolitisch erfolgreich unterstützte die Regierung Nixon durch das Militär arrangierte Rechts-Mitte-Koalitionen. Die Streitkräfte wurden nun auf eine strategisch-relevante Aufgabe vorbereitet, allerdings nicht im militärischen, sondern im politisch-ökonomischen Bereich.

Zur Klassenbindung des Militärs

Tibi geht davon aus, daß das Militär in Ländern der dritten Welt der »bewaffnete Arm« des Kleinbürgertums sei. In den arabischen Ländern verhindere deswegen »die militärische Herrschaft ... eine fortschrittliche soziale Transformation«[12]. Nun stellte dagegen für Lateinamerika fest: »Der Interventionismus ist keine Bedrohung der Mittelschicht entsprechend dem ›liberalen‹ Modell; er ist auch kein Ersatz für das Fehlen einer Mittelschicht entsprechend dem ›entwicklungsbedingten‹ Modell, sondern er repräsentiert die Mittelschicht und dient als Ausgleich ihrer Unfähigkeit, sich als herrschende Klasse zu konstituieren[13].« Besonders in den wirtschaftlich relativ weit entwickelten Ländern Lateinamerikas übernehme das Militär die Regierungsverantwortung, um die ökonomischen und politischen Privilegien der Mittelschicht zu verteidigen (»middle-class military coup«). Nuns These fordert zu der Frage heraus, wo sich denn je in der Welt die Mittelschicht als »herrschende Klasse« hätte konstituieren können. Fraglich ist zudem, worin das Klasseninteresse der heterogenen, untereinander zerstrittenen, sich an andere Klassen anlehnenden Mittelschicht überhaupt besteht. Auch Tibi gibt keine Antwort auf die Frage nach dem Klasseninteresse des Kleinbürgertums.

Seit Beginn dieses Jahrhunderts fand in den Offizierskorps entsprechend zum gesellschaftlichen Differenzierungsprozeß eine gewisse »Verbürgerlichung« statt, die in den Ländern des »Cono Sur« besonders stark war. Die Einführung der allgemeinen Wehrpflicht veränderte die Zusammensetzung der Offiziersanwärter. Die Professionalisierung im Heer machte Berufsoffiziere mit relativ hohem Spezialisierungsniveau erforderlich. Solche Karrieren waren für die traditionelle Oligarchie wenig attraktiv. Über die neu gegründeten »Escuelas Politécnicas« drangen vor allem in niedrige Offiziersränge Söhne der städtischen Mittelschicht ohne engere Bindungen an Agraroligarchie und Kirche vor. Obwohl dieser Prozeß der »Verbürgerlichung« sehr langsam verlief, bildeten sich, besonders während der Weltwirtschaftskrise, Fraktionen unter den Offizieren heraus, und zwar eine konservative und eine proindustrielle, die die Forderungen des progressiven Flügels der Bourgeoisie und der Mittelschicht unterstützten. Es kam allerdings in dieser Zeit selten zu offenen Frontstellungen im Offizierskorps, vor allem weil sich im Gegensatz zum Europa des 19. Jahrhunderts in Lateinamerika eine kämpferisch-antioligarchische und nationale industrielle Bourgeoisie nicht herausbilden konnte.

Während zwischen 1914 und 1929 die Zahl der von Militärs regierten Länder abnahm und schließlich nur noch sechs Staaten mit zusammen nicht mehr als 15% der Einwohner der Region von Offizieren regiert wurden, führte das Militär in den acht Jahren von 1930 bis 1937 in elf Ländern 20 »erfolgreiche«, die angestrebte Regierungsveränderung erreichende Staatsstreiche durch. Diese wurden fast alle durch die Wirkung der Weltwirtschaftskrise auf das traditionelle Wirtschaftsmodell der »Entwicklung nach innen« ausgelöst und dienten der Durchsetzung oder Abwehr von Forderungen der proindustriellen Bourgeoisie, der Mittelschicht und auch der organisierten Arbeiterschaft, vor allem des Bergbauproletariats.

Ihre Ergebnisse waren in den einzelnen Ländern sehr unterschiedlich. In Argentinien, wo 1930 ein Militärputsch eine bis heute andauernde Periode politischer Wirren einleitete, und in Brasilien, wo ab 1930 reformorientierte Offiziere die populistische Regierung Vargas unterstützten, vermochten die proindustriellen Kräfte sich in diesem Zeitraum nicht eindeutig durchzusetzen. In Chile gelang dagegen über verschiedene Interventionen des Militärs in die Politik eine Institutionalisierung des Klassenkampfes und eine gewisse Partizipation von Mittelschicht und gewerkschaftlich organisiertem Proletariat am politischen Leben. Das Offizierskorps trat von 1932 bis zum Ende der sechziger Jahre geschlossen für die »konstitutionelle Ordnung« ein, die es auch Mitte-Links-Koalitionen ermöglichte, nach Wahlsiegen ihre Programme an der Regierung durchzusetzen. In Mexiko gelang während der Regierungszeit von vier Revolutionsgenerälen, vor allem unter Präsident Cárdenas (1934–1940), eine Institutionalisierung der postrevolutionären Ordnung über den staatstragenden Partido Revolucionario Institucional (PRI), in dem von Anfang an proindustrielle Kräfte tonangebend waren, sowie eine Einschwörung des von Angehörigen der traditionellen Machtgruppen gesäuberten Offizierskorps auf die neue politische Ordnung.

Ein zweiter Schub politischer Einflußnahme des Militärs setzte im Zweiten Weltkrieg ein. In vielen der 31 erfolgreichen Militärputsche in 15 Ländern Lateinamerikas zwischen 1943 und 1953 griffen jüngere Offiziere in die Politik ein, die – zumindest in den ersten Jahren ihrer Regierung – energisch eine national orientierte Industrialisierung über den Staat förderten und sich über populistische Mitte-Links-Allianzen politischen Rückhalt gegen die konservativen Kräfte in ihren Ländern, auch in den Streitkräften selbst, und gegen die Einflußnahmen kapitalistischer Industriestaaten zu verschaffen suchten. Charakteristisch ist in diesem Zeitraum die politische Entwicklung Argentiniens, wo sich die Regierung des Obersten Perón zur Umsetzung einer nationalistischen Strategie forcierter Industrialisierung auf Teile der industriellen Bourgeoisie, die in diesem Land vor allem aus Einwanderergruppen aus Europa gebildet wurde, die Mittelschicht, das städtisch-industrielle Proletariat und die nun mobilisierten städtischen und ländlichen Unterschichten (»descamisados«) stützte.

Nationalistische, mit den Achsenmächten sympathisierende, jedoch eher an Haushofers Geopolitik als an der Ideologie des Faschismus orientierte Offiziere der Loge »Grupo de Oficiales Unidos« setzten sich 1943 zunächst in den Streitkräften selbst durch und erreichten nach politischen Rückschlägen

1945 die Regierungsübernahme Peróns. Auch danach spielten sie in Politik und Wirtschaft eine wichtige Rolle. Zum ersten Mal in Argentiniens Geschichte waren die Streitkräfte populär. Nicht nur deswegen, sondern auch weil die peronistischen Offiziere, die vor allem in der Marine Einfluß besaßen, Peróns Ansehen bei den Soldaten fürchteten, unterblieben mehrere Jahre Putschversuche. Der Präsident selbst förderte, um seine Position zu stärken, die Zwietracht in und zwischen den Waffengattungen. Wichtigste Stütze Peróns war jedoch nicht die Armee, sondern die Arbeiterschaft, welche er über neue politische und gewerkschaftliche Organisationen mobilisierte. Diese »von oben« gelenkten Organisationen boten die erforderliche Massenunterstützung, die etwa Peróns Wahlsieg 1946 erlaubte. Eine Politik hoher Löhne und verbilligter Grundnahrungsmittel sowie moderner Sozialgesetze sicherte ihre Kampfbereitschaft gegenüber oppositionellen Gruppen der Streitkräfte und den politischen Gegenkräften überhaupt. Das seltsame Bündnis zwischen proindustriellen Offizieren und Gewerkschaften wurde in den fünfziger Jahren immer brüchiger und unkontrollierbarer. Trotz günstiger Voraussetzungen für eine national-kapitalistische Entwicklung in Argentinien, wo der Industrialisierungsprozeß bereits in den ersten Jahren dieses Jahrhunderts einsetzte, traten auch dort bald Probleme auf, für welche die Regierung Perón keine adäquaten Lösungen zu finden vermochte. Zwar erlaubten die Erlöse aus dem Export agrarischer Produkte während des Zweiten Weltkrieges und noch einmal während des Koreakrieges zunächst einen dynamischen Ausbau der einfachen Konsumgüterindustrie und bestimmter Bereiche der Schwerindustrie, deren Grundlagen bereits aus militärstrategischen Gründen mit US-Unterstützung während des Weltkrieges gelegt worden waren. Dann jedoch stieß die Konsumgüterindustrie auf die Grenzen des Inlandmarktes. Es wurde immer schwieriger, die Industrialisierung in erster Linie über die Exporterlöse der Landwirtschaft und die Abschöpfung von Gewinnen der Latifundisten voranzutreiben. Die Regierung, die zunächst ausländische Unternehmen (vor allem im Bereich der materiellen Infrastruktur, so gegen hohes Entgelt die verrotteten britischen Eisenbahnen) verstaatlicht hatte, sah sich bald zu einem Abbau der strengen Reglementierung ausländischer Direktinvestitionen und dann zu einer immer stärkeren Öffnung gegenüber den Forderungen ausländischer Unternehmen gezwungen.

Die beabsichtigte Entwicklung einer starken nationalen und industriellen Bourgeoisie unter militärisch-staatlicher Kontrolle und über subsidiäre und komplementäre staatliche Maßnahmen im wirtschaftlichen Bereich scheiterte in Argentinien – wie später in anderen Ländern. Ein Teil der argentinischen Industriellen assoziierte sich mit ausländischen Unternehmen und verbündete sich mit den Landherren (deren politische Macht Perón zu brechen versucht hatte, ohne ihre ökonomische Basis ernsthaft anzugreifen) und den USA, die ziemlich offen die antiperonistischen Gruppen in Argentinien förderten. Da

sich die Distributionsmöglichkeiten verringerten, stand bald auch ein Teil der Mittelschicht und des städtisch-industriellen Proletariats, das sich einem scharfen, von Unternehmern geförderten Konkurrenzkampf mit subproletarischen Gruppen ausgesetzt sah, dem Regime kritisch gegenüber.
Auch in der zweiten Periode militärischer Intervention in die Politik sind zwei Schübe zu unterscheiden, ein erster im Zeitraum von 1954 bis 1961 und ein weiterer im Zeitraum von 1961/62 bis 1973. Im Jahre 1954 wurden 13 der 20 Republiken Lateinamerikas militärisch regiert. Die dann folgenden 16 Militärputsche in elf Ländern der Region dienten vorwiegend der Ablösung von militärischen und zivilen Regierungen populistischen Typs durch konservative Offiziere, die der sich damals herausbildenden, nun überwiegend proindustriellen Rechts-Mitte-Allianz nahestanden und für demokratische Zivilregierungen eintraten. In Argentinien war die antiperonistische Allianz von Landherren, Handelsbourgeoisie, nationalen und ausländischen Industrieunternehmern, Teilen der Mittelschicht und der Kirche 1955 stark genug, um Perón zu stürzen. In Kolumbien hatte nach einem blutigen Bürgerkrieg zwischen Konservativen und Liberalen, welcher der Ermordung des liberalen Politikers Gaitán und dem »Bogotazo« folgte, 1953 General Rojas Pinilla die Regierung übernommen. Er versuchte, die in lokale Sozialrebellionen übergehenden Bauernkämpfe zu beenden und zur politischen Beruhigung durch gemäßigte Sozialreformen beizutragen. Der Sympathisant Peróns, dem die Entwicklung eines eigenen Programms nicht gelang, wurde 1957 durch Offiziere abgesetzt, die den beiden sozialstrukturell konservativen Parteien nahestanden, welche als »Frente Nacional« ihre Macht konsolidierten. In Chile ging General Ibáñez, ein demokratisch gewählter Präsident, 1956/57 zu einem konservativen Stabilisierungsprogramm über, das die orthodoxe Stabilitäts- und Investitionspolitik der Regierung Alessandri (1958–1964) vorbereitete.
Zwischen 1961/62 und 1973 zeigten sich in Lateinamerika zwei Tendenzen. Einmal lösten, zunächst von den USA gefördert, demokratische und reformkapitalistische Mitte-Links-Bewegungen populistischen Typs die konservativen Gruppen, denen eine Beschleunigung der Wirtschaftsentwicklung nicht gelungen war, an der Regierung ab. Sie wollten über eine Verbesserung der Rahmenbedingungen der Industrialisierung (Entwicklungsplanung, »Strukturreformen« zur Ausweitung des Inlandsmarktes, insbesondere eine Agrarreform, und die Förderung der sozialen Entwicklung) sowie über die regionale und subregionale Integration der Staaten Lateinamerikas die industrielle Entwicklung vorantreiben. Sie erwiesen sich aber als heterogen, besonders im wirtschaftlichen Bereich ineffizient und hinsichtlich der Ausweitung ihrer schwachen politischen Basis als erfolglos. Bald verloren sie die US-Unterstützung, da sie Interessen des ausländischen Kapitals im Rohstoffbereich verletzten und die bürgerlichen Kräfte spalteten – was in Chile schließlich den

Wahlsieg einer von marxistischen Parteien dominierten Linkskoalition ermöglichte. Zum andern übernahmen Offiziere die Regierung, die das durch Populismus und Importsubstitution geprägte Entwicklungsmodell ablehnten, und eine neue, die dynamisch vordringenden multinationalen Konzerne einbeziehende Industrialisierungsstrategie durchsetzten. Die wichtigsten der mindestens 22 erfolgreichen Militärputsche in zehn Ländern Lateinamerikas ab 1962 sind in diese neue Richtung einzuordnen. Allerdings zog sich angesichts der unterschiedlichen Entwicklung in den einzelnen Ländern die Regierungsübernahme von konservativen Militärs über einen relativ langen Zeitraum hin, bis sie 1973 durch die Konterrevolution in Chile ihren vorläufigen Abschluß fand.

Die grobe Skizze verdeutlicht, daß Thesen wie die Nuns vom »Mittelklasse-Staatsstreich« oder gar die Alexanders vom »Übergang der politischen Macht von der Landaristokratie zu den Mittel- und Arbeiterschichten der Städte«[14], wie er für Chile bereits für 1920 vermutet wird, unzutreffend sind. Die traditionelle Agrar- und Handelsbourgeoisie verlor in der ersten Hälfte dieses Jahrhunderts in den Groß- und Mittel- sowie in einigen Kleinstaaten ihr Machtmonopol als alleinherrschende Klasse, übte aber weiterhin über enge Verbindungen zur Finanz- und auch zur Industriebourgeoisie sowie zu den Industrieländern einen bedeutenden Einfluß in ihren Ländern aus. Sie war über familiäre, freundschaftliche, geschäftliche und politische Bande mit der schwachen industriellen Bourgeoisie liiert. Die Mittelschicht war meist anpassungswillig, forderte allerdings eine Beteiligung an der Regierungsausübung und neue Einfluß- und Arbeitsbereiche in der staatlichen Bürokratie. Charakteristisch ist, daß immer wieder politische Kompromisse erreicht wurden, etwa hinsichtlich der Aufrechterhaltung des politischen Einflusses der Latifundisten in Provinzstädten und im Agrarsektor, und zwar auch dann, wenn die proindustrielle Bourgeoisie versuchte, Mittelschicht und Proletariat zur Unterstützung ihrer Position zu mobilisieren und zudem ihr zuneigende Offiziere in die Politik hineinzuziehen. In einer solchen machtpolitisch unentschiedenen Situation ergaben sich neue Varianten militärischer Intervention in die Politik, zumal, was die Lage komplizierte, nun nicht nur neue soziale Gruppen, etwa der Mittelschicht und des Proletariats, sondern auch mehr Waffengattungen, neben der an Stärke gewinnenden Marine auch die neue Luftwaffe, eine politische Rolle zu spielen begannen.

Von einem Kampf des Militärs zugunsten eines Machtmonopols von »nationalen Bourgeoisien« oder gar einer »middle-class hegemony«[15] kann in beiden Perioden politischer Einflußnahme der Streitkräfte keine Rede sein, obwohl deren Intervention, so unterschiedliche Zielsetzungen sie im einzelnen verfolgte, seit den dreißiger Jahren in erster Linie der Förderung proindustrieller Gruppen und damit der industriellen Entwicklung Lateinamerikas diente. Gerade das trug, wie noch zu zeigen ist, dazu bei, daß sich die politischen und ökonomischen Trägergruppen des Industrialisierungsprozesses veränderten. Das Militär förderte in der ersten Periode populistische Allianzen und damit u. a. die nationalen Privatunternehmer, in der zweiten aber, als die »importsubstituierende Industrialisierung« in eine Sackgasse geraten war, im Rahmen einer Strategie kombinierter Entwicklung nach innen und außen Direktinvestitionen ausländischer Konzerne und die Wirtschaftstätigkeit des Staates. Die Militärdiktaturen seit 1961/62 begannen, sobald sie sich machtpolitisch etabliert hatten, die Privilegien der Mittelschicht, deren Unterstützung sie zunächst erhalten hatten, abzubauen, wie besonders in Brasilien und Chile, aber auch – seit 1973/74 – in Peru deutlich wird. Konzentrationsmaßnahmen im industriellen Sektor trafen Mittel- und Kleinindustrielle, Rationalisierungsmaßnahmen im Dienstleistungsbereich besonders das Kleinbürgertum, etwa Chiles Transportkleinunternehmer oder Einzelhändler, die zusammen die Speerspitze der Konterrevolution von 1973 gebildet hatten. Die Einführung strenger Leistungskontrollen im öffentlichen Leben führte zu Protesten, so der Lehrergewerkschaften.

Im Gegensatz zu Nun betonte Fernandes die enge Verklammerung oligarchischer, bourgeoiser und mittelständischer Elemente in Lateinamerika, die zusammen durch das Militär repräsentiert würden[16]. Kossok analysierte die Intervention der Streitkräfte in die Politik seit 1962 vor allem als »Machtinstrument des Blocks der herrschenden Klassen, innerhalb dessen sich Bourgeoisie und Grundbesitz mit dem Ziel verbünden, den sozio-ökonomischen und politischen Status quo angesichts einer radikalen Verschärfung der allgemeinen Strukturkrise Lateinamerikas zu erhalten«[17]. Diesem Block hätte sich die anpassungswillige Mittelklasse angeschlossen. Sicherlich unterstützten die Interventionen des Militärs in den politischen Bereich in den sechziger Jahren zunächst – angesichts der ökonomischen Krise und des wachsenden politischen Drucks der Linken – den »Block der herrschenden Klassen«, der sich aus einer mehr oder weniger intensiven Verschmelzung von Agrar-, Handels-, Finanz-, Industriebourgeoisie sowie Managern und Technokraten der oberen Mittelschicht herausbildete. Als wichtiger aber erwies sich der Umstand, daß die regierenden Offiziere sich, um die ökonomische Krise zu überwinden und die industrielle Entwicklung zu beschleunigen, gegen wichtige Bourgeoisie-Interessen wenden mußten. Zwar kann die Intervention des Militärs erfolgen, weil der Bourgeoisie eine Volksbewegung fehlt. Das Militär übt aber deswegen nicht so lange die Herrschaft für die Bourgeoisie aus, bis diese eine Volksbewegung besitzt. Es ist zu zeigen, daß die Vorstellung, in dieser Hinsicht würde die Entwicklung in sich heute industrialisierenden Ländern derjenigen in einigen kapitalistischen Industriestaaten entsprechen, nur bei Berücksichtigung des Umstandes, daß sich in ersteren ein starke »Staatsbourgeoisie« herausbildet, als zutreffend bezeichnet werden kann.

Unzutreffend sind auch Ansichten wie die Tibis: »Die lateinamerikanischen Armeen rekrutieren sich vorwiegend aus Angehörigen der herrschenden Landaristokratie bzw. Agrarbourgeoisie und stellen somit ein Instrument zur Perpetuierung des Status quo dar[18].« Erstens rekrutiert sich der weitaus größte Teil der Offiziere außer in wenigen Kleinstaaten seit Beginn dieses Jahrhunderts nicht mehr aus der Agrarbourgeoisie. Zweitens war das Militär in Lateinamerika bisher Protagonist der Systemerhaltung, nicht aber – wiederum mit Ausnahme einiger Kleinstaaten-Armeen – Bewahrer des Status quo. Es identifiziert sich zunehmend mit dem Ziel forcierter Industrialisierung und schafft für eine Konzentration auf dieses Ziel hin nicht nur politische und soziale, sondern auch ökonomische Bedingungen. Auch die verbreitete These, in Lateinamerika sei eine Zerschlagung der Streitkräfte Voraussetzung einer radikalen Veränderung im Agrarsektor, erwies sich als unzutreffend. In Peru führt das Militär eine radikale Agrarreform durch. Selbst in Brasilien bemüht sich die Militärregierung um eine schnelle Aufhebung der vorindustriellen Elemente der Agrarstruktur, allerdings nicht über eine Landbesitzreform.

Ebenso sind aber Begriffe wie »Entwicklungselite« oder »Avantgarde der Modernisierung«, die sich in nordamerikanischen Studien zum Militär in Lateinamerika häufen, seitdem Washington dieses und nicht mehr demokratische Reformparteien der Region unterstützt, problematisch – und zwar nicht nur wegen ihres Rechtfertigungscharakters. Es gibt in Lateinamerika entwicklungseffiziente und ebenso höchst unfähige Militärdiktaturen, solche mit einer strategischen Perspektive und andere, die – wie die Chiles – im extramilitärischen Bereich vollständig überfordert sind. Einige setzen sich für die Industrialisierung ein, ohne sie auf Grund ihrer geringen fachlichen Qualifikationen fördern zu können. Andere suchen im traditionellen »politiquero«-Stil persönliche Vorteile, geben sich jedoch als Reformer aus, so etwa der 1975 gestürzte Präsident von Honduras, López Arellano, der für eine Agrarreform eintrat, sich jedoch wie viele seiner Vorgänger von einer US-Bananengesellschaft bestechen ließ. In einigen Ländern verbesserte das Militär die »Entwicklungsbedingungen« erheblich, verschärfte jedoch zugleich Ungleichmäßigkeit und Ungleichheit; in anderen ruinierte es die Wirtschaft, so etwa durch hohe Importe von Rüstungsgütern und Solderhöhungen, wodurch Chile die höchsten Militärausgaben pro Kopf in Lateinamerika erreichte, oder durch die Vergeudung eines großen Teiles der Devisen durch Luxusgüterimporte, so in Ekuador; in einigen Kleinstaaten blieb es Stütze einer entwicklungsfeindlichen, parasitären Oligarchie.

Streit- und Polizeikräfte besitzen, wie Huntington betonte, keine konstante Funktion[19]. Zum Beispiel verstärkte Chiles Präsident Balmaceda um 1890 die Polizei gegen die privaten bewaffneten Banden der Landherren. Im Rahmen der Institutionalisierung des Klassenkampfes ab 1920/25 baute

General Ibáñez eine kasernierte Polizei als Gegengewicht zu Oligarchie und Militär und als eine Schutztruppe der Mittelschicht auf. Allende löste den Grupo Móvil, ein Einsatzkommando gegen Demonstranten, auf. Mit Unterstützung der USA, Brasiliens und sogar Uruguays werden die Carabineros seit 1973 in eine paramilitärische Truppe umgeformt, die die Streitkräfte bei Erschießungen und Folter ablösen soll. Die Polizei, die auf Grund ihres engeren Kontaktes zur Bevölkerung häufig sozialreformerische Tendenzen unterstützte, in einigen Fällen auch sozialrevolutionäre, so in Bolivien 1952, wurde in den letzten Jahren zum Büttel des Militärs.
Zwar wandelt sich die Funktion des Militärs, die Streitkräfte besitzen jedoch, solange sie selbst intakt sind, ein großes institutionelles Gewicht, das sich einmal aus ihrem Gewaltpotential, zum anderen »aus der Kombination und Verschmelzung ihres militärischen, politischen und ökonomischen Potentials«[20] ergibt. Das Offizierskorps, zwar kein einheitlicher, aber meist ein relativ festgefügter Block, erlangte in beiden Perioden politischer Intervention politischen Primat über zivile politische Organisationen, weil es als Institution mit dem Anspruch der Vertretung der ganzen Nation und des Gesamtsystems eine gewisse politische Eigenständigkeit und außerdem die erforderlichen militärischen und meist auch politischen Mittel besaß, um festgefahrene Konflikte zwischen Klassen und Klassenfraktionen »von oben« zu überwinden, neue Strategien durchzusetzen und adäquate Bedingungen für diese zu schaffen. Zwei Faktoren ermöglichten dies.
Einmal vermochte das Offizierskorps trotz der unterschiedlichen Klassenherkunft seiner Angehörigen in den meisten Fällen intern Einigkeit über ein bestimmtes Programm und Vorgehen zu erzielen. Zum andern gelang es ihm meist, zumindest zeitweise das beschlossene Programm auch gegen Interessen des »Blocks der herrschenden Klassen« durchzusetzen und auf diese Weise, besonders in Krisensituationen, zur zentralen Regelungsinstanz des kapitalistischen Systems zu werden. Möglich war dies, weil die Klassenbindung des Militärs, ohnehin meist locker und unartikuliert, tendenziell unbeständig und mittelfristig kaum je eindeutig ist. Das Militär bildet natürlich nicht eine gegenüber Klassen indifferente »élite técnica«; es vertritt aber häufig zu verschiedenen Zeiten unterschiedliche Klasseninteressen. Populistische Offiziere wandten sich unter dem Druck persönlicher Interessen oder politischer Veränderungen nach rechts, so auch Perón vor seinem Sturz. Offiziere aus der Agraroligarchie, etwa Lanusse in Argentinien, wandelten sich dagegen zu relativ progressiven, nationalen und proindustriellen Politikern.
Es ist davon auszugehen, daß sich bei der politischen Einflußnahme des Militärs vier Interessenebenen überlagern, die in wechselnden Situationen unterschiedliche Relevanz gewinnen: erstens die persönlichen Interessen der jeweils dominierenden Gruppe, auch an finanzieller Bereicherung; zweitens die partikularen Korporativinteressen des Militärs bzw. der Streitkräfte; drittens

ein übergreifendes Klassen- bzw. Klassenallianzen-Interesse; viertens ein nochmals übergreifendes allgemeines Systeminteresse, das mit dem Klasseninteresse nicht in jedem Fall identisch sein muß. Die Variationsbreite politischer Einflußnahme des Militärs ist in keinem Fall auf ein enges Schema mit einer oder zwei Erklärungsvariablen zu reduzieren. Zum Beispiel präjudiziert die soziale Herkunft von Offizieren nicht ihre politische Haltung, sondern ist nur einer unter vielen Faktoren, welche diese determinieren. Sicherlich trug sie in den dreißiger und vierziger Jahren dazu bei, daß die Forderungen proindustrieller Gruppen unterstützt wurden. Diese stießen jedoch auch bei manchem Offizier aus der Oligarchie auf Verständnis, der an der Schaffung von Voraussetzungen für eine inländische Waffenproduktion interessiert war und gelernt hatte, industrielle Entwicklung und nationale Größe gleichzusetzen.

Nach Cotler ist die Gruppe von Offizieren, die 1968 in Peru die Regierung übernahm, stark geprägt durch ihre Herkunft aus der ländlichen Mittelschicht, ferner dadurch, daß viele ihrer Mitglieder, so auch Präsident General Velasco, ihre Karriere als Soldaten begannen. Die aus dem Provinzkleinbürgertum stammende APRA-Führung der zwanziger Jahre besaß ebenso wie die Offiziere eine gegen Agraroligarchie und US-Einfluß gerichtete Orientierung[21]. Imaz zeigte, daß Argentiniens hohe Offiziere überwiegend aus der großstädtischen Mittelschicht, besonders der Hauptstadt, stammen, unter ihnen jedoch auch immer einige Landherrensöhne vertreten sind[22]. Die starke Fraktionsbildung im Militär dieses Landes in den letzten beiden Jahrzehnten scheint weniger durch die soziale Herkunft der einzelnen Gruppen als durch ihre ideologische und wirtschaftspolitische Schulung beeinflußt zu sein.

Das Militär hat im Übergang von einer oligarchischen, industrialisierungsfeindlichen Ordnung zu einer auf dynamische kapitalistische Industrialisierung zugeschnittenen neuen Ordnung eine wichtige Rolle gespielt. Dies schließt nicht aus, daß es auch in Lateinamerika einmal Träger »nationaldemokratischer Revolutionen« auf einem »nichtkapitalistischen Entwicklungsweg« werden *kann*[23]. Allerdings sind bisher – und wahrscheinlich noch mittelfristig – nichtkapitalistische Tendenzen in den Streitkräften sehr schwach und eine revolutionäre Volksbewegung, in die sich entsprechende Gruppen integrieren könnten, existiert nicht. Es hat aber seit der Weltwirtschaftskrise immer wieder sozial- und nationalrevolutionäre Gruppen in den Streitkräften gegeben, sogar solche, die – wie bolivianische Offiziere – einen »militärischen Sozialismus« proklamierten. In den sechziger Jahren gingen junge Offiziere zur Guerilla über, so etwa nach gescheiterten Putschversuchen. In Guatemala baute Leutnant Yon Sosa, ein Experte in der Partisanenbekämpfung, die Guerilla MR-13, sein Mitarbeiter, Unterleutnant Turcios Lima, später die Guerilla FAR auf[25]. In Venezuela gab es 1962 Revolten procastristischer Truppenteile. In der Dominikanischen Republik war Oberst Caamaño zunächst »Konstitutionalist«, dann Partisan gegen das bestehende System, usw. Keine dieser Gruppen vermochte das doppelte, intra- und internationale Machtproblem zu lösen. Es ist angesichts der gegenwärtigen Kräftekonstellation in Lateinamerika jede kurzfristig angelegte revolutionäre Lösung zum Mißerfolg verurteilt.

Zur militärischen Aufgabe der Streitkräfte

Neben externer Beeinflussung und Klassenbindung des Militärs in Lateinamerika soll eine dritte, oft übersehene Determinante seiner politischen Einflußnahme skizziert werden, nämlich der Charakter seiner militärischen Aufgabe. Weil die Streitkräfte der Länder Lateinamerikas, wenn man von der erwähnten Teilnahme brasilianischer Truppen am Zweiten Weltkrieg und kolumbianischer Einheiten am Korea-Krieg absieht, niemals in militärische Konflikte von der Dimension verwickelt waren wie die Armeen der meisten Industrieländer, gingen viele Beobachter davon aus, sie seien »unterbeschäftigt« hinsichtlich ihrer eigentlichen Aufgabe der Landesverteidigung und besäßen daher »surplus energies for extramilitary activities«[25]. Einmal übersahen sie, daß die Intervention der Streitkräfte in extramilitärische Bereiche ein nicht auf Lateinamerika beschränktes Phänomen ist. Dies betont etwa Costa Pinto[26], und dies mag auch die Herausbildung eines »militärisch-industriellen Komplexes«[27] in den USA zeigen.
Zum andern trugen sie nicht dem Umstand Rechnung, daß sich in Lateinamerika die militärische Aufgabe der Streitkräfte traditionell anders bestimmt als in vielen Industriestaaten. Neben der »Verteidigung nach außen« stand – schon zur Kolonialzeit – die Aufgabe der »Garantie der inneren Ordnung«. Seit Gründung der Republiken waren die Streitkräfte politische Ordnungsfaktoren und militärische Ordnungsorgane – oft sogar weiterhin als »innere Besatzungstruppen«, als Instrumente eines »inneren Kolonialismus«, sei es zur Eroberung indianischer Gebiete wie im Süden Mittelchiles, sei es zur Niederschlagung von Erhebungen der noch nicht in die neuen Nationen integrierten indianischen Bevölkerung, sei es – Jahrzehnte später – zur Beendigung von Streiks oder Demonstrationen von Bauern, Arbeitern oder Studenten. Militärisch ausgelastet waren die Streitkräfte der meisten Länder Lateinamerikas fast durchgehend. Oft griffen sie in die Politik ihrer Länder ein, um ihre militärische Aufgabe erfüllen zu können.
Die Aufgabe der Streitkräfte als Ordnungsorgane, als »sichere Machtinstitutionen«, ist oft übersehen oder als unbedeutend erachtet worden, weil die Geschichte der sozialen Erhebungen und der militärischen Interventionen

zugunsten von Landherren oder ausländischen Investoren und zur Erhaltung des machtpolitischen Status quo in den Ländern Lateinamerikas noch nicht geschrieben ist. Erinnert sei daran, daß General Trujillo, der 1930 in manipulierten Wahlen an die Regierung gelangte und ebenso wie der Somoza-Clan in Nikaragua einen großen Teil des Reichtums des Landes an sich riß, als »Vater des Vaterlandes«, »Wohltäter des Volkes« und »Polarstern der Nation« mehr als 70 000 Oppositionelle ermorden ließ[28]. Umgebracht wurde er erst 1961, nachdem er die Unterstützung der USA verloren hatte, weil ihm durch die OAS ein Mordanschlag gegen Betancourt, den demokratischen Präsidenten Venezuelas, nachgewiesen werden konnte. Bosch, dessen Partido Revolucionario Dominicano in den ersten freien Wahlen des Landes zwei Drittel der Stimmen erhielt, wurde bald gestürzt, weil er Sozialreformen einleitete und auch den Besitz des Trujillo-Clans aufteilen wollte. Brigadegeneral Wessin, ein Anhänger des Clans, zögerte 1965 nicht, Santo Domingo, das von verfassungstreuen Einheiten unter jungen demokratischen Offizieren kontrolliert wurde, zu bombardieren, was zahlreichen Zivilisten das Leben kostete. Im Bürgerkrieg kamen mehr als 3 000 Menschen um. Unter Balaguer, ebenfalls einem Anhänger Trujillos, wurden zwischen 1966 und 1969 etwa 350 Politiker der Linken und der Mitte ermordet.
Ähnlich verhielten sich die Streit- und Polizeikräfte in vielen anderen Ländern Lateinamerikas. In Bolivien befahl General Barrientos, Bergarbeitersiedlungen zu bombardieren, um über Lohnkürzungen die Rentabilität der staatlichen Zinngruben zu steigern. Das Militär in Guatemala, Peru oder Venezuela versuchte in den sechziger Jahren, durch Flächenbombardements oder durch Abwurf von Napalm auf Bauerndörfer Partisanengruppen zu bekämpfen, eine Methode, die nicht nur die Ineffizienz der Streitkräfte vor ihrer »counter insurgency«- und »civic action«-Schulung durch US-Offiziere aufdeckte, sondern auch ihr Verhältnis zu den Unterschichten ihrer Länder. Die Antiguerilla-Aktionen der Streitkräfte Guatemalas, die charakteristischerweise auf Latifundien im Innern des Landes durch US-Experten spezialisiert worden waren, kosteten etwa 2 000 unbeteiligten Bauern das Leben. Die Auseinandersetzungen zwischen rechtsradikalen Mordbanden, meist unter militärischer Führung, und Partisanen forderten in diesem Land allein 1967/68 mehr als 4 000 Menschenleben[29].
Die Häufigkeit der militärischen Interventionen erklärt sich aus dem Umstand, daß die »institutionalisierte Gewalttätigkeit«, etwa im Rahmen des Landherrensystems oder – später – im Rahmen einer einseitig auf wirtschaftliches Wachstum abzielenden Strategie, immer wieder soziale Unruhe und oft sogar systemgefährdende Erhebungen produzierte. Die permanenten Aufstände indianischer Bauern im Süden Perus zwischen 1880 und 1922 dienten der Existenzverteidigung, da Latifundisten mit staatlicher Duldung und sogar militärischer Unterstützung das Land der indianischen Gemeinden raub-

ten. Massaker an Bauern und Arbeitern durch Streit- und Polizeikräfte könnten aus fast allen Staaten der Region aufgezählt werden. Chiles Truppen erschossen 1907 2000 streikende Salpeterarbeiter. Carabineros des Landes vertrieben 1934 Siedler von Staatsland im Alto Bío Bío, da Landherren dieses beanspruchten. Zahlreiche nun landlose Siedler, die Lebensmittel stahlen, um zu überleben, wurden erschossen[30]. In Kolumbien brachten Truppen viele hundert Landarbeiter um, die am großen Streik in den Bananenplantagen von 1928 teilnahmen. In den Kleinstaaten, in denen andere Durchsetzungsinstrumente fehlen oder ineffizient sind, werden noch immer regelrechte Feldzüge gegen Bauern unternommen, die Zeichen der Unzufriedenheit zeigen, wobei oft die Führungsgruppe im Dorf an Ort und Stelle erschossen wird, so in Bolivien im Februar 1975. Das Regime Stroessner geht seit März 1975 gewaltsam gegen Agrargenossenschaften vor, die von Franziskanern und Jesuiten aufgebaut wurden. In El Salvador, wo 1932 mehrere tausend Bauern von den Streitkräften umgebracht wurden, umstellten im November 1974 Truppen das Dorf La Cayetana, erschossen 50 und verletzten 200 Bauern[31].

Die Brutalität des Vorgehens der Streitkräfte ist zum Teil dadurch zu erklären, daß in Lateinamerika trotz allgemeiner Wehrpflicht, die in den Ländern des »Cono Sur« schon seit Beginn des 20. Jahrhunderts besteht, auf Grund zahlreicher Freistellungsmöglichkeiten die Truppen zum größten Teil weiterhin aus analphabetischen Bauernsöhnen bestehen, die gelernt haben zu gehorchen. Nicht nur konservative Offiziere förderten die Rekrutierung aus dem Hinterland, um sich uneingeschränkten Einfluß in den Streitkräften zu sichern. Die Herkunft der Soldaten trug wesentlich dazu bei, daß die militärische Hierarchie in Lateinamerika kaum jemals in Frage gestellt wurde. Einen der wenigen intramilitärischen Putsche führte Sergeant Batista, der spätere Diktator, 1933 in Kuba durch. Soziale Herkunft, niedriges Bildungsniveau und geringe politische Bewußtseinsbildung der Soldaten und Unteroffiziere erlaubten es dem Militär auch, auf die Verschärfung des Klassenkampfes in den sechziger Jahren entsprechend zu reagieren und außerdem noch eine Industrialisierungsstrategie durchzusetzen, die sich am Bedarf kaufkräftiger Schichten, nicht aber an den Bedürfnissen der Massen orientiert.

Die Staatsstreiche, traditionell unblutig, fordern, seit sie im Rahmen von Systemkämpfen erfolgen, immer mehr Menschenleben. Tausende von Partisanen wurden in Nikaragua, Guatemala, Brasilien oder Uruguay »auf der Flucht erschossen« oder zu Tode gefoltert, unter ihnen nicht wenige Offiziere. Auf der Plaza de Tlatelolco in Mexiko wurden 1968 einige hundert Studenten erschossen. Bei der Konterrevolution von 1971 in Bolivien kamen einige hundert Arbeiter und Studenten um, u. a. weil die Universität San Andrés in La Paz bombardiert wurde. Die Konterrevolution in Chile von

1973 forderte bisher mehr als 30 000 Menschenleben. Arbeiterviertel wurden bombardiert. Mehr als 100 000 Anhänger der Unidad Popular und der übrigen Linken wurden verhaftet. Mehr als 30 000 verließen das Land[32].

Im Gespräch mit lateinamerikanischen Offizieren wird deutlich, daß sie ein doppeltes Trauma besitzen. Einmal besteht eine ihrer bedeutendsten Traditionen in der Ermordung von Landsleuten, sei es der Unterschichten, sei es von Reformern und Revolutionären anderer Schichten. Zum andern versagten sie bei der Landesverteidigung in fast allen Fällen. Sie mußten hilflos die Intervention imperialistischer Mächte hinnehmen. Die USA annektierten zwischen 1836 und 1848 große Teile Mexikos, kämpften 1898 für Kubas Unabhängigkeit von Spanien, um anschließend dort ein fast koloniales Regime zu errichten, besetzten Puerto Rico, trennten 1903 Panama von Kolumbien ab, um von dem neuen Kleinstaat die Überlassung der Kanalzone für 99 Jahre durchzusetzen, okkupierten später viele Jahre Nikaragua, Haiti und die Dominikanische Republik, usw. Konflikte wegen Gebietsansprüchen westeuropäischer Kolonialmächte, besonders Großbritanniens, etwa auf die Falkland-Inseln, Belize oder Guyana, vermochten die Streitkräfte Lateinamerikas angesichts des erdrückenden Bewaffnungsübergewichtes der sich industrialisierenden Staaten nicht auszutragen. Zugleich wurden sie in vielen »Grenzkriegen« Interessenvertreter ausländischer Rohstoffunternehmen, so im Salpeterkrieg (Chile – Bolivien/Peru) von 1879 bis 1883, so im »Erdölkrieg« im Chaco (Bolivien – Paraguay) von 1932 bis 1935. Gerade die Streitkräfte erzwangen die Einpassung ihrer Länder in die von Industriestaaten auferlegten, jeweils deren Bedarf, etwa an Rohstoffen, entsprechenden Dominationsstrategien, wie gezeigt wurde. Sie förderten lange Zeit die Überfremdung ihrer Länder, während sich ihr »Nationalismus« in provinziellen Kleinkriegen mit Nachbarstaaten, zuletzt 1969 zwischen Honduras und El Salvador[33], erschöpfte.

Entwicklungsniveau und Industrialisierungsdynamik der Länder Lateinamerikas als bestimmende Faktoren der Militärherrschaft

Wichtige, jedoch meist vernachlässigte Bestimmungselemente der Militärherrschaft sind Entwicklungsniveau und -dynamik der einzelnen Länder. Diese sind ihrerseits bedingt durch den Grad der Diversifizierung bzw. der strategischen Relevanz von deren natürlichen Ressourcen sowie durch Zahl und Wachstumsdynamik der Einwohner, also den potentiell bestehenden und absehbaren Inlandsmarkt. Seit Anfang des Jahrhunderts haben sich auf Grund einer sehr unterschiedlichen Industrialisierungsdynamik der einzelnen Länder Lateinamerikas zwischen diesen erhebliche Unterschiede hinsichtlich des allgemeinen Entwicklungs- und insbesondere des Industrialisierungsniveaus herausgebildet. Es lassen sich drei Ländergruppen unterscheiden. Die Großraumwirtschaften, Brasilien, Mexiko, auch Argentinien, industrialisierten sich in den vergangenen sechs bis sieben Jahrzehnten erheblich schneller als die mittelgroßen Länder, Kolumbien, Peru, Venezuela, Chile und Kuba. Diese wiederum wiesen – bezogen auf den erwähnten Zeitraum – eine erheblich stärkere Industrialisierungsdynamik auf als die 14 Kleinstaaten der Region mit einer Million und mehr Einwohnern und die 20 Kleinststaaten bzw. Kolonien. Zum Beispiel entfielen 1970 auf die Großstaaten 80 % des Wertes der Industrieproduktion aller Staaten, auf die mittleren Länder 13 %, auf die Kleinstaaten nur 7 %[34].

Zur Militärherrschaft in den Kleinstaaten

Die Militärherrschaft in den Kleinstaaten Lateinamerikas, die primäre Exportwirtschaften geblieben sind, unterscheidet sich von derjenigen in den Groß- und einigen Mittelländern unter anderem deswegen, weil ihre Träger größtenteils weder in der Lage noch besonders daran interessiert sind, energisch die Entwicklungsprobleme ihrer Länder in Angriff zu nehmen. In diesen Ländern ist besonders sichtbar, daß auch die Entwicklungsträger – zivile und militärische – »unterentwickelt« sind, übrigens zunächst auch die Revolutionäre (womit die antikubanische Propaganda haltlos wird, die so lange detailliert die Fehler der Regierung in Havanna anprangerte, bis diese ausreichend Erfahrung gesammelt hatte, jedoch übersah, daß entsprechende Lernprozesse von einigen Regierungen von Mittel- und Kleinstaaten Lateinamerikas noch nicht einmal begonnen wurden). Gerade Militärregierungen solcher Länder haben immer wieder versucht, unkritisch die Entwicklungsstrategien ihrer Kollegen in größeren Ländern mit erheblich günstigeren Entwicklungsmöglichkeiten nachzuahmen. Erinnert sei zum Beispiel an den wenig fundierten Versuch der Generäle Ovando und Torres in Bolivien, die nationalistische Strategie der Militärregierung Perus ab 1968 zu imitieren, was nicht nur wegen der geringen Implementationskapazität der Institutionen des Landes, sondern auch wegen völlig anderer Voraussetzungen in fast allen Sektoren undurchführbar war. Ähnliche Ausstrahlungseffekte auf das Militär in Mittel- und Kleinstaaten ohne adäquate Strategien für die nationalen Probleme zeigten sich in der Nachahmung von Oberst Perón durch Major Arbenz in Guatemala oder General Rojas Pinilla in Kolumbien oder im Entstehen »brasilianischer« Militärfraktionen in Ekuador, Uruguay und anderen Ländern und »peruanischer« Fraktionen in Panama, Honduras, Venezuela und auch Ekuador.

Das Militär in den relativ wenig entwickelten Ländern ist in seinem eigentlichen Berufsbereich heute teilweise recht qualifiziert, jedoch für Regierungs- und Entwicklungsaufgaben weiterhin höchst unqualifiziert. Dies mag der Umstand zeigen, daß in vielen dieser Länder nordamerikanische Beratergruppen noch entscheidenden Einfluß besitzen. Die staatliche Bürokratie dieser Länder, die auch unter dem Militär eine »Dilettantenverwaltung durch Beutepolitiker« zu bleiben pflegt, ist zur Erarbeitung und Umsetzung von Entwicklungsplänen wenig geeignet. Hinter einigen qualifizierten – meist zivilen – Bürokraten siedelt sich ein aufgeblähter bürokratischer Apparat an, der oft als wichtigste Aufgabe die Versorgung der jeweiligen Regierungsanhänger ansieht. Da auch intermediäre Organisationen fehlen – oft wurden sie durch Militärregierungen zerschlagen – und das Verkehrs- und Kommunikationssystem kaum ausgebaut ist, verbleiben dem Militär zur Machtsicherung in erster Linie seine eigenen Instrumente. Daher wird, wie erwähnt, die Autorität der Zentralregierung in einem Land wie Bolivien – wie vor Jahrhunderten in Europa – durch militärische Strafexpeditionen durchgesetzt. »Totalitär« kann ein solches Land nicht regiert werden, weil das dazu erforderliche Institutionengeflecht fehlt.

Freilich können auch in den Kleinstaaten, wiederum teilweise bedingt durch deren Entwicklungsniveau, verschiedene Typen von Militärdiktaturen unterschieden werden. Jene »traditionelle Diktatur mit deutlichen Merkmalen des caudillismo«[35], die in Lateinamerika bis zur Weltwirtschaftskrise vorherrschte, besteht noch in drei Ländern Lateinamerikas, Haiti, Nikaragua und Paraguay, fort, in denen eine vorindustrielle Landwirtschaft Basis einer noch relativ intakten traditionellen Gesellschaftsstruktur ist. In diesen Kleinstaaten mit relativ geringer Bevölkerung (von denen zwei in der unmittelbaren Dominationssphäre der USA liegen, in der Diktaturen dieses Typs lange Zeit besonders gut gediehen, so etwa auch in der Dominikanischen Republik, in Guatemala oder Venezuela) stützt die Armee die persönliche Diktatur eines Generals, so Präsident Stroessners in Paraguay seit 1954, oder die Diktatur des Repräsentanten einer Familie, etwa des Somoza-Clans in Nikaragua seit 1937.

In Haiti verlor die Armee an Bedeutung, nachdem der Arzt Duvalier 1957 die Generalsgruppe, die den Präsidenten stellte, entmachtet hatte. Der neue Diktator, ab 1964 »Staatschef auf Lebenszeit«, stützte sich vor allem auf die Tontons Macoutes und seine Leibwache. Mehrfach, so 1967, nach Putschversuchen der Armee, ließ er einen Teil der Offiziere hinrichten. Kennzeichnend ist, daß »Papa Doc« über Voudou-Kult, Ermordung und Vertreibung der Mulatten-Elite, Abschließung des Landes nach außen und Verzicht auf Industrialisierung – und damit auch Klassendifferenzierung – eine langfristige Stabilisierung seiner Herrschaft gelang, von der noch sein politisch unfähiger Sohn profitiert, der 1971 ebenfalls »Staatschef auf Lebenszeit« wurde.

Vier Faktoren vor allem bewirkten, daß solche Diktaturen sich als relativ stabil erwiesen: Erstens fördern die Regierungen, die sich durch »Ordnungserhaltung« und nicht durch »Entwicklungsbeschleunigung« legitimieren, einen ökonomischen, sozialen und politischen Immobilismus, der wesentlich zur Stabilisierung des machtpolitischen Status quo beitrug. Zweitens wandert der größte Teil der Intelligenz traditionell aus diesen Ländern ab; auch andere Bevölkerungsgruppen, in Paraguay zeitweise mehr als die Hälfte der Einwohner, suchen im Ausland Arbeit. Es verbleiben außer der um ihre bloße Existenz kämpfenden, durch Mord und Folter eingeschüchterten Unterschicht vor allem Gruppen, die vom System profitieren, Landherren, Kaufleute und eine kleine Mittelschicht, zudem Streit- und Polizeikräfte, denen ein sorgenfreies Leben garantiert wird, solange sie für die Bewahrung der Friedhofsruhe sorgen. Zum Beispiel ist Paraguays parasitäre Repressionsarmee an vielerlei Regierungsgeschäften, etwa Schmuggelunternehmen, beteiligt.

Drittens bleibt die Möglichkeit eines zeitweiligen Überganges zur »Dictablanda« – entweder durch Vorschieben eines nicht zur Familie gehörenden und auch ansonsten nicht vorbelasteten Anhängers wie in Nikaragua oder durch den Einbau gewisser Elemente der repräsentativen Demokratie, indem zum Beispiel in Paraguay auf US-Druck hin eine bürgerliche Opposition zu Wahlen zugelassen wird, die keine Chance hat, eine Mehrheit zu erringen. Viertens unterstützten sich diese Regime gegenseitig. Generalísimo Trujillo, »Jefe« der Dominikanischen Republik, gab zwar 1937 Anweisung, die in seinem Land lebenden haitianischen Wanderarbeiter und ihre Familien zu liquidieren, was zur Ermordung von mindestens 15 000 Männern, Frauen und Kindern führte[36], war später aber eine der wichtigsten Stützen Duvaliers. Die Somoza-Regierung fördert von Nikaragua aus seit vielen Jahren konservative Militärregierungen und genehme Offiziere mit politischen Ambitionen in Zentralamerika, etwa in Honduras oder El Salvador.

In einer zweiten Gruppe von Kleinstaaten ist die traditionelle Macht- und Gesellschaftsstruktur – meist unter Mitwirkung des Militärs – teilweise zerbrochen, ohne daß die unbedeutenden proindustriellen Kräfte in Bourgeoisie, Mittelschicht und Proletariat eine alternative Strategie hätten durchsetzen können. Die Versuche militärisch-ziviler Gruppen, eine national und auch sozial orientierte Entwicklungsstrategie durchzusetzen, scheiterten in allen diesen Ländern im ersten Anlauf. Nach dem Chaco-Krieg, der die traditionelle Ordnung in Paraguay und Bolivien zerrüttete, setzten sich in beiden Ländern zunächst nationalistische und sogar sozialistische Offiziere durch, im ersten etwa Oberst Franco und General Estigarríbia, im zweiten zum Beispiel Oberst Busch und Major Villarroel. Während aber in Paraguay ab 1954 eine Rückkehr zur traditionellen Ordnung und eine politische Stabilisierung gelang, setzte in Bolivien ab 1952 eine revolutionäre Entwicklung ein, die von einer städtisch-kleinbürgerlichen Partei, dem Movimiento Nacionalista Revolucionario (MNR), Bergarbeitergewerkschaften, einigen Bauernorganisationen, Studenten und Teilen der Streitkräfte getragen wurde. Die MNR-Regierung, welche die traditionelle Führungsschicht des Landes vertrieb, die großen Zinngruben verstaatlichte, eine Agrarreform einleitete und die Streitkräfte auflöste, vermochte die wirtschaftliche Entwicklung des Landes kaum zu beschleunigen. Sie scheiterte einmal an Schwierigkeiten, die sich in einem Land wie Bolivien bei Bemühungen, die natürlichen Ressourcen kurzfristig zu erschließen und zu nutzen, unvermeidbar einstellen, und an der Enge des Inlandsmarktes, der nationale und ausländische Unternehmen von vornherein von Investitionen im Konsumsektor absehen ließ; zum andern, weil sie unfähig war, eine adäquate Entwicklungsstrategie zu formulieren, die vollständig ineffiziente Bürokratie zu reformieren, die inländische Kapitalbildung zu steigern, die landwirtschaftliche Entwicklung voranzutreiben, die Abwanderung von Fachkräften zu verhindern und – dies ist vielleicht der wichtigste Punkt – eine die heterogene Bevölkerung mobilisierende, integrativ nationalistische, staatstragende Partei aufzubauen. Der MNR verlor bald die Unterstützung der marxistischen Zinnarbeiter, der einzigen größeren proletarischen Gruppe im Land, und zerfiel in personalistisch und regionalistisch orientierte Fraktionen, während die USA die 1953 geschaffene »revolutionäre Armee«, die in Rivalität zu Arbeiter- und Bauernmilizen heranwuchs und bald Streiks mit Waffengewalt beendete, ab 1957/58 als militärische und politische Ordnungsmacht ausbauten.

Ab 1964 lösten sich Offiziere der verschiedensten Orientierung an der Regierung ab, ohne daß die wirtschaftliche Entwicklung des Landes wesentlich gefördert wurde. General Barrientos, Sohn mittelloser Landwirte aus dem Cochabamba-Tal, der in den USA als Luftwaffenoffizier ausgebildet worden war, versuchte seinen politischen Handlungsspielraum in den Streitkräften und gegenüber den politischen Parteien zu vergrößern, indem er die Bergar-

beiter, die ihn zunächst unterstützt hatten, entwaffnete und nach militärischer Besetzung der Gruben ihre Löhne kürzte; zugleich begann er, über die Bewaffnung von Bauern aus Cochabamba, die staatliche Förderung der Bauernverbände und schließlich auch eine nationale Bauernpartei, eine »Militär-Bauern-Allianz«, aufzubauen. Der barrientistische »Bauernpopulismus«[37] sollte die Liquidierung der Reste der Revolution von 1952 erlauben und eine proamerikanische, auf ausländisches Kapital setzende Politik absichern[38].
General Ovando, bereits 1965/66 Präsident, stürzte 1969 Präsident Siles, welcher auf den tödlich verunglückten Barrientos gefolgt war, weil sich seine Wahlchancen verschlechterten; er zog die Armee aus den Minen ab, löste eine durch Brutalität bekannt gewordene paramilitärische Polizeitruppe auf, hob repressive Verordnungen auf, schlug aber auch mit bewaffneten Bauern Studentendemonstrationen in Cochabamba nieder. Unter dem Druck rechter Offiziere gab er bald seine Politik des »revolutionären Linksnationalismus« auf. Als Generalstabschef Miranda, ein Vertreter der reaktionärsten Gruppe der Streitkräfte, im Oktober 1970 einen Putsch versuchte, übernahm mit aktiver Unterstützung der städtischen Unterschichten und der Bergarbeiter der nationalistische General Torres die Regierung.
Torres, aus der städtischen Unterschicht Cochabambas, hatte 1943 an der Verschwörung junger Offiziere der Militärloge RADEPA gegen eine rechte Regierung und 1951 an der Erhebung des »Colegio Militar« gegen die »rosca«, Boliviens Zinnbarone und Landherren, teilgenommen. Ebensowenig wie Ovando vermochte er größeren Einfluß in der Bauernbewegung zu gewinnen, so daß die politische Basis der neuen Mitte-Links-Koalition schwach blieb. Der General, ein Nationalist, der ähnlich wie die peruanische Militärregierung nach 1968 den Kampf gegen den Marxismus »präventiv« zu führen gedachte, propagierte in seinen Reden[39], soziale und ökonomische Entwicklung diene der »Landesverteidigung«; die Streitkräfte seien in Lateinamerika »Avantgarde des Volkes im nationalen Befreiungskampf«; sie übernähmen die »Rolle, die eigentlich das Proletariat ausfüllen müßte«; »Arbeiter, Bauern, Studenten und revolutionäre Offiziere« ständen »im Kampf gegen die faschistische Diktatur«. Torres duldete das Entstehen einer aus »Sowjets« zusammengesetzten »Asamblea Popular«, die sich als »Parallelregierung« begriff, der zersplitterten Linken als Debattenforum diente, aber auch »Arbeitermacht« durch Bewaffnung ihrer Anhänger und Besetzungen von Bergbauunternehmen oder Fabriken aufbaute – ein Konzept, das Gruppen der äußersten Linken in Chile unter dem Begriff »Volksmacht« zu wiederholen versuchten.
Angesichts dieser Entwicklung einigten sich Rechte und Mitte im Offizierskorps auf Gegenmaßnahmen. Ein erster Putschversuch des Heeresoberst Banzer, eines Interessenvertreters der ökononisch dynamischsten Region, Santa Cruz, scheiterte 1971. Banzer stürzte jedoch wenig später die Regierung mit

Ranger-Einheiten, die seit 1967 von Experten der 8. Special Forces Group aus der Panama-Kanal-Zone – zunächst gegen Guevaras Guerillas – ausgebildet worden waren. Der Putsch gelang, weil die Bewaffnung der Rangers derjenigen der übrigen Truppenteile und der Arbeitermilizen weitaus überlegen war und der rechte Offiziersflügel aktive Unterstützung von Brasilien und den USA erhielt. Für einige Jahre war eine politische Stabilisierung möglich, weil Banzer zunächst die Unterstützung der traditionellen Parteien, des nach rechts gerückten MNR und der konservativen Falange Socialista Boliviana, fand und dann – rechtzeitig nach Stärkung seiner Position – 1973 die Parteien abschob und eine Regierung von Offizieren und zivilen Experten bildete; ferner, weil hohe Deviseneinnahmen aus Rohstoff-, insbesondere Erdölexporten die Befriedigung der Konsumwünsche der städtischen Ober- und Mittelschicht und des Militärs sowie eine Beschleunigung des wirtschaftlichen Wachstums erlaubten. Bemühungen, über Wahlen »konstitutioneller Präsident« zu werden, gab Banzer nach einem Putschversuch rechtsradikaler Offiziere 1973 und einem Umsturzversuch junger demokratischer Offiziere 1974 auf.

In den übrigen Kleinstaaten setzten sich populistische und nationalistische Tendenzen, wenn überhaupt, nur zeitweise durch, da ihnen eine ausreichend starke soziale und politische Basis fehlte. So wurde in Ekuador der demagogische Caudillo Velasco Ibarra fünfmal vom Militär gestürzt, blieb aber vier Jahrzehnte lang die beherrschende politische Figur dieses Landes. Seine Anhängerschaft war stark genug, ihn immer wieder zu wählen, jedoch zu schwach, um seine Reformprogramme durchsetzen zu können, so in den dreißiger und vierziger Jahren gegen den politischen Einfluß der Agraroligarchie und zugunsten landloser Indios, so in den fünfziger Jahren zugunsten der proindustriellen Bourgeoisie und Mittelschicht Guayaquils und in den sechziger Jahren mit einem Strukturreformprogramm, das dem der peruanischen Militärs glich.

Zunächst war der Einfluß der Landherren im Militär noch bestimmend. Ab 1952 unterstützten Teile des Heeres den Caudillo. Im Jahre 1961 setzten sich noch einmal die konservativen Gruppen in Marine und Luftwaffe gegen ihn durch. Gegen den von diesen unterstützten Präsidenten Arosemena putschte 1963 das Heer, ohne sich in den Streitkräften selbst durchsetzen zu können. Eine vierköpfige Junta unter Kapitän zur See Castro Jijón wandte sich gegen Kommunismus, Velasco und Populismus, ohne die Regierungsgeschäfte in den Griff zu bekommen. Mit Hilfe sozialreformerischer junger Offiziere, die unter dem Eindruck der Revolution in Peru standen, vereitelte Velasco, ab 1968 wieder im Amt, Putschversuche rechter Offiziere; er wurde aber 1972 durch seine militärischen Anhänger abgesetzt, da diese dem Wahlsieg einer Mitte-Links-Allianz vorbeugen wollten.

Eine Militärjunta unter dem Oberbefehlshaber der Armee, Brigadegeneral

Rodríguez Lara, versucht seitdem, die unterschiedlich orientierten Gruppen im Offizierskorps zufriedenzustellen, woraus sich eine widersprüchliche und unentschiedene Politik ergibt. Einerseits gibt die Junta sich nationalistisch. Sie stärkt die staatliche Erdölgesellschaft CEPE, fördert die Industrialisierung über neue staatliche Unternehmen, besteht auf der »200-Meilen-Zone« und tritt neuerdings auch für die Schaffung einer Produzentenallianz zusammen mit den Bananenländern Zentralamerikas ein. Andererseits weicht sie einer Agrarreform durch Kolonisations- und Bewässerungsprogramme aus, gestattet hohe Luxusgüterimporte, tätigt Importe von Rüstungsgütern in bisher unbekanntem Ausmaß und nimmt den immer stärkeren Kaufkraftverlust bei der unteren Mittelschicht und der Unterschicht ohne Gegenmaßnahmen hin. Ebenso wie in Bolivien wird nur ein relativ geringer Teil der hohen Deviseneinnahmen aus Erdölexporten entwicklungsrelevant eingesetzt.

In Guatemala wurde General Ubico (1931-1944), ein Freund der USA und der United Fruit Company, von Hauptmann Arbenz, Mayor Arana, Geschäftsleuten und Studenten gestürzt. Die folgende demokratische Regierung Arévalo überstand trotz populistischer Tendenzen auf Grund der Unterstützung durch Teile der Streitkräfte zahlreiche Putschversuche konservativer Offiziere. Arbenz, 1950 zum Präsidenten gewählt, bemühte sich, die Armee von der Politik fernzuhalten, um ihre offene Spaltung zu verhindern, wurde jedoch, nachdem er einige gemäßigte Reformen, etwa im Agrarsektor, begonnen hatte, von Oberst Castillo Armas mit CIA-Unterstützung gestürzt. Trotz immer neuer Rebellionen von Offizieren und Partisanen gelang dem Militär eine Stabilisierung der Herrschaft der Landherren, da es intensiv von den USA unterstützt wurde und die progressiven Fraktionen der Bourgeoisie und der Mittelschicht angesichts bürgerkriegsartiger Zustände nach rechts rückten.

In El Salvador, wo seit 1948 Offiziere verschiedener Fraktionen, auch als Kandidaten politischer Parteien, um die Regierung streiten, gelang in den letzten Jahren zunächst eine politische Stabilisierung über konservative Gruppen des Militärs. In Honduras setzten sich zwischen 1972/73 und 1975 reformorientierte Offiziere durch, die über eine Agrarreform eine »Militär-Bauern-Allianz« gegen konservative Kräfte in den Streitkräften, Landherren, Industrie und Handelsbourgeoisie in San Pedro Sula zu schaffen versuchten, jedoch bald scheiterten. Panamas Nationalgarde vertritt weiterhin vor allem die Interessen der wenigen dominierenden Familien des Landes, entwickelte jedoch einen »Kanal-Nationalismus«.

In der Dominikanischen Republik und in Uruguay[40] besitzt das Militär bestimmenden Einfluß auf Zivilregierungen. Im ersten Land dauerte die »Era Trujillo« an. In den Wahlen von 1966 siegte Balaguer, nachdem US-Truppen angesichts der »Prädominanz kommunistischer Elemente«[41]

konterrevolutionäre Offiziere in Luftwaffe und Marine unterstützt hatten. Trotz offenen Ungehorsams von Offizieren und unzähligen Terrorakten rechter und linker Gruppen gelang dem Präsidenten eine gewisse Stabilisierung, indem er Bourgeoisie, Mittelschicht und Streitkräften über Luxusgüterimporte einen »americanised way of life« gestattete. Eine weitere politische Krise ist fast unvermeidlich, obwohl die Mechanismen der Systemstabilisierung des »Balaguerismo«, die denen Trujillos nicht unähnlich sind, noch greifen.

»Soziale Marktwirtschaft« in einem mittelgroßen Land

Zur Herrschaft des Militärs in Chile

In drei Ländern des »Cono Sur«, Argentinien, Chile und Uruguay, die zunächst auf Grund einer starken europäischen Einwanderung relativ günstige Entwicklungsbedingungen aufwiesen, war die populistische Phase besonders intensiv. Die Durchsetzung einer alternativen Industrialisierungsstrategie erwies sich schwieriger als in Brasilien, Mexiko oder Kolumbien, da die politischen Organisationen der Mitte und der Linken ein hohes Organisationsniveau besaßen und zudem nationale und sogar ausländische Unternehmen, an hohe Schutzzölle und konkurrenzlose Produktion gewöhnt, gegen jede »Öffnung nach außen« eintraten. Alle drei Länder gerieten in eine tiefe, bis heute anhaltende Krise, ohne daß die autoritären Regierungen, die sich seit Anfang der siebziger Jahre in ihnen durchsetzten, bisher eine auf ihre spezifische Entwicklungsproblematik zugeschnittene Strategie zu konzipieren vermochten. Am deutlichsten wird dies in Chile, wo ökonomisch inkompetente Offiziere zur »sozialen Marktwirtschaft« und zu Elementen der brasilianischen Industrialisierungsstrategie griffen. Sie gingen davon aus, daß ihr Land sich lediglich in einer anderen Industrialisierungsphase als Großraumwirtschaften wie Brasilien oder gar Industrieländer wie die Bundesrepublik Deutschland befände. Sie bedachten nicht, daß in einem mittelgroßen Land wie Chile auch eine starke Einkommenskonzentration keine ausreichende Kaufkraft für dauerhafte Konsumgüter und damit entsprechendes Interesse multinationaler Konzerne, die sich vor allem in diesem Bereich engagieren[42], an Investitionen schaffen kann.
Berater aus konservativen Wirtschaftsverbänden Chiles und von US-Hochschulen[34] empfahlen der Militärregierung einen extremen ökonomischen Liberalismus, wie er in diesem Land seit 1920 nicht mehr bestanden hatte. Beide Gruppen waren daran interessiert, die Einflußnahme des Staates in die Wirtschaft zu minimieren, die staatlichen Unternehmen, soweit wie

möglich, zu privatisieren, die Löhne drastisch zu senken und die sozialen Leistungen der Privatwirtschaft weitgehend abzubauen, also »günstige Investitionsbedingungen« für in- und ausländisches Kapital zu schaffen. Die Folgen waren in jeder Hinsicht verheerend. Erstens verlor der Staat – und damit auch das Militär – einen großen Teil seines Steuerungs- und auch Verhandlungspotentials nach innen und nach außen, während die Privatwirtschaft an der Inflation verdiente, ohne größere Neuinvestitionen zu tätigen. Das ausländische Kapital zögerte, sich zu engagieren, da die politische Lage ungeklärt blieb und die Brutalität des Militärs die internationale Isolierung des Landes verschärfte. Zweitens brach auf Grund der Einkommenskonzentration der ohnehin enge Inlandsmarkt für einfache Industriegüter zusammen, ohne daß über industrielle Exporte ein entsprechender Ausgleich geschaffen werden konnte. Drittens wanderten zahlreiche qualifizierte Arbeitskräfte ab. Kostspielige Programme zur Anwerbung ausländischer Fachkräfte wurden eingeleitet. Viertens wuchs angesichts des Unvermögens zur Lösung des ökonomischen Problems die soziale und politische Unruhe. Trotz extremer Devisenknappheit wurden zur Steigerung des Repressionspotentials die Militärausgaben verdreifacht. Das Einkommen von Streit- und Polizeikräften wurde erheblich erhöht, um zu gewährleisten, daß sie ihrer Aufgabe der Schaffung geeigneter politischer Bedingungen für den ökonomischen Liberalismus nachkamen.

Erste Umstellungen in der Wirtschaftspolitik wurden ab Anfang 1975 erforderlich. Wenn die konterrevolutionäre Offiziersgruppe sich an der Regierung halten will, obwohl sie für mindestens 75 bis 80 % aller Chilenen untragbar ist, wird sie versuchen müssen, die wichtigsten Wirtschaftsprobleme des Landes über staatliche Intervention zu lösen. Dabei wird sich jedoch das Problem stellen, daß die staatliche Bürokratie des Landes, traditionell nicht nur wichtiger Garant der politischen Stabilität und der Demokratie[44], sondern auch – im lateinamerikanischen Vergleich – qualifiziert und effizient, dem Militär hierbei nur noch sehr beschränkt zur Verfügung steht. Marxisten, Radikale und auch viele Christdemokraten wurden entlassen. Offiziere übernahmen selbst relativ unbedeutende Aufgaben in der Bürokratie, weswegen diese immer ineffizienter arbeitet. Der Umstand, daß von einer politischen Konsolidierung keine Rede sein kann, sondern sich allmählich eine breite, große Teile der Christdemokraten einschließende »Frente Antifascista« bildet, in der alle antiimperialistischen und antioligarchischen Kräfte zusammenarbeiten, wird eine ökonomische Konsolidierung immer mehr erschweren.

Chile bleibt ein Krisenland. Die Militärregierung vermochte die Krise nicht zu beenden, die sich aus dem Scheitern der Strategie autonomer kapitalistischer Industrialisierung und der folgenden Strategie nicht-kapitalistischer Entwicklung ergab. Sie hatte lediglich obsolete Vorstellungen des »Alessandrismo« und einen extremen Wirtschaftsliberalismus, wie er in den kapitalistischen Industrieländern seit langem nicht mehr besteht, anzubieten und setzte auf Gewalt statt auf Politik. Eine Fraktionsbildung im Offizierskorps ist wahrscheinlich, etwa zwischen rechtsradikalen Offizieren von Luftwaffe und Marine und dem Heer. Mittelfristig ist die Regierungsübernahme durch eine militärisch-zivile Mitte-Links-Regierung mit einem staatskapitalistischen Programm die einzige Alternative zu einem Bürgerkrieg.

Staatskapitalismus in einem mittelgroßen Land

Militärbürokratie und -technokratie in Peru

Abgesehen von Chile begann in den mittelgroßen Ländern Lateinamerikas der Industrialisierungsprozeß – und damit eine stärkere Klassendifferenzierung – erst nach dem Zweiten Weltkrieg. In Peru konnte sich aus diesem Grunde eine zunächst populistische und nationalistische Partei wie die APRA nicht durchsetzen. Zwei Versuche der gewaltsamen Regierungsübernahme, 1932 und 1948, scheiterten am Widerstand des Militärs, der zweite, obwohl er auch von einer Offiziersgruppe und Marineeinheiten aus Callao unterstützt wurde. Mit General Odría, einem Caudillo der Exportbourgeoisie in Landwirtschaft und Bergbau, wurde zwischen 1948 und 1956 noch einmal das traditionelle Modell internationaler Arbeitsteilung in Peru durchgesetzt – begünstigt u. a. durch den Korea-Rohstoffboom. Der mit APRA-Unterstützung 1956 gewählte Präsident Prado suchte angesichts des Preisverfalls der exportierten Rohstoffe die Zusammenarbeit mit der Rechten und den USA. Die APRA, die sich immer konservativer gab, siegte in den Wahlen von 1962. Das Militär setzte daraufhin Präsident Prado ab und übernahm selbst die Regierung. Aus den Präsidentschaftswahlen von 1963 ging Belaúnde, der Vorsitzende der gemäßigten Reformpartei Acción Popular, als Sieger hervor. Die Rückkehr zur Demokratie war eine Kompromißlösung auf Grund der ungeklärten Situation im Militär selbst. Zum ersten Mal hatten sich im Offizierskorps nationalistische Reformer durchgesetzt. Sie hatten aber die konservativen Generäle nicht ganz ausschalten können.
Belaúnde gab sich zunächst als Sozialreformer aus und propagierte nationalistische Parolen wie »Weder mit Washington noch mit Moskau«. Bald schlug er sich jedoch unter dem Druck der Rechten, der APRA und seiner eigenen Anhänger ins konservative Lager. Eine gemäßigte Agrarreform geriet ins Stocken. An die Stelle der Strukturreformen trat der Ausbau der materiellen Infrastruktur. Aufstände von Partisanengruppen (MIR, ELN) beschäftigten Regierung und Militär 1965 sieben Monate lang. Im Jahre 1968 war

eine Regierungsübernahme durch das Militär unvermeidbar geworden. Finanzminister Ulloa, US-Konzernen eng verbunden, hatte es ausländischen Banken ermöglicht, peruanische Bankinstitute zu übernehmen. Er hatte dem Erdölkonzern IPC, der sich mehrfach unrechtmäßig Steuererleichterungen gesichert hatte, erneut die Sanierung über staatliche Mittel erlaubt. Die Offiziere fühlten sich zudem von der Regierung, die ebenso wie Washington gegen den Kauf von 12 französischen Mirage-Kampfflugzeugen protestiert hatte, gedemütigt. Für die anstehenden Wahlen verblieb nur die APRA als Alternative. Diese hatte angekündigt, sie werde, einmal an der Regierung, die Streitkräfte strenger politischer Kontrolle unterstellen. Vor allem aber hatte sich gezeigt, daß es unmöglich war, über indirekte Einflußnahme eine demokratische Regierung zu entwicklungs- und reformpolitischer Wirksamkeit zu zwingen.

Inzwischen hatten sich nationalistische Offiziere in den Streitkräften durchgesetzt, die den Einfluß von Oligarchie und US-Unternehmen in Wirtschaft und Politik ablehnten[45]. Das Militär schien, so deutete Cotlers Begriff »populismo militar«[46] an, in diesem industriell schwach entwickelten Land die populistische Phase nachzuholen, die in weiter industrialisierten Groß- und Mittelstaaten bereits ihrem Ende zuging. Diese Ansicht erwies sich jedoch als unzutreffend. Die Offiziere stellten sich nicht an die Spitze einer vorhandenen populistischen Klassenallianz – wie etwa Major Arbenz in Guatemala. Sie versuchten auch nicht – wie Perón –, eine solche selbst zu schaffen. Der Klassenkampf sollte nicht über eine Mehrklassen-»Bewegung« – wie auch bei den Christdemokraten – aufgehoben werden, sondern durch eine drastische Agrarreform und eine Unternehmensreform, die den Arbeiter über die »Comunidad Industrial« Partizipation an Eigentum, Gewinn und Unternehmensführung sichert[47]. Die »Leitung der Massen«, so erklärte die Militärregierung noch 1975, stehe allein ihr zu. Politische Mobilisierung über Parteien, zum Beispiel der KP zugunsten der »nationalen Revolution« oder der APRA gegen die Militärregierung, wurde abgelehnt. Im Rahmen der »Revolution von oben« gab die Regierung Investitionen in der Wirtschaft eindeutig Vorrang vor solchen in sozialen Sektoren und zugunsten der Konsumsteigerung der Massen.

Das Militär versuchte nicht – wie noch die Regierung Belaúnde –, die traditionelle Strategie der Importsubstitution fortzuführen, sondern konzentrierte seine Industrialisierungsstrategie auf den Ausbau der staatlichen Grundstoffindustrie auf der Basis der Nutzung nationaler Ressourcen. Dem widerspricht nicht, daß während einer Übergangsperiode auf Grund der Kapitalknappheit, des Fehlens von Technologien und sich verstärkender Zahlungsbilanzprobleme über Konzessionsverträge neue Auslandsinvestitionen in beträchtlichem Umfang in Bergbau, Erdölförderung und Grundstoffindustrie getätigt werden. Eingeschränkt wurde das Privateigentum an Produktions-

mitteln durch die staatlich geförderte »propiedad social« (Sozialeigentum) sowie durch die »Comunidad Industrial« (»reformiertes Privateigentum«). Industrieunternehmen werden durch staatliche Maßnahmen gezwungen, international wettbewerbsfähige Betriebe zu errichten. Selektive Importsubstitution, u. a. über Integrationsabsprachen mit den anderen Ländern der Andengruppe, und industrielle Exportförderung werden miteinander kombiniert.
Die Entwicklungsstrategie des peruanischen Militärs erstreckt sich auf alle Bereiche der Gesellschaft, sie wird im Detail pragmatisch an die jeweiligen Gegebenheiten angepaßt. Die erste Phase der Strukturreformen, auf die sich die Offiziere 1968 im »Plan Inca« geeinigt hatten, konnte erst 1974/75 abgeschlossen werden. Die zweite Phase hoher Investitionen in Bergbau, Fischerei und Erdölbereich, in der eine günstige Devisenlage für die industrielle Entwicklung geschaffen werden soll, verzögerte sich und wird bis 1977/78 andauern. Aus diesem Grunde überschneidet sie sich mit der dritten Phase des Ausbaus der Grundstoff- und des Aufbaus einiger Investitionsgüterindustrien, wie der Zweite Entwicklungsplan von 1975 bis 1978 zeigt. Auch die Außenwirtschaftspolitik der Militärregierung geht davon aus, daß ein mittelgroßer Staat wie Peru, dessen Kapitalbildung vor allem über Rohstoffexporte aus Bergbau und Landwirtschaft erfolgt, für seine Industrialisierung zunächst auf eine qualitative Verbesserung seiner Devisenlage angewiesen ist – aus diesem Grunde auch das peruanische Interesse an regional- und produktbezogener Blockbildung gegenüber den Industrieländern.
Von Anfang an maßen die Offiziere der staatlichen Planung große Bedeutung zu. Erst sie institutionalisierten ein effizientes System nationaler Entwicklungsplanung. Sie stärkten das Instituto Nacional de Planificación (INP). Dieses erhielt die Verantwortung für die Erarbeitung einer mittel- und langfristigen Entwicklungsstrategie. In Ministerien und auf regionaler Ebene wurden Planungsbüros eingerichtet, die eng mit dem INP zusammenarbeiten. Noch ist allerdings die Wirksamkeit der Durchführung der Einzelpläne in einigen Sektoren, etwa Landwirtschaft oder Gesundheitswesen, recht gering. Außerdem führte das Militär eine Verwaltungsreform durch, die die Richtlinien-, Kontroll- und Koordinationskompetenz der Ministerien sowie deren Planungs-, Evaluierungs- und Inspektionskapazität erheblich ausweitete. Im Rahmen der Zentralisierung der Wirtschaftspolitik trat die Zentralbank entsprechende Kompetenzen an Ministerien ab.
In Peru sind die staatskapitalistischen Tendenzen stärker als in den übrigen Ländern Lateinamerikas. Staatsunternehmen bestehen in Bergbau, Großfischerei, Fischmehlindustrie und Düngemittelerzeugung, in der Stahl-, Zement- und Papierindustrie, im Zwischen- und Außenhandel. Unter staatlicher Kontrolle stehen auch Banken, Raffinerien oder Elektrizitätsgesellschaften. Zudem besitzt der Staat in zahlreichen Unternehmen eine Beteiligung. Die ökonomische Position des Staates wurde so stark, daß Wachs-

tumsimpulse praktisch nur noch von ihm ausgehen. Der Staat wurde zum wichtigsten Entwicklungsträger, weil die Absicht des Militärs, »von oben«, durch neue Rahmen- und Entfaltungsbedingungen, die nationale Industriebourgeoisie zu stärken und eine mittlere Agrarbourgeoisie zu schaffen, fehlschlug – ebenso wie vorher ähnliche Bemühungen in Argentinien unter Perón und in Chile unter Frei. Aus diesem Grunde erhielt im Zweiten Entwicklungsplan der Staat die Verantwortung für die weitere Industrialisierung in allen wichtigen Bereichen.

Quijano ging davon aus, eine politische Allianz von zwei sozialen Gruppen der Mittelschicht, Armee und technokratischer Bürokratie, sei entstanden. Sie besitze eine »relative politische und institutionelle Autonomie« innerhalb der bürgerlichen Ordnung, weil »keine der bürgerlichen Fraktionen mit hegemonialem Anspruch ... die notwendige Stärke« aufbringe, »sich gegenüber der anderen durchzusetzen, während die beherrschten Klassen ... auch noch nicht die notwendige Reife haben, um wirklich die Machtfrage zu stellen«. Vor 1968 sei der Staatsapparat Perus durch alle wichtigen Fraktionen der Bourgeoisie kontrolliert worden, »jedoch mit einer wachsenden Beteiligung der technokratischen Mittelschichten«. Nun finde eine »sozioökonomische Vereinheitlichung der Bourgeoisie« statt; die »sozialen Grundlagen der politischen Herrschaft der Bourgeoisie« würden eventuell verbreitert werden können. Folge der Wirtschaftsorganisation unter dem Militär sei »die Erweiterung der technisch-bürokratischen Gruppen der Mittelschicht und der kleinen und mittleren ländlichen Bourgeoisie sowie der kleinen und mittleren städtischen Handelsbourgeoisie«[48].

Drei Kernaussagen der Analyse Quijanos sind unzutreffend. Erstens war bis 1968 die »technokratische Bürokratie« – und erst recht die »technokratische Mittelschicht« – in jeder Hinsicht unbedeutend. Eine größere Staatsbürokratie entstand in Peru erst im Rahmen der Umsetzung des Programms der Militärregierung (Entwicklungsplanung, Aufbau staatlicher Wirtschaftsunternehmen, Strukturreformen, besonders im Agrarsektor, weitgehende Verstaatlichung des Erziehungs- und Gesundheitswesens usw.). Tonangebend ist in dieser Bürokratie eine noch immer zahlenmäßig kleine militärische und zivile Technokraten-Gruppe. Von einer »neuen Mittelschicht« kann noch keine Rede sein. Kennzeichnend ist, daß zu ihr jede nähere Angabe fehlt. Zweitens berücksichtigt Quijano nicht, daß gerade die Unmöglichkeit, eine starke »nationale und industrielle Bourgeoisie« aus der Retorte zu schaffen, einen immer heftigeren Gegensatz zwischen Bourgeoisie und USA einerseits und Militär andererseits produzieren würde. Dieser Konflikt brach Anfang 1975 offen aus. Drittens besteht eine »Tendenz des Militärregimes, die imperialistische Bourgeoisie in die Vorhaben des Staates einzubeziehen«[49], nur in wenigen, genau abgegrenzten Bereichen. Generalisierende Aussagen dieser Art verfälschen eher das Gesamtbild.

Die politische Krise seit Ende 1974 hat vier Ursachen: Erstens beschränkten sich die Offiziere auf eine »technokratische Lösung« des Entwicklungsproblems, wenn abgesehen wird von der Akklamation in Massenveranstaltungen im APRA-Stil und ersten Ansätzen zu einer ökonomischen Demokratie im Betrieb oder auf lokaler Ebene. Sie versuchten zu vermeiden, daß – wie in Chile – Sozialreformen von oben politischen und Konsumdruck von unten produzieren. Nach den heftigen Auseinandersetzungen zwischen kasernierter Polizei und Armee im Februar 1975, die die Unzufriedenheit der Mittelschicht mit dem Programm niedriger Löhne zugunsten hoher Investitionen in der Industrie aufdeckten, bemühen sich die Generäle nun um eine »politische Lösung«[50]. Sie begannen, eine politische Partei der Revolution aufzubauen, um eine Massenbasis zu gewinnen.

Zweitens ergaben sich schwierige ökonomische und soziale Übergangsprobleme. Bourgeoisie und ausländisches Kapital sahen von Investitionen in der Industrie ab. Der Staat vermochte kurzfristig keinen Ausgleich zu schaffen. Über die Agrarreform wurden nur 12 % der Landbewohner erfaßt. Das viel schwierigere Problem der Minifundisten ist nur über einen erheblichen Mitteleinsatz zu lösen. Eine strengere Kontrolle der Agrarkooperativen, vor allem im Zuckerbereich, erwies sich als erforderlich, weil dort hohe Erträge vornehmlich zu Konsumzwecken und kaum für Investitionen eingesetzt wurden. Gruppen der extremen Linken gelang es, Lohnforderungen von Arbeiter- und Bauerngewerkschaften durchzusetzen – nicht nur über Streiks, sondern auch durch Besetzungen. Der niedrige Kupferpreis verschärfte die Krise.

Drittens formierte sich ein starker Block gegen das Militär, dem die Restgruppe der Agraroligarchie, der größte Teil der Bourgeoisie, Teile der Mittelschicht, APRA, USA, Brasilien, Chile und Bolivien angehören. Es handelt sich um eine typische Allianz, die – in ähnlicher Zusammensetzung – bereits Reformregierungen in fast allen Ländern Lateinamerikas stürzte. Die USA betreiben in Peru eine Politik der »Entstabilisierung« wie zwischen 1970 und 1973 in Chile, diesmal jedoch, indem sie eine »demokratische Alternative« fördern. Die Militärregierung versucht, den offenen Bruch mit Washington zu vermeiden. Chile droht gelegentlich mit einem »Grenzkrieg« – auch um von internen Problemen abzulenken. Die politisch liberalen Gruppen der Mittelschicht, zum Beispiel Schriftsteller wie Vargas Llosa, fordern Pressefreiheit und die Bewahrung der Hochschulautonomie. Das Militär erklärt, es habe vor der Enteignung »keine Freiheit der Presse, sondern nur Freiheit der Unternehmen«[51] gegeben. Der Rechtsblock will vor dem bevorstehenden Erdölboom das Machtproblem lösen, zumal Peru, wenn dies nicht gelingt, einer der heftigsten Gegner der USA in der OPEC würde. Es fehlen noch konservative Offiziere, die bereit sind, sich an die Spitze der Konterrevolution zu stellen.

Viertens verstärkte sich auf Grund dieser Entwicklung die Fraktionsbildung im Militär. General Morales Bermudez, der Premierminister, tritt wie sein Vorgänger, General Mercado Jarrín, für eine gemäßigte Politik gegenüber Mittelschicht und USA ein. Sollte er Nachfolger des Präsidenten werden, würde die Revolution eventuell einen ähnlichen Weg wie die Mexikos gehen. Die Gruppe um Mercado Jarrín, die seit 1968 auf die Nachteile des »staatlich-bürokratischen Dirigismus« hinweist, gewann an Bedeutung, als 1974 Korruptionsfälle, Unregelmäßigkeiten und Schiebungen aufgedeckt wurden, in die Offiziere, Bürokraten und Privatunternehmen verwickelt waren. Die Gruppe der »Radikalen«, deren Linie vor allem von Bergbauminister General Fernandez Maldonado verteidigt wird, sitzt noch in Schlüsselpositionen. Präsident Velasco, dessen Position trotz Krankheit noch unbestritten ist, neigte bisher in vielen Entscheidungen dieser zweiten radikal nationalistischen und staatskapitalistischen Fraktion zu.
Voraussagen zur weiteren politischen Entwicklung in Peru sind schwierig. Das Militär wendet sich wie viele reformkapitalistische Gruppen in Lateinamerika gegen »importierte Modelle« – »kapitalistisch-individualistische Konsumgesellschaft« und »orthodoxen, doktrinären, weder nationalen noch peruanischen Kommunismus«. Es ging aber bisher viel konsequenter und systematischer als Zivilregierungen vor, die den »Dritten Weg« befürworteten. Seine Reformen setzten dort ein, wo Chiles Christdemokraten versagten, nämlich im Unternehmensbereich. Das Militär löste sich von der »liberalen Demokratie«. Es nahm baskische und jugoslawische Einflüsse ökonomischer Mit- und Selbstbestimmung auf.
Mit einer »Revolution von oben« kann sich aber eine Regierung – und sei es eine Militärregierung – in einem relativ unterentwickelten Land wie Peru gegen Bourgeoisie und Imperialismus nicht halten. Fraglich ist, ob eine ausreichend starke politische Mobilisierung der Massen zugunsten der Revolution über eine staatstragende Partei noch möglich ist. Die bisherige »Zwischenposition« des »Modelo Peruano« birgt verschiedene Lösungen in sich: die Rückkehr zu einer privatwirtschaftlich getragenen Industrialisierung über eine Konterrevolution, was gegenwärtig noch unwahrscheinlich ist; eine kapitalistische Entwicklung mit starken staatswirtschaftlichen Elementen; schließlich auch den Übergang zu einer nicht-kapitalistischen Strategie, wofür es zur Zeit wenig Anzeichen gibt.

Zur Militärherrschaft in einem großen und relativ weit industrialisierten Land

Argentinien zwischen ökonomischem Liberalismus und Peronismus

Den antiperonistischen Gruppen der Streitkräfte Argentiniens gelang es zwar, Perón zu stürzen; sie vermochten jedoch nicht, das Problem der politischen Reintegration des Peronismus zu lösen. General Lonardi, der Führer der »Revolución Libertadora« gegen Perón, ein konservativer Katholik, der zur Versöhnung mit den Peronisten bereit war, wurde noch 1955 durch den liberalen General Aramburu ersetzt, den später Peronisten ermordeten. Ab 1958 versuchte der Zivilist Frondizi, der mit den Stimmen der Anhänger Peróns gewählt worden war, den Peronismus allmählich in die bestehende politische Ordnung einzugliedern. Er stand unter permanentem Druck der Streitkräfte – wobei allerdings die zahlreichen Rebellionen von immer anderen Gruppen des disziplinlosen Offizierskorps vorgetragen wurden. Abgesetzt wurde Frondizi 1962, als in freien Wahlen die Peronisten mehr als die Hälfte der Sitze des Abgeordnetenhauses und die meisten Provinzregierungen, sogar die der Provinz Buenos Aires, gewannen. Da jedoch der größte Teil der Bevölkerung offen gegen die Interventionen des Militärs in die Politik protestierte, gestattete dieses Wahlen, die 1963 zum Regierungsantritt des Landarztes Illia führten. Um einen peronistischen Wahlsieg zu verhindern, übernahm 1966 General Onganía die Regierung, proklamierte eine »Argentinische Revolution«, zerschlug die demokratischen Institutionen und intensivierte die Repression, etwa über »Säuberungen« der Hochschulen. Nachdem er jeden Rückhalt in Bevölkerung und Militär verloren hatte, wurde er 1970 durch General Levingston abgelöst. Dieser wiederum wurde neun Monate später in einem Putsch ohne Truppenbewegung von General Lanusse, dem Oberbefehlshaber des Heeres, abgesetzt.
Zwischen dem überwiegend liberalen Militär, der Agrar- und Handelsbourgeoisie und dem Auslandskapital einerseits und peronistischen Gewerkschaften, nationalen Unternehmern, Teilen der Mittelschicht und Hochschulen andererseits bildete sich ein machtpolitisches Patt heraus, das Ursache des schnellen Wechsels militärischer und ziviler Regierungen war. Truppeneinheiten waren jederzeit in der Lage, einen Zivilisten oder Offizier an der Regierung zu stürzen, sofern sie sich in den Streitkräften selbst durchsetzen konnten. Das Militär war jedoch immer zu schwach, um gegen die peronistische Bewegung über einen längeren Zeitraum eine bestimmte, meist ökonomisch liberale und politisch konservative Politik durchhalten zu können. Die antiperonistischen Offiziere konnten sich aber auch nicht längere Zeit aus der Politik zurückziehen; sie übernahmen immer wieder die Regierung, um eine Rückkehr Peróns zu verhindern. Ihr Verhalten war bestimmt durch den

Schock, den sie ebenso wie die bürgerlichen Parteien 1946 erhielten, als Perón in freien Wahlen siegte – ein Schock, der dem der Rechten und des Militärs in Chile im Jahre 1970 ähnlich war.
Das Patt verschärfte die Auseinandersetzungen zwischen den Fraktionen im Militär derart, daß zeitweise bürgerkriegsartige Zustände herrschten. Bis 1955 waren Marine und Luftwaffe überwiegend liberal geblieben; im Heer dagegen, einem wichtigen Kanal sozialen Aufstiegs, hatten sich Offiziere durchgesetzt, die Landherren und Überfremdung bekämpften. Die nationalistische und populistische Offiziersgruppe wurde 1955 zurückgedrängt, jedoch nicht vollständig ausgeschaltet. Zunächst bildeten sich nach Peróns Sturz drei »Schulen« im Offizierskorps. Der Quedantismo trat für eine möglichst lange Hinausschiebung von Wahlen ein. Der Continuismo befürwortete eine mit dem Militär eng zusammenarbeitende Zivilregierung. Die »Fair-Play«-Gruppe war für die baldige Abhaltung demokratischer Wahlen. Zu der Fraktionsbildung entlang den Waffengattungen trat nun diejenige im Heer. Allmählich bildeten sich zwei große Koalitionen heraus. Die konservativen Colorado-Offiziere befürworteten eine Militärdiktatur. Die liberalen Azules traten für eine Rückkehr zur repräsentativen Demokratie und einen Rückzug des Militärs aus der Politik ein. Auch sie wollten allerdings einen Wahlsieg der peronistischen Bewegung nicht dulden. Beide Koalitionen besaßen enge Kontakte zu entsprechenden politischen Parteien. Die jeweilige zivile Opposition warb um Sympathien im Militär. Sie setzte meist eher auf einen Putsch als auf die nächsten Wahlen.
Das Militär war nicht einig und stark genug, um gegen das organisierte Proletariat eine Lösung des Machtproblems und adäquate politische und soziale Bedingungen für eine alternative Industrialisierungsstrategie durchzusetzen. Es vermochte nicht selbst die Massen zugunsten bestimmter Entwicklungsziele zu mobilisieren, wie es zum Beispiel Barrientos in Bolivien gelang, weil diese bereits organisiert waren. Es konnte aber auch nicht die Arbeiterschaft, die ein hohes politisches Bewußtseins- und Organisationsniveau besitzt, politisch ausschalten und dann über drastische Lohnkürzungen ein günstiges Klima für massive ausländische Direktinvestitionen schaffen – was dem Militär in Brasilien mühelos gelang. Besonders der Umstand, daß sich, waren Offiziere an der Regierung, immer wieder eine liberale Wirtschaftspolitik durchsetzte, verhinderte eine politische Reintegration oder eine allmähliche Zersplitterung und Auflösung des Peronismus. Gründe hierfür waren nicht nur das Perón-Trauma und die Furcht von Oligarchie, Teilen der Mittelschicht und Militär, im Falle der Rückkehr des Generals Privilegien zu verlieren. Vielmehr blieben im Agrarexportland Argentinien Agrar- und Handelsbourgeoisie wirtschaftlich stark und politisch einflußreich, obwohl die nationale Industrie bedeutender als in den übrigen Ländern Lateinamerikas war. Die nationalen Unternehmer gewannen unter anderem deswegen keinen

politischen Einfluß, weil sie aus heterogenen Einwanderergruppen stammten. Im Offizierskorps war die »liberale«, d. h. zugunsten der internationalen Bourgeoisie-Fraktion eintretende Gruppe stärker als die »konservativ-nationale« Gruppe, die Antikommunismus, ständische Orientierung und Kampf gegen Pornographie und Miniröcke mit einer entschieden proindustriellen Haltung verband. Charakteristisch war, daß sich – beeindruckt vom »brasilianischen Modell« – Offiziere immer wieder durch zivile Technokraten beeinflussen ließen, die mit importierten Modellen aus Industriestaaten operierten, welche in Argentinien gerade nicht – wie etwa in der BRD – in erster Linie der nationalen Industrie, sondern vielmehr agrarischen und ausländischen Wirtschaftsinteressen dienten. Zeitweise besaßen ökonomisch liberale Experten – wie auch in Brasilien bis und in Chile ab 1973 – einen bestimmenden Einfluß, so etwa Alsogaray, ein Anhänger der »sozialen Marktwirtschaft«, auch »Erhard Argentiniens« genannt. Dessen Politik, die von seinem Bruder und »bewaffneten Arm«, General Alsogaray, gestützt wurde, stellte zwar ausländische Kreditgeber und Investoren, Landherren und Export-Import-Unternehmen zufrieden, scheiterte jedoch ökonomisch und politisch unter den Regierungen von zwei Generälen, Aramburu und Onganía, und von zwei Zivilisten, Frondizi und Guido.

Besonders charakteristisch war der Wandel der Wirtschaftspolitik unter General Onganía. Dieser hatte sich am Anfang der sechziger Jahre gegen die Gruppe von Offizieren gewandt, die eine ständige Mitsprache in politischen Fragen verlangten. Als Oberkommandierender der Streitkräfte formulierte er 1963 die sogenannte »Doctrina de West Point«: »Keine Einmischung in die Politik, solange möglich; volle Übernahme der Regierungsverantwortung, wenn nötig«[52]. Einmal Präsident der Republik, bildete er zunächst ein Kabinett, dem vor allem gemäßigt nationale, sozialreformerische sowie ultra-nationalistische und korporativistische Katholiken angehörten. Diese Gruppe wurde unter dem Druck liberaler Offiziere um Alsogaray und Lanusse nach und nach entlassen. Zunächst gingen Zentralbankpräsident Tami und der Staatssekretär für Arbeit, Tamborenea. Tami, wichtigster Interessenvertreter der nationalen Industrie, forderte, die Stabilisierung nicht zur Voraussetzung der weiteren Wirtschaftsentwicklung zu machen, sondern über Steuervergünstigungen und eine Politik des »leichten Geldes« die Industriellen zu Investitionen zu ermutigen und erst nach Schaffung einer gewissen Konjunktur und von Vollbeschäftigung mit der Stabilisierung zu beginnen. Zugleich setzte er sich für eine »selektive Industrieförderung« zugunsten der argentinischen Unternehmen ein. Tamborenea unterstützte die Regelung von Preisen und Löhnen durch einen »sozialen Pakt« zwischen Unternehmern und Gewerkschaften. Wie Tami lehnte er jede weitere Senkung des Realeinkommens der Arbeiterschaft ab, das sich seit 1955 nicht mehr erhöht hatte. Der peronistische Gewerkschaftsverband, CGT, der zunächst die

Zusammenarbeit mit der Regierung gesucht hatte, ging nun auf Kollisionskurs.
Bald darauf traten General Pistarini, der peronistenfreundliche Oberbefehlshaber des Heeres, Wirtschafts- und Arbeitsminister Salimei, wie Tami Vertreter der Interessen der nationalen Industrie, und Innenminister Martínez Paz zurück. Letzterer, Antisemit und auch Gegner von Freimaurern und Marxisten, hatte den »comunitarismo«[53] propagiert, der zurückgeht auf den Franzosen Maurras (1868–1952) und nicht nur Mussolini beeinflußte, sondern auch ältere argentinische Offiziere der nationalistischen Linie, so Onganía selbst. Wirtschaftsminister wurde Krieger Vasena, ein pragmatischer Anhänger der Thesen Alsogarays, der das kurzlebige Experiment nationalistischer Wirtschaftspolitik beendete und zugleich eine Einfrierung der Löhne anstrebte. Die liberale Wirtschaftspolitik, die auch das Vordringen multinationaler Konzerne erlaubte, produzierte bald scharfe Reaktionen von Gewerkschaften und nationalen Industriellen. Der »Cordobazo«, eine Erhebung von Arbeitern und Studenten im Mai 1969, hätte beinahe die Regierung hinweggespült. Onganía wurde als meistgehaßter Offizier im Lande nun auch für das Militär untragbar. Dieses – uneinig und nun unsicher über die adäquate Wirtschaftspolitik – ernannte den farblosen und politisch unerfahrenen General Levingston zum Nachfolger des »konstruktiven Paternalisten« – wie sich Onganía nannte. General Lanusse bezeichnete bald öffentlich die neue Regierung als »peinliches Experiment«.
Spätestens seit dem »Cordobazo« war vielen Offizieren klar, daß in Argentinien eine uneingeschränkt liberale Wirtschaftspolitik zugunsten von Produzenten und Exporteuren von Fleisch und Getreide sowie des Auslandskapitals nicht mehr möglich war. Sie hatte die nationale Industrie dem Peronismus zugetrieben und die verschiedenen peronistischen Fraktionen geeint. Lanusse, selbst Sproß einer Latifundisten-Familie, versuchte nun, das Peronismus-Problem zu lösen und die innere Geschlossenheit der Streitkräfte zu sichern, indem sich das Militär aus der Politik zurückzog. Er nahm einen Wahlsieg der Peronisten in Kauf. Tatsächlich siegten in Präsidentschaftswahlen im März 1973 Cámpora, ein Mann der Mitte des Partido Justicialista, und im September 1973 Perón, »el lider«, selbst. Die Wahlen zeigten, in welchem Maße der ökonomische Liberalismus der Militärdiktatoren die Isolierung der Streitkräfte verschärft hatte.
Nachdem sie die Regierung verloren hatten, versuchten die Offiziere, wie ihre 5-Punkte-Erklärung vom Februar 1973 zeigt, eine militärische Aufsicht zur strikten Einhaltung der repräsentativen Demokratie zu etablieren – gegen die sie 43 Jahre lang verstoßen hatten. Die peronistische Regierung dagegen trachtete danach, ihre Autonomie nicht durch das Militär einschränken zu lassen, sondern dieses zunehmend politischer Kontrolle zu unterstellen. Zum Beispiel erließ sie ein »Gesetz zur nationalen Verteidigung«, durch

das an die Stelle des Nationalen Sicherheitsrates drei getrennte Einheiten traten, ein Sicherheitsrat, ein Nationaler Verteidigungsrat und die »Central Nacional de Inteligencia«, die analog zum »Nationalen Informationsdienst« Brasiliens aufgebaut wurde. Die Reform diente zugleich der Stärkung der Front gegen die linksperonistischen und marxistischen Revolutionäre. Das Militär kämpft seit Anfang 1975 gegen beide Gruppen. Es wird dabei durch rechtsperonistische »Todesschwadronen« unterstützt, die dem Polizeigeneral im Ruhestand, López Rega, dem einflußreichsten Mann in der Regierung Frau Peróns, nahestehen. Das »Revolutionäre Volksheer« (ERP) gewann besonders in der Provinz Tucumán Bedeutung, wo die Regierung Onganía im Rahmen ihrer liberalen Wirtschaftspolitik zahlreiche Zuckerfabriken schloß und damit ein umfangreichesl arbeitsloses Landproletariat schuf.
Perón selbst hatte die Guerilla-Bekämpfung der Polizei vorbehalten. Er wußte, daß über sie die Streitkräfte erneut stärkere politische Bedeutung gewinnen könnten. Tatsächlich sehen diese, vor allem jüngere Offiziere der Rechten mit politischen Ambitionen, dem Verschleiß der konzept- und strategielosen Regierung mit Genugtuung zu. Sie werden wahrscheinlich, sofern sich nämlich die politische und wirtschaftliche Lage nicht noch weiter zuspitzt, bis 1977 abwarten. Denn General Lanusse, der den politischen Abgang des Militärs vorbereitete, hofft, dann als Kandidat einer breiten Front vor Agraroligarchie, Industriebourgeoisie, Mittelschicht und mit dem Peronismus unzufriedenen Gruppen der Arbeiterschaft in demokratischen Präsidentschaftswahlen zu siegen.

Die Überwindung der Krise der sechziger Jahre und die Durchsetzung einer alternativen Industrialisierungsstrategie durch das Militär

Die Krise des Modells autonomer »Entwicklung nach innen«

Die »Krise der sechziger Jahre« in Lateinamerika, die sich bereits um die Mitte der fünfziger Jahre bemerkbar machte und ihren Höhepunkt zwischen 1964 und 1968 fand, resultierte aus dem Aufeinandertreffen von zwei Faktoren. Einmal verstärkten sich ab Mitte der fünfziger Jahre wieder die Bemühungen der kapitalistischen Industrieländer um eine intensivere Integration der Region in das internationale kapitalistische System. Zum andern ließ die Dynamik der »importsubstituierenden Industrialisierung« nach. Der Druck von außen zu einer Öffnung sowie das Beharren der populistischen Regierungen auf einer Strategie autonomer kapitalistischer Industrialisierung, die sich als unbrauchbar erwiesen hatte, lösten eine politische Krise aus, die in einigen Ländern bald Charakteristika einer Systemkrise annahm. Ohne die Interventionen des Militärs ab Anfang der sechziger Jahre wäre die Existenz des Kapitalismus in einigen Ländern Lateinamerikas, so in Chile, Uruguay und Bolivien, in Frage gestellt worden. In anderen Ländern, so in Brasilien und Peru, wäre eine Dynamisierung der kapitalistischen Industrialisierung sehr schwierig gewesen.

Auch in den Groß- und Mittelstaaten mit günstigen Bedingungen für den Aufbau einer einfachen Konsumgüterindustrie erschöpfte sich bald das national orientierte Industrialisierungsmodell, wie für Argentinien bereits angedeutet wurde. Ab Ende des Korea-Krieges sanken die Erlöse aus dem Export agrarischer und industrieller Rohstoffe ab, während die Preise für industrielle Produkte weiter stiegen. Zahlungsbilanz und Importkapazität vieler Länder verschlechterten sich. Eine Steigerung der inländischen Kapitalbildung gelang nur unzureichend. Die Bergbauproduktion, überwiegend in ausländischer Hand, und die Landwirtschaft, die von nationalen und ausländischen Großbetrieben kontrolliert wurde, entwickelten sich sehr langsam. Forschungsinstitutionen zu inländischer Technologieproduktion gab es selbst nicht in den großen Ländern. Die populistischen Regierungen kümmerten sich kaum um eine am Bedarf von Industrie und Landwirtschaft orientierte Qualifikation der Arbeitskräfte auf allen Ebenen. Die Erziehungssysteme expandierten, bildeten aber weiterhin auf traditionelle Werte und Berufe aus. Die Hochschulen blieben entwicklungsirrelevant[54]. Der industriellen Importsubstitution waren enge Schranken gesetzt, da die Industrie sich in erster Linie an der Nachfrage kaufkräftiger Schichten orientierte und der Binnenmarkt für einfache Massenkonsumgüter wegen der Einkommenskonzentration sehr eng blieb. Der ohnehin auf die Großstaaten, Brasilien, Mexiko und Argentinien, beschränkte Prozeß der Substitution von intermediären und Investitionsgütern verlor schnell an Dynamik. Die Industrie, gewöhnt an Schutzzölle, war international nicht wettbewerbsfähig.

Die Wirtschaftsentwicklung war gekennzeichnet durch planlose Entfaltung, geringe Wachstumsraten, Inflation und Monopolbildung, teils auf Grund des engen Binnenmarktes, teils gefördert durch hohe Schutzzölle, teils bedingt durch Absprachen der vordringenden multinationalen Konzerne. Sie hing ab von Erlösen aus dem Export eines oder weniger Rohstoffe und vom Import von Lizenzen, Know-how, Maschinen, Halbfabrikaten und Vorstoffen – beides zu nicht beeinflußbaren Weltmarktpreisen. Sie war belastet durch eine Überfremdung, die trotz Stagnation, oft wegen dieser, stark zunahm und eine schnell wachsende Auslandsverschuldung. Integrationsmaßnahmen hätten zumindest einige dieser Schwierigkeiten, etwa die Binnenmarktenge, verringern können. Sie stießen jedoch auf Hemmnisse. Die einzelnen Länder waren lange einseitig auf wenige Industriestaaten hin orientiert gewesen. Ihre Regierungen und besonders ihr Militär blieben verstrickt in die Vorstellung, zumindest gegenüber Nachbarländern nationale Größe vorzeigen zu müssen. Weitsicht besaßen vor allem ausländische Großunternehmen, die die günstigen Produktions- und Absatzbedingungen zu nutzen verstanden, die im Rahmen der Integrationsansätze entstanden.

Während ihres Engagements in Südostasien duldeten die USA die nationalistische und reformkapitalistische Entwicklung in Ländern Lateinamerikas, so in Peru und Chile, und nahmen sogar den Regierungsantritt Präsident Allendes hin. Gerade angesichts der politischen Entwicklung in anderen unterentwickelten Gebieten der Welt aber entdeckten die USA, Westeuropa und nun auch Japan, Kanada und sogar Südafrika die strategische Bedeutung Lateinamerikas als Ergänzungswirtschaft, nicht nur als Rohstoffreservoir, sondern auch als Markt und Gebiet industrieller Expansion. Es ist wahrscheinlich, daß die kapitalistischen Industriestaaten, sofern sie an Einfluß im Fernen und Nahen Osten verlieren und sich die Katastrophentendenzen im indischen Subkontinent verschärfen, ein immer intensiveres ökonomisches, aber auch politisches und militärisches Engagement in Lateinamerika, ihrer wichtigsten, gegenwärtig quasi-konsolidierten Einflußzone, eingehen werden. Zu untersuchen wäre, ob auch ein generelles Absinken der Gewinnspannen in den kapitalistischen Industriestaaten in den sechziger Jahren dazu beitrug, daß der internationale Kapitalismus in Lateinamerika seine traditionelle Dynamik wiedergewann. Jedenfalls haben die Investitionen der Industrieländer in den großen und einigen mittelgroßen Ländern der Region besonders im Industriesektor Größenordnungen erreicht, die noch vor wenigen Jahren undenkbar waren. Die explosionsartige Zunahme der Nachfrage nach Agrarprodukten führte zur Modernisierung nicht nur von »Enklaven«, sondern von großen Agrarregionen. Die USA und die von diesen beeinflußten internationalen Entwicklungsbanken, vor allem die Weltbank und die Interamerikanische Entwicklungsbank, konzentrieren einen großen Teil ihrer Mittel auf einige strategisch wichtige Länder Lateinamerikas, vor allem Brasilien.

In der Krise der sechziger Jahre zerbrach der populistische Pakt zwischen Teilen der industriellen Bourgeoisie, Mittelschicht und Arbeiterschaft. Angesichts des wachsenden Druckes von rechts und links gelang es der politischen Mitte, etwa den Christlich-Demokratischen Parteien, immer weniger, ihre Basis zu verbreitern. Industrielle Bourgeoisie und Mittelschicht, die ihre Angewiesenheit auf Kapital, Technologie und Militärhilfe der USA konstatierten, verzichteten zugunsten der Sicherung von Existenz und Wohlstand auf eine autonome Industrialisierung. Sie zeigten ebenso wie die konservati-

ve Bourgeoisie Interesse an der Beseitigung der liberalen Demokratie durch genehme Offiziere, zumal sich in einigen Ländern breite antioligarchische und antiimperialistische Fronten bildeten. Zwei neue Klassenfraktionsallianzen entstanden. In der geeinten Bourgeoisie, deren Verschmelzungstendenzen Kossok mit dem Begriff »preußischer Weg«[55] kennzeichnete, war nun der proindustrielle Flügel tonangebend. Dies erleichterte Gruppen anderer Schichten die Anlehnung. Das Kleinbürgertum sah sich durch die Verschärfung des Distributionskampfes angesichts geringen Wirtschaftswachstums gefährdet. Teile der »Arbeiteraristokratie« standen unter einem wachsenden Druck der »industriellen Reservearmee«. In der anderen Allianz von Klassenfraktionen schlossen sich Gruppen der Mittelschicht, besonders öffentliche Angestellte, Proletariat und Subproletariat, zusammen. Im Unterschied zu den »Volksfronten« der dreißiger und vierziger Jahre trat diese Allianz für einen nicht-kapitalistischen Weg der Entwicklung ein.
Die Polarisierung war in den Ländern mit intensiver populistischer Phase auf Grund der stärkeren politischen Bewußtseinsbildung der Mittel- und Unterschicht besonders ausgeprägt. Das politische Patt verhinderte eine Stärkung von Autorität des Staates und Kompetenzen der Exekutive. Keine Regierung war mehr machtpolitisch in der Lage, ihre Entwicklungspolitiken ohne verwässernde Abstriche durchzusetzen; keine konnte mehr ausreichend Investitionen für die Umsetzung ihrer Programme aufbringen. Entwicklungsstrategisch relevante mittel- und langfristige Investitionen, die zur Überwindung der Krise erforderlich waren, konnten nicht getätigt werden, da die Exekutive auf Interessenverbände reagierte statt zu regieren. Der Minimalkonsens über die politischen Institutionen, in deren Rahmen weder regierungsfähige Mehrheiten geschaffen noch die steigenden Konsumerwartungen befriedigt werden konnten, zerbrach. Die kostspieligen Strukturreformen schufen zwar einige wichtige Entwicklungsvoraussetzungen, setzten aber auch lang akkumulierte soziale Explosivkräfte frei, ohne auf Grund mehrjähriger Ausreifungszeit zum wirtschaftlichen Wachstum beizutragen. Auch die Gruppen, die im Rahmen dieser Reformen politisch relevant wurden, so die Landarbeiter, kanalisierten ihre Forderungen auf die schwächste Stelle im System, auf den Staat, hin.
Das Klassenkampf-Patt löste eine »Hegemonie-Krise«[56] aus, da in vielen Fällen keine der Klassenfraktionsallianzen stark genug war, die andere politisch auszuschalten. Politische Partizipation, von den populistischen Regierungen noch gefördert, schlug zunehmend in »violencia« extremer rechter und linker Gruppen um. Auch demokratische Kräfte der schrumpfenden Mitte kritisierten die liberaldemokratischen Institutionen. Zum Beispiel forderte Bosch, der von Offizieren gestürzte Präsident der Dominikanischen Republik, eine »Diktatur mit Volksunterstützung«. In Chiles Christlich-Demokratischer Partei wurden zwei Modelle diskutiert. Die rechte Frei-

Gruppe spielte mit dem Gedanken einer »Demokratie mit limitierter« oder sogar »kontrollierter Partizipation«. Eine starke Exekutive sollte eine eindeutige Festlegung der Interessengruppen auf Investitionen und Wirtschaftswachstum erlauben. Jedoch sollten gleichzeitig die Grundbedürfnisse der ärmsten Schichten befriedigt werden. Der Tomic-Flügel schlug eine »Demokratie mit Volkspartizipation« vor. Diese sollte Elemente der »ökonomischen Demokratie« besitzen, welche von der Unidad Popular propagiert wurde[57]. Die demokratischen Kräfte, welche das national orientierte Entwicklungsmodell getragen hatten, scheiterten nicht an einer Intervention des Militärs in die Politik. Sie waren gescheitert, als sie durch das Militär abgelöst wurden. Insofern ist es wenig sinnvoll, das Militär als »obstacle to the achievement of democracy«[58], als »eigentliche Ursache der politischen Instabilität lateinamerikanischer politischer Systeme«[59] anzusehen. Lieuwen vertrat sogar die Ansicht, die Wirtschaftsentwicklung würde die Professionalisierung, diese die Eliminierung des »Militarismus«, die wiederum das wirtschaftliche Wachstum fördern[60]. Gerade die konservativen Zivilregierungen, die das Militär seit Mitte der fünfziger Jahre etablierte, vermochten aber die industrielle Entwicklung nicht zu beschleunigen. Die entscheidende Frage war, welcher der Klassenallianzen, die sich damals herausbildeten, es gelingen würde, ausreichend Gewalt zu mobilisieren, einmal über paramilitärische Gruppen, zum andern im Militär, um die Gegenseite politisch auszuschalten, die traditionellen demokratischen Institutionen zu beseitigen und eine alternative Industrialisierungsstrategie zu etablieren.

Die Überwindung der Hegemonie-Krise durch das Militär

Die Interventionen des Militärs in die Politik seit Anfang der sechziger Jahre besaßen nicht nur wegen der Krise, sondern vor allem wegen des Wandels in den Streitkräften selbst Charakteristika, die wesentlich von denen in der ersten Interventionsperiode von 1930 bis 1954/55 abwichen. In dieser haben Offiziere zum Scheitern des Modells autonomer Industrialisierung beigetragen. Sie waren »unterentwickelt« wie die übrigen potentiellen Entwicklungsträger. Sie besaßen nur in wenigen Fällen Vorstellungen über adäquate Entwicklungsstrategien für ihre Länder. Wenn auch Offiziere wie Perón wichtige Grundlagen für die weitere industrielle Entwicklung ihrer Länder legten, ihre Förderungsmaßnahmen zugunsten der nationalen Industrie waren zu einem beträchtlichen Teil unwirksam, ihre finanziellen Manipulationen ruinös, ihre Nationalisierungen zu einem großen Teil entwicklungsirrelevant. Sie vermochten nicht, den Staat zu einem wirksamen Entwicklungsapparat umzuformen, weiteten jedoch die öffentliche Bürokratie zügellos aus. Sie

stellten erhebliche Mittel für den Bau von Regierungspalästen, Verwaltungsgebäuden und Universitätsstädten sowie für kostspielige Sozialgesetze zugunsten ohnehin relativ privilegierter Gruppen zur Verfügung, statt energisch den Akkumulationsprozeß zugunsten der Wirtschaftsentwicklung zu fördern und gezielt Grundbedürfnisse zu befriedigen.
Sie machten den Verteidigungshaushalt zum wichtigsten Bestandteil des Gesamtbudgets, erhöhten drastisch den Mannschaftsbestand ihrer Truppen und noch drastischer das Einkommen der Offiziere. Letzteres war einschließlich der Vergünstigungen aller Art in Argentinien zeitweise erheblich höher als in den USA. Sie gaben zudem einen nicht unbeträchtlichen Teil der Devisen ihrer Länder für die Modernisierung der Ausrüstung der Streitkräfte aus[61]. Zugleich bereicherten sie sich und ihre Mitarbeiter illegal derart, daß ihre »parasitäre Aneignung« öffentlicher Mittel die industrielle Entwicklung beeinträchtigte, nach dem – überzogenen – Urteil einiger Autoren sogar stark behinderte[62]. Das auf eine Person bezogene, caudillistische Herrschaftssystem begünstigte Korruption, Diebstahl, Vergeudung und »übermäßigen Verbrauch«[63] öffentlicher Mittel. Dies wiederum trug dazu bei, daß sich populistische Offiziere oft schnell von ihren ursprünglichen Zielsetzungen entfernten.
Zum Wandel im Offizierskorps und in den gesamten Streitkräften seit Anfang der sechziger Jahre trugen erheblich die erwähnte moderne Ausbildung und Ausrüstung auf die Systemverteidigung nach innen durch die USA – zunächst zur machtpolitischen Absicherung und Kontrolle der reformkapitalistischen Regierungen als »a second-line police force« – und die intensive entwicklungspolitische, planerische und polytechnische Schulung von Offizieren bei. Letztere erfolgte zum Beispiel über das Colegio de Altos Estudios Militares (CAEM) in Lima, dessen Kurse damals von der Ideologie der »Allianz für den Fortschritt« geprägt waren. Im Rahmen dieser Maßnahmen wurden die Streitkräfte vieler Groß- und Mittelstaaten Lateinamerikas zu kohärenten, festen, disziplinierten und technisch versierten Institutionen. Abgesehen vom Militär in Peru, das ab 1968 Strukturreformen durchzuführen begann, machten sie die Veränderung der Lateinamerika-Politik der USA ab 1964/65 mit. Ihre politische Homogenität verstärkte sich, indem nun reformkapitalistisch orientierte Offiziere ausgeschaltet wurden. Die Bedeutung des Militärs als innenpolitischer Faktor, die nach 1955 abzunehmen schien, wuchs auf Grund der Militärhilfe der USA, der Entwicklungsorientierung von Offizieren an Militärakademien und – in Argentinien und Uruguay – an Universitäten, dem intensiveren Vordringen in extramilitärische Bereiche, so über »civic action«-Programme, vor allem aber durch den militärischen Einsatz in der Systemkrise der sechziger Jahre.
Angesichts der Schulung der Streitkräfte in »counter insurgency«-Methoden und zunehmend auch an technologisch modernsten Waffensystemen haben

sich – wahrscheinlich langfristig – die Bedingungen für den bewaffneten Kampf revolutionärer Gruppen in Lateinamerika erheblich verschlechtert. Die Chancen von Systemgegnern, unter gegebenen Bedingungen ausreichend Anhänger zu mobilisieren, zu organisieren und auszurüsten, um einen bewaffneten Aufstand bestehen zu können, sind auf Grund des wachsenden »Bewaffnungs-Ungleichgewichts« angesichts der militärisch-technischen Innovationen gering, sofern nicht zumindest eine Weltmacht einen solchen Aufstand über die Lieferung von Rüstungsgütern unterstützt. Allende fragte Debray: »Wie viele Personen sind erforderlich gegen einen Tank?« Nachschubprobleme, für die Linke fast unlösbar, u. a. da der militärisch-logistische Apparat der UdSSR bis in die achtziger Jahre nur bis etwa Kuba reichen wird, bestehen für das Militär angesichts immer schnellerer Versorgungsmöglichkeiten aus den USA nicht. Schon deswegen sind in Lateinamerika gegenwärtig nicht »viele Vietnams« produzierbar. Die Schlagkraft der Streitkräfte macht zunächst direkte US-Interventionen militärischer Art – wie zuletzt 1965 in der Dominikanischen Republik – überflüssig. Die Klasse, die die Streitkräfte auf ihrer Seite hat, ist unvergleichlich stärker als noch in den fünfziger Jahren. Eine wichtige politische Veränderung ohne Beteiligung von zumindest einem Teil der Streitkräfte ist kaum möglich – der »Kampf um das Heer« damit entscheidend.

Die Krise der sechziger Jahre hatte bei vielen Beobachtern den Eindruck erweckt, Lateinamerikas Kapitalismus sei ein immobiler Papiertiger ohne weitere Entfaltungsmöglichkeiten. Revolutionstheoretiker und -strategen konzentrierten sich auf verkürzte militärische Aktionen[64]. Peking bezeichnete den Subkontinent als eines der »Sturmzentren der Weltrevolution«. Opportun und kurzfristig wirksam schien den Dependenztheoretikern die Sequenz »Abhängigkeit – Unterentwicklung – Stagnation – Zusammenbruch – Revolution« zu sein. Die politische und revolutionstheoretische Attraktion der Dependenztheorie bestand in der Interpretation von Oberflächen- und Übergangsphänomenen als Zusammenbruchs-Charakteristika. Ein ähnlicher Irrtum lag bei Marx vor, als er die Zusammenbruchsthese formulierte, indem er die Geburtswehen einer neuen Gesellschaftsordnung mit den Todeszuckungen der alten verwechselte. Er schrieb jedoch nach 1848: »Mit dieser Niederlage tritt das Proletariat in den *Hintergrund* der revolutionären Bühne«[65].

Die Revolutionsliteratur aus und über Lateinamerika, die Westeuropas Markt mehrere Jahre überschwemmte, täuschte darüber hinweg, daß gerade in dieser Zeit die ohnehin zersplitterte marxistische Linke der Länder des Subkontinents durch vorbeugende Maßnahmen von Militär und Polizei und staatlich geduldete rechtsradikale Mordkommandos systematisch ausgeschaltet wurde, so schließlich auch in Chile ab 1973 und in Argentinien ab 1974. In Lateinamerika entstand ab 1961/62 für viele Jahre eine neue politische

Konstellation, da in immer mehr Ländern die Streitkräfte das Machtproblem eindeutiger lösten, als dies jemals seit den zwanziger Jahren geschehen war, und selbst die Regierung übernahmen. Die Überwindung der Krise der politischen Hegemonie und der institutionellen Ordnung war eine wesentliche Voraussetzung zur Überwindung der ökonomischen Krise ab Ende des Korea-Krieges, die sich damit als Periode der Durchsetzung einer alternativen Industrialisierungsstrategie und nicht als »revolutionäre Krise« erwies, wenn man Kubas Entwicklung unberücksichtigt läßt.

Schaffung adäquater politischer Bedingungen für die neue Industrialisierungsstrategie

Durch die Regierungsübernahme des Militärs wurde die Schaffung adäquater ökonomischer, sozialer und politischer Bedingungen für die neue Industrialisierungsstrategie möglich – Bedingungen, die sich wesentlich von denen unterschieden, die sich im Rahmen von »Cepalismo«, »populismo« und »desarrollismo« entwickelt hatten. Voraussetzungen der neuen Strategie waren die politische Ausschaltung der Kräfte, welche die Strategie »importsubstituierender Industrialisierung« getragen hatten, und die Liquidierung der liberaldemokratischen Institutionen, die außer der Durchsetzung partikularer Interessen der Aushandlung immer neuer, meist konsumorientierter Privilegien für Bourgeoisie, Mittelschicht und organisiertes Proletariat gedient hatten. Die bürgerlichen Freiheiten wurden beseitigt. Die Partizipationsinstrumente, die Proletariat und Mittelschicht seit Anfang des Jahrhunderts erkämpft hatten, wurden aufgelöst oder umfunktioniert.
Wichtigste politische Bedingung war die Etablierung einer neuen militärisch-politischen Ordnung. Die »kommissarische Militärdiktatur« der ersten Periode politischer Intervention des Militärs in diesem Jahrhundert hatte der Wiederherstellung, Aufrechterhaltung oder Reform der institutionellen Ordnung gedient. Wenn Offiziere eine zivile Regierung durch eine andere, ihrer Ansicht nach geeignetere ersetzten und als »letzte Instanz« der Innenpolitik oder als »Schiedsrichter« zwischen Parteien und Klassen in die Politik intervenierten, bezogen sie ihre Legitimation aus der Verteidigung der bestehenden Verfassung. In der Praxis griffen sie entweder zugunsten der Aufrechterhaltung der Herrschaft der traditionellen Agrar- und Handelsbourgeoisie in die Politik ein, also über »prätorianische Diktaturen«, wie etwa in Guatemala 1954, oder aber zugunsten der Interessen von proindustriellen Allianzen an sozialen Reformen und national orientierter Wirtschaftsentwicklung. In beiden Fällen aber stellten sie die bestehende politische Ordnung nicht grundsätzlich in Frage. Entweder schufen sie transitorische Diktaturen, also

zeitlich befristete Übergangslösungen wie in Peru 1962/63; oder der jeweils »starke Mann« suchte die Unterstützung von Parteien oder bestimmten Bevölkerungsgruppen, um über Wahlen eine »konstitutionelle Regierung« zu bilden.

In der zweiten Periode veränderten sich die Anforderungen an das Militär und entsprechend dessen Zielsetzungen. Die institutionelle Krise, die den Verlust des Konsens zwischen den Klassen über die politische Ordnung widerspiegelte, sowie die ökonomische Krise des Modells nationaler Industrialisierung erzwangen neue politische Lösungen. Zudem war in vielen Fällen ein Eingriff des Militärs erforderlich, weil Integrität und Bestand der Streitkräfte selbst bedroht waren, so in Brasilien vor 1964 und in Chile vor 1973. An die Stelle der korrektiven Intervention trat infolgedessen die »souveräne Militärdiktatur«, die ein uneingeschränktes und unbefristetes Machtmonopol für die Streitkräfte beanspruchte. Sie gab sich betont »antilegalistisch« und hob Grundrechte, Kongreß, Parteien und Wahlen auf. Sie legitimiert sich durch »Effizienz« bei der Erzwingung »nachholender« Industrialisierung und entsprechender Veränderungen von Staat, Gesellschaft und Außenbeziehungen. Ihr Ziel ist nicht mehr »politisch« im engeren Sinne, sondern besteht in der Umsetzung einer langfristig angelegten »ökonomischen Lösung«. Daher die vollständige Kontrolle des Staates durch das Militär, Stärkung des Zentralismus und Aufbau einer starken Exekutive statt eines »starken Mannes«.

Die Einmann-Regierung des Caudillo mit oder ohne Charisma wurde ersetzt durch die »kollektive Diktatur« einer militärischen Führungsgruppe, die eine Kontrolle des Junta-Chefs oder Präsidenten erlaubt und den Ausgleich konzeptioneller oder taktischer Differenzen zwischen einzelnen Fraktionen erleichtert. Das Offizierskorps als Institution macht Politik. Anzumerken ist, daß zum Beispiel in Argentinien – abzüglich der Offiziere im Dienstleistungswesen der Streitkräfte, etwa Ärzte oder Richter – ungefähr 6000 Offiziere aktiv sind, 3500 des Heeres, 1300 der Marine und 1200 der Luftwaffe, darunter etwa 90 im Generalsrang, 40 Heeres- und 30 bis 55 Luftwaffengeneräle sowie 10 bis 15 Admiräle.[66] In Peru wurde 1968 eine von den drei jeweiligen Oberkommandierenden gebildete Junta, ergänzt durch den dienstältesten General, oberstes Organ kollektiver Führung. Gemäß des Anciennitätsprinzips wurde General Velasco Präsident. Der Heereschef ist laut Statut Premier. In Argentinien gelang es erst General Lanusse, sich der Kontrolle durch seine Kollegen teilweise zu entziehen, indem er – im Gegensatz zu Onganía und Levingston – als Präsident Oberbefehlshaber des Heeres blieb.

Nun erst wurde der Aufbau eines Systems institutionalisierter Repression möglich. Die »represión a medias«, die sporadische, vorwiegend reaktive Repression, meist gegen einzelne Personen und Organisationen, typisch für den relativ schwachen »liberalen« Staat Lateinamerikas, gescheitert etwa in

Argentinien unter Militärdiktator Onganía, wurde ersetzt durch eine geplante und gezielte, vorwiegend präventive, permanent im ganzen Lande wirksame Repression des autoritär-militärischen Staatsapparates. Die neue Repressionsform, u. a. wirksam, wie sich in Uruguay, Brasilien oder Chile zeigte, durch selektive Folter, wird kanalisiert über technologisch modern ausgerüstete Geheimdienste und einen neuen Typ der politischen Polizei. Verstärkt wird sie durch strikte staatliche Informationskontrolle sowie eine benebelnde Regierungspropaganda. Sie basiert u. a. auf sozialwissenschaftlichen Untersuchungen über die Kontrolle von politischen und sozialen Variablen. Möglich wird sie durch militär-, kommunikations- und sozialtechnische Innovationen der Industriestaaten.
Ersatz für den Klassenkampf ist nach dem Willen des Militärs ein staatlich propagierter »Nationalismus«, der durchaus Teile der Mittel- und Unterschicht erfaßt und gelegentlich auch der Stärkung von Regierungspositionen gegenüber ausländischen Interessen dient, in erster Linie jedoch gegen die marxistischen Organisationen gerichtet ist. Verbalpatriotismus, in Chile seit Mitte 1973 gegen »Agenten des Kommunismus« aus dem übrigen Lateinamerika geschürt, oder Großmachtchauvinismus, in Brasilien verwoben mit einer Nationalideologie der »besseren Zukunft für alle«, oft auch ein Oberflächen-Revolutionarismus, so vor allem in Panama oder Honduras, teilweise auch in Peru, sollen die Massen über ihre Lage hinwegtäuschen. Der Versuch des Militärs, allmählich offene Gewalt durch indirekte politisch-soziale Dominationsformen zu ersetzen, nährt den »corporativismo«[67], die vertikale Organisation der Gesellschaft, die Vertretung der Arbeiterschaft durch die Unternehmerverbände, den »Gremialismo« und ständestaatliche Tendenzen. Ohne Erläuterung, die dieser spezifischen komplexen Kombination entspricht, ist jedoch die Übertragung des Begriffs »Faschismus« wenig sinnvoll.
Auch die souveräne Militärdiktatur bildet nur in ihrer ersten Phase nach außen eine geschlossene Front, und zwar solange, wie die Fixierung auf Feindbilder, vor allem eine »kommunistische Gefahr«, durchgehalten werden kann. In dieser Phase besitzt das Militär einen hohen Grad an Selbständigkeit gegenüber zivilen Gruppen. Zusammen mit der staatlichen Bürokratie bildet es einen relativ autonomen Faktor. Gerade eine gewisse »bonapartistische« Entfremdung des Militärs und des Staates von der übrigen Gesellschaft garantiert eine relativ starke institutionelle Unabhängigkeit der Streitkräfte und der Exekutive sowie die »Einheit der Aktion«. Das Militär propagiert, es vertrete keine Klassen- und Gruppeninteressen. Es bietet eine »technokratische Lösung« für das Entwicklungsproblem an, besetzt selbst politische und wirtschaftliche Führungspositionen und verhält sich so, als ob die gesamte Gesellschaft manipulierbar sei. Bald zeigt sich jedoch, daß es sich dieser nicht zu entziehen vermag. Militärdiktaturen haben in keinem Land Lateinamerikas die Auseinandersetzungen über Ordnung und Entwicklung aufheben

können. Diese verlagerten sich vielmehr aus Parteien und Parlamenten in die Streitkräfte selbst. Gerade weil Offiziere die Regierung stellen, zeigt sich immer deutlich die »non-insularité de l'Armée«[68] und das gesellschaftliche Beziehungsgeflecht, in dem diese operiert.

Die Fraktionsbildung im Militär angesichts spezifischer personeller und korporativer Interessen und unterschiedlicher in- und ausländischer politischer und wirtschaftlicher Einflüsse wird in der zweiten Phase militärischer Herrschaft intensiver und zudem nach außen offener. Die Gruppe um General Albuquerque Lima zum Beispiel wandte sich gegen die ökonomisch liberale, konzernfreundliche Politik der regierenden Fraktion in Brasilien; Perus Marine dagegen verurteilte den »antiliberalen« Kurs der Regierung Velasco usw. Die Fraktionen sind allerdings meist keine festgefügten politischen Blocks, sondern lockere »Tendenz-Gruppen«. Ist die eingeschlagene Wirtschaftsstrategie erfolgreich, ergeben sich Differenzen einmal über Ordnungsfragen, zum andern auf Grund der Tätigkeit der Offiziere in unterschiedlichen Bereichen, etwa im staatlichen Wirtschaftssektor oder in der öffentlichen Verwaltung. Zum Beispiel versucht in Brasilien die Gruppe der Offiziere der »harten Linie«, Präsident Geisel zu zwingen, seine Politik vorsichtiger politischer Öffnung aufzugeben. U. a. will sie verhindern, daß Offiziere als Verantwortliche der brutalen Repressionspolitik der Militärregierungen nach 1964 zur Verantwortung gezogen werden! Bleibt der Erfolg aus, muß die Führungsgruppe die Regierung an eine andere militärische Fraktion oder an die stärkste zivile Gruppe abgeben, so etwa in Argentinien, oder aber die Repression verschärfen, so in Chile in den letzten Jahren. Im zweiten Fall pflegt sich die intra- und internationale Isolierung des Militärs zu vertiefen. Die Fraktionsbildung in den Streitkräften wächst. Die Regierungsgruppe liquidiert auch ihre militärischen Gegner, um sich halten zu können. Ihr Scheitern ist mittelfristig unausweichlich. In beiden Fällen wird allmählich nach außen sichtbar, daß die regierende Fraktion unter Erfolgszwang steht. Vor allem in den relativ weit industrialisierten Ländern steht sie unter dem Druck alternativer Fraktionen, sich durch eine Beschleunigung der Wirtschaftsentwicklung auszuweisen.

Verschiedene Faktoren bewirken, daß das Militär bzw. Militärfraktionen beginnen, sich Rückhalt in der Bevölkerung zu sichern. Fraktionen verbreitern auf diese Weise gegenüber rivalisierenden Gruppen im Offizierskorps ihre Basis. Oft scheint es dem Militär erforderlich, Gegengewichte zu den Wirtschaftsverbänden zu schaffen, mit denen es zur Umsetzung seiner Wirtschaftspolitik zusammenarbeitet. Die Stärke in- und ausländischer Gegenkräfte zwingt das Militär dazu, sich eine politische Basis zu schaffen, um seinen Verhandlungsspielraum nach innen und außen auszuweiten. Es ist schwierig, langfristig gegen die Bevölkerung zu regieren. Technokratische Modelle führen, werden sie zu lange durchgehalten, in eine politische Krise.

Vor allem aber versucht das Militär an der Regierung mittelfristig immer, Verantwortung an nichtmilitärische Institutionen und Gruppen zu übertragen. Es kann nur die Geschlossenheit der Streitkräfte sichern, wenn es nicht ständig in der Schußlinie steht.
Da nach einiger Zeit auch traditionelle Grundkomponenten innen- und außenpolitischer Entwicklung durchzubrechen pflegen, stellt sich für das Militär die Frage nach einer »politischen Lösung«. Eine Rückkehr zur traditionellen »liberalen« Demokratie scheidet meist aus, da eine starke Exekutive erforderlich ist und das Militär auf jeden Fall eine Kontrolle über die Gesamtentwicklung behalten möchte. Im Rahmen einer »gelenkten« oder »militärisch kontrollierten Demokratie« bieten sich zwei Lösungen an. Eine Regierungs- und eine Oppositionspartei kann aufgebaut werden. Dieses Modell könnte in Brasilien sogar zur Regierungsübernahme eines vom Militär kontrollierten zivilen Präsidenten führen. Oder ein Einparteisystem kann geschaffen werden. Den Aufbau einer staatstragenden Partei strebten schon viele lateinamerikanische Offiziere an, so General Levingston in Argentinien oder General Ovando in Bolivien. Argentiniens Diktator Onganía äußerte nach seinem Sturz, sein Hauptfehler sei es gewesen, keine »revolutionäre politische Bewegung« aufgebaut zu haben.
Perus Militär bemüht sich seit Anfang 1975 um eine Revolutionspartei, nachdem SINAMOS, eine staatliche Institution, die nicht nur technische Hilfe an Kleinunternehmen und Bauern gab, sondern sich auch um die politische Bewußtseinsbildung zugunsten der Strategie des Militärs bemühte, scheiterte und die Militärregierung, wie gezeigt wurde, in eine Krise geriet. Eine solche »nationale Partei« erlaubt es, wenigstens zeit- und teilweise den Klassenkampf zu einer innerparteilichen Auseinandersetzung zu machen, unterschiedliche Interessen gegeneinander auszuspielen und Regierungsvorstellungen und -programme politisch zu kanalisieren. Sie macht es für Oppositionsgruppen jeder Orientierung schwierig, eine politische Basis zu finden. Erinnert sei daran, daß Mexikos »offizielle Partei«, der PRI, 1929 als politisches Kartell lokaler militärischer Führer entstand.
Aus drei Gründen ist es wichtig, auf die Rolle der Wirtschaftsverbände und der übrigen außerparteilichen Organisationen der Rechten hinzuweisen: Erstens war die Rechte in den meisten Ländern Lateinamerikas, auch in denen, wo sie seit langem nicht mehr die Regierung stellte, organisatorisch stark. Zum Beispiel stand die Unidad Popular Chiles nicht einer demoralisierten, beim ersten Schlag nach Miami flüchtenden, sondern einer in Wahlen knapp geschlagenen, sich nun radikalisierenden und mit Waffen eindeckenden Bourgeoisie gegenüber. Zweitens nehmen in vielen Ländern nach der Regierungsübernahme durch das Militär die Wirtschaftsverbände der Rechten erheblichen Einfluß auf die neuen Wirtschaftspolitiken. In Chile war zeitweise sogar eine direkte Beteiligung der »Berufsverbände« an der gesetzgebenden

Gewalt geplant. Drittens, und dies ist vielleicht der wichtigste Punkt, wurde die Ideologie des Militärs außer durch die noch nicht abgebaute antikommunistische Schulung im Kalten Krieg, die in der ersten Phase nach dem Putsch zur Rechtfertigung der Zerschlagung der marxistischen Parteien diente, zunächst vor allem durch die Staats- und Gesellschaftskonzeptionen der Rechten geprägt. Dies ist wiederum in Chile besonders sichtbar, wo sich die Propaganda des »Alessandrismo« um 1970 und die des Militärs seit 1973 fast wörtlich deckten.

Schon ab 1968/69 stärkte Chiles Rechte mehr das Organisationsniveau ihrer Wirtschaftsverbände als das ihrer politischen Partei, des Partido Nacional. Die Interessenverbände der Großunternehmen, zusammengeschlossen in der Confederación de la Producción y del Comercio, organisierten sich über starke Regionalverbände im ganzen Lande. Nicht ohne Erfolg bemühten sie sich, mittlere und auch kleine Unternehmer zu gewinnen. Schon während der Regierung Frei mobilisierten sie sogar Minifundisten mit dem Schlagwort »Enteignungsgefahr«. Über diese personell eng miteinander verflochtenen Interessenverbände, etwa der Agraroligarchie oder der Industrie, entwickelte die Rechte eine aggressive, partiell illegale Obstruktionspolitik. Diese richtete sich zunächst gegen die politische Mitte, um für die Präsidentschaftswahlen von 1970 Wähler zu gewinnen. Schließlich wurde sie Instrument im Kampf gegen die Unidad Popular.

Bereits nach dem Beinahe-Wahlsieg Allendes 1958 gab es in Chile Tendenzen zur Schaffung militanter außerparteilicher Organisationen gegen den wachsenden marxistischen Einfluß. Das Instituto Privado de Investigaciones Económicas y Sociales (IPIES) wurde 1961 als chilenische Sektion des Consejo Interamericano de Comercio y Producción (CICYP) gegründet. Es koordinierte die Interessen einflußreicher in- und ausländischer Unternehmen und arbeitete zum Beispiel mit dem Council of Latin America zusammen, dem mehr als 200 US-Konzerne mit Investitionen in der Region angehören. IPIES schuf Ausbildungsstätten zur Unternehmerschulung und Managerfortbildung, Institutionen zur Unternehmerberatung und Rationalisierungskuratorien, verfolgte aber auch andere Ziele. So baute es die antikommunistischen Frontorganisationen der Rechten auf, die in den Wahlkämpfen von 1964 bis 1970 oftmals außerhalb der Legalität arbeiteten. Über Meinungs- und Marktforschungsinstitutionen förderte es das Image konservativer Politiker und Unternehmer. Der Verbreitung gesellschafts- und wirtschaftspolitischer Vorstellungen diente das 1969 gegründete, teils mit BRD-Entwicklungshilfe finanzierte »Institut für Soziale Marktwirtschaft« (IESM). IPIES sammelte auch Wahlkampfmittel ausländischer Investoren und Parteien und kanalisierte ausländische Entwicklungshilfe.

Das Vokabular des »Alessandrismo« erinnert an die Demokratie-Kritik der Rechten in den letzten Jahren der Weimarer Republik. Es spricht für sich. In den Medien[69] wurde der Greis zur »charismatischen«, »paternalistischen«, »antiparteilichen«, »antiparlamentarischen« »Führerfigur«, zum »starken Mann« mit »Autorität«, zum »Lider de Unidad Popular«, der über »Parteienklüngel« und »partikularen Interessen« schwebt; der eine »Nueva República« schafft, die auf »vertikaler Solidarität« und nicht auf dem Klassenkampf aufbaut; der mit dem Konzept der »Sozialen Marktwirtschaft« über die Privatwirtschaft das wirtschaftliche Wachstum endlich wieder beschleunigt. Zeitweise überlegten Gruppen der Rechten, eine wirklich starke Figur, etwa den forschen General Viaux, gegen »Anarchie« und »Demagogie« antreten zu lassen.

Der »Movimiento Alessandrista« berief sich auf General Ibáñez, der den Begriff »Alianza« benutzt hatte, weil auch er Parteien ablehnte. Alessandri wurde mit Ibáñez verglichen, dem es allerdings aus eigener Kraft gelungen war, über charismatische Erregungsperioden die Klassenschranken zu durchbrechen. Die KP sei von Moskau gesteuert, die Christdemokratische Partei von der CDU. Beiden wurde deswegen die »Parteiqualität« abgesprochen. Die Chile-Metaphysik gegen »Einwanderersöhne« wie Frei bereitete den Boden für jene Xenophobie vor, die dem Militär zur Rechtfertigung der Ermordung zahlreicher Brasilianer oder Bolivianer diente. Radikalste Gruppe waren die »jovenes antirevolucionarios« der Sociedad Chilena de Defensa de la Tradición, Familia y Propiedad (FIDUCIA), die vorkonziliaren Katholizismus mit Terroraktionen gegen Kommunismus und Sozialismus verbanden, die Mord keineswegs ausschlossen.

Chiles Militär besaß nicht wie das Perus eine von ihm selbst artikulierte Ideologie. So greift es je nach Bedarf auf die skizzierten Ordnungsvorstellungen der autoritären Rechten zurück. Selbst General Pinochet wird von den kontrollierten Medien[70] als »Caudillo« aufgebaut, der »nationale und christliche Werte« verteidigt, »Politisierung und Klassenhaß« beseitigt. Er schaltet »Extremisten und Verbrecher« sowie »internationale Parteien aus, für die das Konzept des Vaterlandes und das der nationalen Souveränität nur Gelegenheitswert« besäßen. Er überwindet das »politische und ökonomische Chaos, das die physische und moralische Integrität des Staates und seine historisch-kulturelle Identität in Frage« gestellt habe – etwa durch Bücherverbrennungen oder durch die Disziplinierung der Massen über Regierungsterror.

Charakteristisch ist, wie die rechtsradikalen Offiziere sich in den Streitkräften durchsetzen. Die Gruppe um General Viaux führte ihren ersten größeren Schlag Ende 1969 aus. Das Streik- und Putschexperiment »Tacnazo« zwang die Regierung Frei zu erheblichen Zugeständnissen an Rüstungsimporten und hinsichtlich der Besoldung, was die Popularität Viaux' in den Streitkräften erhöhte. Fünf Monate später wurden 30 Offiziere wegen Verdachts der Verschwörung festgenommen, unter ihnen Gamboa, ein General im Ruhestand, der sich 1957 durch die blutige Niederschlagung von Arbeiterstreiks ausgezeichnet hatte. Vor Allendes Regierungsantritt wurde der Oberbefehlshaber der Armee, General Schneider, ein loyaler, den Putsch ablehnender Offizier, von Leuten Viaux' ermordet. Attentatsversuche auf Präsident Allende wurden mehrfach rechtzeitig entdeckt. Ein erneuter Putschversuch unter Oberst Souper scheiterte am 29. Juni 1973. Vor und nach der Regierungsübernahme am 11. September 1973 wurden Streit- und Polizeikräfte gesäubert. In mehreren Prozessen wurden ab 1974 verfassungstreue Offiziere und Soldaten abgeurteilt, meist auf Grund rückwirkender Anwendung neuer Gesetze. Zahlreiche Angehörige der Streitkräfte, u. a. General Bachelet, wurden zu Tode gefoltert. Folterspezialisten aus Brasilien und Uruguay, selbst von US-Experten ausgebildet, leisteten Unterstützung. Alternativlösungen wurden durch die Ermordung ihrer möglichen Träger erschwert, so von General Prats, dem möglichen Führer einer Mitte-Links-Koalition. Wahrscheinlich wurde auch General Bonilla ermordet, der gute Kontakte zu Christdemokraten besaß.

Schaffung adäquater sozialer Bedingungen für die neue Industrialisierungsstrategie

Unter den populistischen Regierungen hatte in erster Linie der Grad der aktiven Partizipation, also die politische Schlagkraft, den Umfang der Beteiligung der einzelnen Klassen am nationalen Reichtum bestimmt. Unter dem Militär wurden nun soziale Bedingungen »von oben« geschaffen. Die Repression wurde durch die Planung ergänzt. Formal nur Indikativplanung, wird die staatliche Entwicklungsplanung zur gesellschaftlichen Globalsteuerung, indem sie über komplementäre Sozialplanung zugunsten des wirtschaftlichen Wachstums in immer mehr Bereiche interveniert. Staatliche Mittel werden unter bildungs- oder gesundheitsökonomischen Gesichtspunkten kanalisiert, also je nach der absehbaren Relevanz von Gruppen für den Produktionsprozeß. Indem aber in einem Land wie Brasilien das Erziehungswesen einseitig auf den Bedarf der Wirtschaft zugeschnitten wird, erhält ein großer Teil der Schulpflichtigen mittel- bis langfristig keine Grundschulausbildung. Darüber können auch – für den internationalen statistischen Vergleich bedeutsame – Alphabetisierungskampagnen nicht hinwegtäuschen. Nach Angaben des Gesundheitsministeriums des Landes sind gegenwärtig 40 der fast 100 Millionen Brasilianer unterernährt; 15 Millionen leiden an Seuchenkrankheiten[71].

Die Armut der Massen ist nicht nur ein durch Faktoren wie ein schnelles Bevölkerungswachstum verursachtes, »unvermeidliches« Symptom der Unterentwicklung. Sie ist immer auch bedingt durch bestimmte Entwicklungsmodelle. In der Strategie kapitalistischer Industrialisierung, die das Militär einschlug, ist sie während einer langen Periode konstitutives Element. Die Grundbedürfnisse werden in Funktion zum Hauptziel »wirtschaftliches Wachstum« befriedigt. Das Einkommen der Unterschicht wird auf das zur Reproduktion erforderliche Minimum begrenzt. Oft ist selbst dies nicht der Fall. Die Einkommenskonzentration wurde in Brasilien zugunsten von 5 bis 20 % der Bevölkerung verstärkt, da deren Kaufkraft Voraussetzung der Steigerung der Produktion dauerhafter Konsumgüter ist. Die Industrialisierungsstrategie zielt nicht mehr in erster Linie auf das Wachstum der – in vielen Ländern seit langem stagnierenden – »traditionellen« Konsumgüterindustrie ab, die im Rahmen der ersten, »leichten« Phase industrieller Entwicklung entstand, sondern auf einen schnellen Ausbau der dauerhaften Konsumgüterindustrie (Kraftfahrzeuge, Kühlschränke, Waschmaschinen, Fernsehapparate usw.). Nur durch diesen kann eine starke Nachfrage nach Grundstoffen, Zwischen- und Investitionsgütern geschaffen werden. Die Einkommenskonzentration ermöglicht in Brasilien oder Mexiko eine starke Nachfrage nach dauerhaften Konsumgütern und damit produktive Investitionen. Der Marktumfang wird nicht in erster Linie durch eine große Zahl von Personen, sondern durch das Volumen der Kaufkraft einer Minderheit bestimmt. Der Unterschied zu den Industriestaaten liegt darin, daß dort – bei ebenfalls starker, wenn auch meist nicht so krasser – Einkommenskonzentration etwa 70 bis 80 % der Bevölkerung in der Lage sind, dauerhafte Konsumgüter nachzufragen. Selbst in Ländern wie Brasilien ist es allerdings durchaus nicht sicher, ob ein Übergang zur Massenproduktion von solchen Konsumgütern möglich sein wird[72].

Unter dem Militär ist der Staat zunehmend in der Lage, ähnliche politische und soziale Akkumulationsbedingungen zu schaffen, wie sie in den ersten Industrialisierungsphasen in Westeuropa bestanden, also »Entwicklung« ohne Berücksichtigung artikulierter Forderungen organisierter Massen voranzutreiben. Seine Möglichkeiten, die sozialen Bedingungen für die industrielle Entwicklung weiter zu »verbessern«, sind, dies sollte nicht übersehen werden, noch lange nicht erschöpft. Er könnte Maßnahmen rigoroser Geburtenkontrolle durchsetzen, die regionalen Wanderungen, inbesondere die Landflucht, reglementieren, überfüllte Gebiete durch die Schaffung neuer Subsistenzwirtschaften im Urwald partiell entleeren; er könnte aber auch über gezielte Einkommenspolitiken die städtische Arbeiterschaft zu Konsumenten von industriellen Produkten machen usw. Höchstens langfristig zu überwinden ist der geringe gesellschaftliche Nutzen der bedarfs-, nicht jedoch bedürfnisbezogenen Produktion. Nicht beseitigen dagegen kann das Militär, sofern es nicht das gesamte System verändert, die Ungleichmäßigkeit der Entwicklung, das unausgewogene Wachstum, die Ungleichheit von Macht und Einfluß, Vermö-

gen und Einkommen, Lebens- und Arbeitsbedingungen, Bildung und Gesundheit, damit auch die Brachlegung eines großen Teiles der menschlichen Arbeitskraft bzw. der potentiell nutzbaren Produktivkräfte.
Kaum abzuschätzen sind die Wirkungen des kombinierten Einsatzes von »Sozialplanung« und Repression auf die subjektive Disposition, auf Meinungen, Einstellungen und Verhaltensweisen des Proletariats, besonders semiproletarischer Gruppen, die nur in wenigen Ländern Lateinamerikas eine gewisse organisatorische Verwurzelung und eigenständige Tradition besitzen. Die Wirkungen des wachsenden Leistungsdrucks und der Manipulation über die Staatsgewerkschaften, der systematischen Klassenfragmentierung durch Lohndifferenzierung, etwa zur Schaffung einer konsumkräftigen und systemtreuen Facharbeiteraristokratie, oder der scharfen Auslese bei Einstellungen sind unter den gegenwärtigen politischen Bedingungen fast nur durch die Techniken der wissenschaftlichen Beobachtung und das Erhebungsinstrument des intensiven Einzelinterviews zu klären. Größtenteils sind sie unbekannt. Die spezifische Verhaltensorientierung, die Voraussetzung für Übernahme und Entwicklung industrieller Produktionstechniken ist, kann, so zeigt sich etwa in Brasilien, bei entsprechender Organisation, über staatliche und privatwirtschaftliche Institutionen »von oben« produziert werden.
Wichtig ist, daß auf Grund des in einigen Ländern überaus schnellen industriellen Wachstums zum ersten Mal ein zahlenmäßig großes städtisches Proletariat entsteht, das latent unzufrieden ist, aber dessen bewußter Erfahrung die Gesamtanlage der Entwicklungsstrategie ebenso wie politische Alternativlösungen noch kaum zugänglich sind. Heute zeigen sich bereits Zeichen der Unzufriedenheit der Arbeiterschaft, die in die industrielle Produktion gezwungen wurde, jedoch noch überwiegend ländliche Verhaltensweisen besitzt. Während Frank und andere Dependenzforscher noch vor wenigen Jahren die Ansicht vertraten, auf Grund wachsender Metropolen-Satelliten-Polarisierung werde das »schwächste Glied der Kette«[73] reißen, also die am wenigsten in das international-kapitalistische System integrierte, »marginale« Landbevölkerung sich erheben, zog Dos Santos aus den Anzeichen sozialer Unruhe in den Industriezentren und aus der Feststellung, daß die Bedeutung des Hinterlandes in Lateinamerika gegenüber den großstädtisch-industriellen Regionen schnell abnimmt, die Folgerung, die industrielle Arbeiterschaft stelle das wichtigste revolutionäre Potential dar[74]. Wahrscheinlich werden die skizzierten Charakteristika des »Entwicklungskapitalismus« immer stärker eine politische Bewußtseinsbildung der Arbeiterschaft herausfordern, zumal hohe wirtschaftliche Wachstumsraten, wie sich besonders deutlich in Brasilien zeigte, keine Tendenz zu günstigerer Distribution in sich bergen. Unter anderem von den Charakteristika künftiger Sozial- und Demokratisierungspolitiken des Staates wird es abhängen, ob die Arbeiterschaft sich reformistisch-systemloyal oder revolutionär orientieren wird.

Staat und multinationale Konzerne

Die genannten politischen und sozialen Bedingungen erlaubten die Umsetzung einer Industrialisierungsstrategie, für die sich zunächst Koordination, Kooperation und Koproduktion von Staat und multinationalen Konzernen als entscheidend erwiesen. Die Wirtschaftspolitik des Staates im Rahmen der neuen Industrialisierungsstrategie ging davon aus, daß neben einer drastischen Senkung der Lohnquote vor allem ein permanenter Kapital- und Technologietransfer über multinationale Konzerne, insbesondere in die dynamischen Branchen der Industrie, die angestrebte Maximierung des wirtschaftlichen Wachstums erlauben würde. Tatsächlich traten die multinationalen Konzerne in Brasilien und Mexiko (Großraumwirtschaften, die die Nutzung der Vorteile industrieller Großproduktion zu effektiver Kostengestaltung gestatten und außerdem über stark diversifizierte natürliche Ressourcen verfügen) und auch in einigen mittelgroßen Ländern, deren Regierungen günstige Anlagebedingungen schufen, als dynamische Industrialisierungsagenten auf. Vor allem Brasilien erzielte für Lateinamerika ungewöhnlich hohe Wachstumsraten. Die multinationalen Konzerne engagierten sich dort in der Produktion dauerhafter Konsumgüter und im Bergbau, in Bereichen der Zwischen- und Investitionsgüterindustrie, in den letzten Jahren sogar verstärkt in der Produktion »einfacher« Konsumgüter, im Dienstleistungswesen und in der Landwirtschaft.

Die Förderungsmaßnahmen des Staates für die Privatwirtschaft ab 1964 dienten in Brasilien hauptsächlich der Schaffung eines günstigen Investitionsklimas für ausländische Direktinvestitionen. Die nationale Privatwirtschaft dagegen wurde zu Rationalisierung und Konzentration gezwungen. Die politische Ausschaltung der schwachen nationalen Industriebourgeoisie und ihrer Bündnispartner durch das Militär führte auf diese Weise zum Aufkauf vieler nationaler Unternehmen durch ausländische Konzerne. Es fand jedoch auch ein »Gesundschrumpfen« statt, insbesondere der Mittel- und Kleinunternehmen im Zuliefer- und Dienstleistungsbereich. Die wiedererstarkte nationale Industriebourgeoisie verlangte in den letzten Jahren energisch eine für sie günstigere staatliche Wirtschaftspolitik. Die Regierung Geisel kam einigen ihrer Forderungen bereits nach. Langfristig am bedeutsamsten ist wahrscheinlich die immer stärkere Ausweitung der staatlichen Aktivitäten im Wirtschaftsbereich. Eine solche widersprach den Zielsetzungen von Militärregierungen wie der Castelo Brancos. Eine entschieden liberale Wirtschaftspolitik wurde auch bis 1973 vom Finanzministerium verfolgt. Gerade aber die hohen Wachstumsraten und die Charakteristika der Tätigkeit der ausländischen Konzerne zwangen den Staat, immer mehr ausgleichende und gegensteuernde Maßnahmen zu ergreifen. In den nächsten 30 Jahren ist mit einem weiteren starken Wachstum des Engagements des Staates in der Wirtschaft

zu rechnen. »The choice in some key dynamic sectors will . . . continue to be between state and foreign capital[75].«
In den Ländern Lateinamerikas, die sich dynamisch industrialisieren, schafft der Staat neben geeigneten politischen und sozialen auch infrastrukturelle Bedingungen, die das Vordringen ausländischer Konzerne begünstigen. Die in den vierziger Jahren einsetzenden Bemühungen um den Aufbau zusammenhängender nationaler Transport-, Energie-, Verkehrs- und Kommunikationssysteme haben sich in den letzten Jahren erheblich verstärkt, was die Enteignung zahlreicher ausländischer Unternehmen in diesen Bereichen zur Folge hatte. Die Entwicklungsplanung, die am Anfang der sechziger Jahre begann, wird nun zunehmend konkreter und wirksamer. Sie basiert auf den traditionellen Wachstumskennziffern als Effizienzmaßstäben und bezieht sich nicht nur auf die Ermittlung geeigneter Investitionsbereiche und -standorte, sondern über komplizierte Aushandlungs- und Anreizmechanismen auch auf eine zumindest partielle Koordination der Produktion der ausländischen Unternehmen sowie auf eine Gleichschaltung der ökonomischen und der zunehmend direkter staatlicher Kontrolle unterstellten sozialen Sektoren.
Der Staat reformiert die bisher entwicklungspolitisch ineffiziente öffentliche Administration und regt entsprechende Strukturveränderungen in der Privatwirtschaft an, etwa in Brasilien im Bankenbereich oder hinsichtlich des Kapitalmarktes. Einige Länder, so Brasilien, Mexiko, aber auch Peru, besitzen bereits ein relativ gut funktionierendes Instrumentarium wirtschafts-, struktur- und konjunkturpolitischer Interventionen, so daß auch ökonomische Krisen zumindest teilweise aufgefangen werden können. Sie setzen dieses Instrumentarium aber auch, und zwar selbst in Brasilien, gegen Fraktionen der Agraroligarchie mit unproduktiven Ländereien ein. In einigen Ländern erwiesen sich Regionalpolitiken, etwa über relativ autonome Institutionen, als entwicklungswirksam. Zugleich setzen Bemühungen ein, über neue, meist außeruniversitäre Forschungsinstitute eine nationale Technologiebasis zu schaffen.
Der Staat sieht sich angesichts des dynamischen Vordringens der ausländischen Konzerne immer mehr gezwungen, eindeutige Rahmenbedingungen für das ausländische Kapitalengagement festzulegen, so über Investitionsgesetze, diese ergänzende Technologiegesetze, Exportförderungspolitiken[76], die vor allem ausländische Großunternehmen zu industriellen Ausfuhren anregen oder zwingen, Steuerpolitiken, usw. Ohne diese komplexen Maßnahmen, die teils sehr streng aussehen, jedoch in der Praxis noch umgehbar sind, im Detail schildern zu können, kann festgestellt werden, daß sich die Tendenz zur Eingliederung ausländischer Investitionen in die staatliche Entwicklungspolitik sowie zu einer Unterordnung unter nationale und staatliche Interessen eher verschärfen als abschwächen wird, und zwar besonders in den relativ weit industrialisierten Staaten.

In die aufgezeigte Richtung, daß nämlich für die multinationalen Konzerne allmählich die Phase weitgehender Bewegungsfreiheit in den größeren Ländern Lateinamerikas zu Ende geht und eine neue Phase des Verhandelns über ihren Entwicklungsbeitrag begonnen hat, weisen zahlreiche Faktoren. Mexiko versucht, einer »Charta der wirtschaftlichen Rechte und Pflichten der Staaten« international Geltung zu verschaffen. In der »Erklärung von Ayacucho« vom Dezember 1974 wird eine freie und uneingeschränkte Verfügung über die nationalen Naturschätze, die Regulierung der Auslandsinvestitionen und die Kontrolle der Tätigkeit der transnationalen Gesellschaften gefordert. Die CEPAL-Industrialisierungskonferenz in Mexiko im November 1974 verlangte die internationale Regelung des Technologietransfers sowie die Kontrolle des ausländischen Kapitals, welches das nationale Kapital lediglich ergänzen und stimulieren soll.

Der Staat wird selbst wichtiges Wirtschaftssubjekt. Seit den sechziger Jahren werden natürliche Ressourcen, die für die Exporterlöse der einzelnen Länder Bedeutung besitzen, fast überall verstaatlicht, einmal, um anschließend eine höhere Verarbeitungsstufe dieser Exportprodukte im Lande zu sichern, zum andern, um deren Preise stärker als bisher manipulieren zu können. Charakteristisch ist, daß die Verstaatlichungen in den einzelnen Ländern je nach interner und internationaler Verhandlungsmacht ihrer Regierungen vorgenommen werden, sich jedoch über einen längeren Zeitraum für ganz Lateinamerika eine eindeutige Tendenz zeigt. Zwischenlösungen, zum Beispiel Teilverstaatlichungen wie die »Chilenisierung« des Kupfergroßbergbaus in Chile unter der Regierung Frei, gibt es dort, wo die Verhandlungsmacht des Staates gering ist, zum Beispiel, weil die innenpolitische Position einer Regierung schwach ist. Stark ist die internationale Verhandlungsmacht gegenwärtig bei den Erdölländern, wie die Verstaatlichung von Eisen und Erdöl in Venezuela zeigt, das sich gleichzeitig um eine stärkere Haushaltung mit seinen natürlichen Ressourcen bemühen kann. Eine konsequente Verstaatlichung von Industrien mit entwicklungsstrategischer Relevanz erfolgte bisher nur in wenigen Ländern, neben Kuba in Chile zwischen 1970 und 1973 und in Peru ab 1968.

Die Verstaatlichung von Schlüsselbereichen der Wirtschaft könnte in den nächsten Jahren aus verschiedenen Gründen eine ähnlich starke Bedeutung erlangen wie entsprechende Maßnahmen im Bereich der materiellen und sozialen Infrastruktur und im Rohstoffbereich. Einmal sind Länder wie Venezuela und Ekuador, in Zukunft auch Mexiko und Peru, auf Grund ihrer Erdölexporte in der Lage, umfangreiche Entwicklungsprogramme, etwa zum Ausbau der Basis- und Petrochemie oder der Stahlindustrie, über den Staat umzusetzen. Zum andern schuf gerade das starke Engagement multinationaler Konzerne Probleme, die in Ländern wie Brasilien eine partielle Umstellung der Industrialisierungsstrategie bereits erforderlich machten. Denn hohe

Transfers von Gewinnen ausländischer Konzerne, die Krise der Erdölpreise und die geringeren Absatzmöglichkeiten für industrielle Produkte in den kapitalistischen Industrieländern, aber auch die schnell gewachsene Auslandsverschuldung verschärften die Zahlungsbilanzprobleme.
Zugleich verlor die Produktion dauerhafter Konsumgüter, in der sich die multinationalen Konzerne wegen hoher Gewinnmöglichkeiten engagierten, angesichts immer stärkerer »relativer Überproduktion« (also Überproduktion in bezug auf die zahlungsfähige Nachfrage durch Variation der Produktion zugunsten von 1 bis 5 % der Bevölkerung) an Bedeutung. Um die Wachstumsdynamik zu erhalten, ist der Staat zunehmend gezwungen, Importe von Maschinen und Ausrüstungsgütern durch inländische Produktion zu ersetzen, sei es über »joint ventures« mit privaten Unternehmen, sei es über neue staatliche Betriebe. Zugleich erzwingen gewisse Aktionsweisen ausländischer Konzerne, etwa die Übervorteilung brasilianischer Sojabohnen-Produzenten durch weltmarktbeherrschende Unternehmen oder die Kartellbildung von ausländischen Unternehmen der Elektroindustrie, eine stärkere staatliche Intervention in die Wirtschaft.
Drei häufig vertretene Thesen sind falsch: Erstens engagiert sich der Staat nicht nur in unprofitablen Wirtschaftsbereichen. Er kontrolliert vielmehr zunehmend entwicklungsstrategisch relevante Industrien, zum Beispiel in Brasilien über eine immer stärkere Beteiligung am Aktienkapital[77]. Zweitens tritt der Staat nicht in erster Linie als Wirtschaftspartner multinationaler Konzerne auf – »wodurch er direkt an der Verwertung des multinationalen Kapitals beteiligt« sei[78]. Natürlich gibt es »joint ventures« zwischen Staat und ausländischen Unternehmen, etwa im Bereich der Zwischengüterproduktion; diese aber besitzen eine geringe und tendenziell abnehmende Bedeutung gegenüber den staatlichen Unternehmen. Drittens ist der Staat nicht ein »Exekutivausschuß« des Großkapitals, obwohl er die Forderungen der Privatwirtschaft nach Planung, produktionsbezogenem Ausbau der Infrastruktur, Gewinntransfer usw. weitgehend erfüllt und obwohl die Regierungen wissen, daß ohne ein starkes Engagement ausländischer Konzerne die von ihnen eingeschlagene Industrialisierungsstrategie zunächst nicht durchzuhalten wäre. Der Staat ist selbständig aktiv in entwicklungs- und militärstrategischen Bereichen. Er übernimmt die Erschließung und Verarbeitung nationaler Ressourcen und den Aufbau der Investitionsgüterindustrie. Er fördert, so auch in Brasilien in den letzten Jahren, die nationale Mittel- und Kleinindustrie usw.

Zur Dialektik kapitalistischer Expansion und zur Perspektive der Militärherrschaft

Technokratisches Militär und technokratische Bürokratie

Anzeichen der Herausbildung einer staatskapitalistischen Bourgeoisie

Lateinamerikas Militär ist bis auf Ausnahmen nicht mehr entwicklungsfeindlich[79], gegen den industriellen Kapitalismus gerichtet, sondern räumt dem Ziel der industriellen Entwicklung Priorität vor anderen Zielen ein, in den sechziger Jahren sogar vor dem Ziel der wirtschaftlichen Selbständigkeit. Es hat die Diskrepanz zwischen dem Entwicklungspotential der Länder der Region und dem Unvermögen der bisherigen Regierungen, dieses zu nutzen, vor Augen. Es begnügt sich nicht wie vorangegangene autoritäre Diktaturen mit der politischen Kontrolle, sondern manipuliert die Gesellschaft mit dem Ziel, die industrielle Entwicklung zu beschleunigen. Noch wichtiger ist, daß es selbst zu einem immer bedeutenderen ökonomischen Machtfaktor wird.

Die Streitkräfte waren von Anfang an eine wichtige Trägerinstitution des Industrialisierungsprozesses in Lateinamerika. Militärdiktatoren sahen Offiziere als ihre verläßlichsten Anhänger an. Qualifizierte Zivilisten standen oft nicht zur Verfügung. Vor allem aber war damals der Staat oftmals nicht in der Lage, öffentliche Wirtschaftsunternehmen aufzubauen, so daß diese Aufgaben den Streitkräften zufielen. Offiziere besetzten zum Beispiel unter Perón den Parteivorsitz und andere wichtige Posten in der peronistischen Bewegung. Sie waren Minister, Provinzgouverneure und Chefs der Nationalen Energieverwaltung, der Eisenbahnverwaltung oder auch Leiter der Bundespolizei. Dem Verteidigungsministerium waren bestimmte Industrialisierungsprogramme unterstellt, so besonders der Aufbau der Stahlindustrie. Die Streitkräfte bauten Teile der Schwerindustrie des Landes, so die Fabricaciones Militares de Zapla, der Rüstungsindustrie, etwa eine Fabrik für Militärflugzeuge, aber auch anderer industrieller Bereiche auf[80]. So wurde etwa ein staatliches Automobilunternehmen, die Industrias Mecánicas del Estado (IME), 1951 von der Luftwaffe geschaffen.

In Brasilien sind Offiziere im Ruhestand traditionell in der Wirtschaft tätig, einmal in öffentlichen Unternehmen, besonders der Industrie, zum andern in privaten, oft auch ausländischen. In den letzten Jahren zeigte sich, daß in diesem Land die politischen Aufstiegsmöglichkeiten nicht nur von Zivilisten, sondern auch von Offizieren u.a. durch ihre fachlich-administrative Leistung in Managementspositionen der Industrie bestimmt werden. Dies mag die Karriere des Präsidenten Geisel zeigen, der sich als Chef des größten staatlichen Unternehmens, Petrobras, qualifizierte und über dieses Unternehmen politischen Einfluß gewann. In Mexiko, wo das Gehalt der Offiziere vergleichsweise niedrig ist, besitzen diese oft eine oder mehrere Nebenbeschäftigungen, meist in der Wirtschaft. In Venezuela besetzen aktive Offiziere wichtige ökonomische Positionen. In Peru übernahmen Generäle im Ruhestand die Leitung von neuen staatseigenen Unternehmen, etwa der enteigneten Bergwerksgesellschaften. In Ekuador, dessen staatliche Institutionen noch immer wenig entwicklungsorientiert sind, beteiligt sich die »Industriekörperschaft des Heeres« (DINE) am Aufbau vielerlei Industrieunternehmen, und zwar als Partner in- und ausländischer Unternehmen.

Die demokratischen Regierungen vieler Länder Lateinamerikas entwickelten regelrechte Ablenkungspolitiken, um das Militär von der Politik fernzuhalten. Einmal dramatisierten sie Grenzkonflikte, um die Streitkräfte mit der »Sicherung der nationalen Integrität« zu beschäftigen. Zum andern versuchten sie, das Militär bei Entwicklungsaufgaben heranzuziehen, u. a. um auf diese Weise das Gehalt der Offiziere steigern zu können. Die Regierung Allende bemühte sich darum, Offizieren wichtige ökonomische Positionen zu verschaffen, um eine Mitverantwortung der Streitkräfte für die Wirtschaftsentwicklung und schließlich auch ihre Identifizierung mit den Politiken der Unidad Popular, u.a. zum Ausbau des staatlichen Wirtschaftssektors, zu erreichen. Viele Offiziere akzeptierten solche Stellungen, die ihr Gehalt verbesserten; kaum einer änderte jedoch seine politische Einstellung.

Die ökonomische Ausbildung von Offizieren an Militärakademien und Hochschulen seit den fünfziger Jahren trug dazu bei, daß diese immer mehr in der Lage waren, Aufgaben im Rahmen der industriellen Entwicklung zu übernehmen, führte aber auch dazu, daß es ihnen möglich war, immer detaillierter die Korporativinteressen der Streitkräfte an der Verringerung des waffentechnischen Rückstandes zu den Industrieländern durch Schaffung einer nationalen Rüstungsindustrie vorzutragen. Dort, wo sie die Regierung selbst übernahmen und wo die industrielle Entwicklung dies erlaubte, vor allem in Brasilien und Argentinien, schufen sie in den letzten Jahren bedeutende Rüstungsindustrien. Staatliche militärisch-industrielle Komplexe, welche durch ihre Nachfrage den Industrialisierungsprozeß stimulieren, entstehen in den größeren Ländern Lateinamerikas also bereits in einer relativ frühen Phase industrieller Entwicklung. Um sie herum existiert eine relativ große Gruppe staatlicher Wirtschaftsunternehmen, denen nicht nur entwicklungs-, sondern auch militärstrategische Relevanz zukommt. Zu dieser gehören zum Beispiel in Brasilien Petrobras sowie Nuclebras, eine staatliche Gesellschaft mit starkem militärischen Einfluß, welche die ambitiösen Kernkraftprogramme des Landes umsetzt. Die Offiziere fordern Programme, welche die Selbständigkeit des Landes im Reaktorbau und in allen Etappen des Brennstoffkreislaufes sichern.

Trotz aller Absichtserklärungen, daß die Nuklearenergie nur für friedliche Zwecke genutzt werden solle, ist nicht auszuschließen, daß Brasilien und Argentinien bald eine atomare Vorrangstellung in Südamerika geltend machen werden, zumal die Peronisten ihrem Land eine weltpolitische Rolle über die Mitgliedschaft im »Atom-Club« sichern wollen. Offiziere beider Länder versichern bereits heute häufig, daß ein »etwaiges Wettrüsten« beider Staaten zu begrenzen sei. Auf jeden Fall aber werden diese Länder in einigen traditionellen Rüstungsbereichen bald weitgehend unabhängig von Waffenlieferungen der Industriestaaten sein, wenn auch abhängig von ausländischen Lizenzen, nun allerdings nicht nur nordamerikanischen, sondern zunehmend auch westeuropäischen. Das Militär betont jedoch offen, daß es diese Abhängigkeit als zeitlich begrenzt ansieht, u.a. weil es im Rüstungsbereich bereits selbst wissenschaftlich-technologische Forschungsinstitutionen aufbaut. Möglich wird es nun, die Ausbildung und teilweise auch die Spezialisierung von Offizieren im Lande selbst durchzuführen, zudem die Ausbildung von Offizieren aus kleineren Nachbarländern zu übernehmen. Dieser Umstand könnte ebenso wie die Diversifizierung der Länder, die Rüstungsgüter liefern, bald den Einfluß der USA auf das Militär der größeren Länder Lateinamerikas erheblich vermindern.
Ein weiterer Faktor könnte diese Tendenz verstärken. Die Bemühungen der meisten Regierungen in Lateinamerika um eine Diversifizierung der Außenbeziehungen und den Abbau der Vormachtstellung der USA in der Region schließen seit 1967/68 – zunächst vor allem wegen der militärischen Bindung der USA in Südostasien – eine Auffächerung der Länder, die Rüstungsgüter liefern, ein. Zugleich erstreckt sich die zunehmend heftigere Konkurrenz zwischen nordamerikanischen, westeuropäischen und japanischen Unternehmen auch auf diesen Bereich. Während die USA bis 1969 vorwiegend veraltetes Material lieferten, exportierten Konzerne der übrigen Länder modernste Rüstungsgüter, etwa Mirage-Flugzeuge, und unterstützten bereitwillig den Aufbau industrieller Rüstungskomplexe in Lateinamerika. So begann Argentinien unter General Onganía, einen anspruchsvollen »Plan Europa« umzusetzen, der in vier Etappen die Erreichung weitgehender Selbstversorgung mit Rüstungsgütern und auch deren Export vorsah[81]. Als Reaktion hierauf bemühten sich die USA – u. a. auf Grund der Empfehlungen Rockefellers –, über die Lieferung moderner Waffen und Abkommen über gemeinsame technische und wissenschaftliche Vorhaben mit lateinamerikanischen Streitkräften, etwa mit denen Argentiniens 1970, wieder ihre Position in diesem Bereich zu verstärken. Zu verhindern sei, so die Argumentation, daß außer Kuba andere Staaten der Region Waffen aus sozialistischen Staaten beziehen würden. Waffenimporte aus Osteuropa hatten 1954 den Sturz der Regierung Arbenz in Guatemala beschleunigt. In den letzten Jahren wurde die peruanische Militärregierung deswegen angegriffen.

Neben Eigeninteressen von Offizieren, also ihren Berufs- und Gehaltswünschen, und Korporativinteressen der Streitkräfte, die nur über einen ökonomisch starken Staat durchzusetzen sind, bewirken vor allem zwei miteinander zusammenhängende Faktoren, daß das Interesse des Militärs an einem stärkeren Engagement des Staates im wirtschaftlichen Bereich wächst. Einmal ist das Militär an der Regierung über einen längeren Zeitraum mit konkreten nationalen Entwicklungsproblemen konfrontiert. Es sieht sich, wie geschildert wurde, gezwungen, soziale, politische und infrastrukturelle Bedingungen für eine Beschleunigung des Industrialisierungsprozesses zu schaffen, zugleich aber auch entwicklungspolitische Aufgaben im wirtschaftlichen Bereich zu übernehmen. Erstens machte es die Erfahrung, daß – wie Furtado immer wieder betont[82] – der externe Faktor keine ausreichende Bedingung für Entwicklung darstellt, u. a. weil sich die multinationalen Konzerne lediglich in Bereichen mit hohen Gewinnaussichten engagieren. Zweitens wurden die staatlichen Instrumente zur Wirtschaftsförderung angesichts des Mißbrauches durch die ausländischen Konzerne immer mehr durch Instrumente der Wirtschaftskontrolle und -lenkung ergänzt, wodurch der Staat zu einem wirtschaftskoordinierenden und -ordnenden Faktor wurde. Drittens sahen die Militärregierungen sich gezwungen, die negativen Folgen der zunächst unkontrollierten Öffnung nach außen, etwa auf die Zahlungsbilanz, über den Staat aufzufangen und zugleich entwicklungshemmende Charakteristika der Außenwirtschaftsbeziehungen abzubauen. Die internationale Wirtschaftskrise seit 1973/74 trug wesentlich zur Ausdehnung der Sphäre staatlicher Regulierung und Einmischung in die Wirtschaft bei.

Zum andern setzte ein Prozeß des wirtschaftspolitischen Umdenkens im Militär ein, der in den einzelnen Ländern unterschiedliche Dynamik besitzt und in einigen Staaten, so in Brasilien, wo offiziell an der liberalökonomischen Position festgehalten wird, abgesehen von seinem Niederschlag in der vorsichtigen Neuformulierung von Politiken nur über gelegentliche Äußerungen, etwa in Vorträgen der Kriegsakademie[83], sichtbar wird. Der Übergang des Militärs vom ökonomischen Liberalismus hin zu wachsendem Staatsinterventionismus und weiter zur Stärkung des staatskapitalistischen Wirtschaftssektors war unvermeidlich, da angesichts der geringen Dynamik der nationalen Privatwirtschaft nur Staat und multinationale Konzerne als Industrialisierungsträger übrig blieben und zudem Grundstoff- und Investitionsgüterindustrie nur über den Staat errichtet werden können. Die Veränderung der Wirtschaftsordnung, vor allem das Entstehen eines starken staatlichen Wirtschaftsbereiches, wird allmählich die Wirtschaftsverfassung verändern. Es wird sich dann die ökonomische an die schon längst nicht mehr liberale politische und soziale Struktur anpassen.

Die ersten Ansätze zu einer staatskapitalistischen Entwicklung wurden bereits während der »importsubstituierenden Industrialisierung« gelegt, als angesichts der Schwäche der nationalen Privatwirtschaft der Staat die ersten Unternehmen der Schwerindustrie, etwa Volta Redonda in Brasilien oder Huachipato in Chile, errichtete. Aber erst die Konzentration der Macht in den Händen des Militärs, die Leitung der Wirtschaftspolitik durch eine neue militärische und zivile »technische Intelligenz« sowie das Entstehen einer umfangreichen und zunehmend effizienten staatlichen Bürokratie und auch bürokratisch organisierter Führungsapparate im wirtschaftlichen Bereich verstärkten die Tendenz zur Herausbildung einer staatskapitalistischen Wirtschaftsordnung, die mindestens ebenso bedeutsam ist wie die Tendenz zur Herausbildung eines zahlenmäßig großen Proletariats in den größeren Ländern Lateinamerikas.

Cardosos Untersuchungen zur zivil-militärischen »Staatsbourgeoisie«, die sich in Brasilien neben der privaten ausländischen und nationalen, jedoch teils »internationalisierten« Industrie-Finanz-Bourgeoisie konstituiert[84] und die Produktionsmittel »kollektiv« besitzt (sich jedoch anders als Bettelheims »Staatsbourgeoisie« in Gesellschaftsformationen im Übergang zwischen Kapitalismus und Sozialismus[85] hinsichtlich der Unternehmensführung weitgehend privatwirtschaftlich verhält), weisen auf die wahrscheinlich wichtigste künftige Trägergruppe des autoritär organisierten, durch Staat und multinationale Konzerne strukturierten Kapitalismus von sich industrialisierenden Entwicklungsländern hin. Diese Trägergruppe unterscheidet sich wesentlich von der »Geschäftsführer-Bourgeoisie« vorwiegend ausländischer Unternehmen in den Kleinstaaten mit arbeitsintensiven Auslagerungs- und traditionellen Konsumgüterunternehmen. Die planerische, administrativ-organisatorische, implementatorische und unternehmerische Leistungsfähigkeit des Kerns dieser Staatsbourgeoisie, der Regierungs-, Verwaltungs- und staatswirtschaftlichen Bürokratie und Technokratie, bewirkt zum ersten Mal eine administrative, infrastrukturelle und ökonomische, allerdings bisher kaum eine gesellschaftliche Integration der einzelnen Staaten Lateinamerikas.

Den widersprüchlichen Sachverhalt, nämlich die weitreichende Kooperation und zugleich latente, partiell durchbrechende Gegnerschaft von Staat und multinationalen Konzernen, trifft weder Sunkels – auf Brasilien bezogener – Begriff »abhängiger Staatskapitalismus« noch die Aussage, der Staat sei – in Abwandlung eines Mandel-Begriffes – »Brutstätte« einer »internationalen kapitalistischen Bourgeoisie«[86] – welche in Zukunft vielleicht einmal entstehen kann –, ebensowenig die Erklärung von Dos Santos, ein Übergang von der finanziell-industriellen zur technologisch-industriellen Abhängigkeit finde statt[87], also die Charakteristika exogener Bestimmung der ökonomischen Bewegungsgesetze würden sich verändern, nicht aber die exogene Bestimmung selbst an Bedeutung verlieren.

Es ist nicht sinnvoll, die staatskapitalistischen und nationalistischen Tendenzen zu überzeichnen. Ebensowenig aber scheint es richtig, sie – wie Quijano es für Peru übernimmt – lediglich unter dem Begriff »dependencia negociada« abzuhandeln[88]. In dem Maße, wie die industrielle Entwicklung, insbesondere der Aufbau einer Investitionsgüterindustrie, voranschreitet, gewinnt der Staatskapitalismus in Lateinamerika an Bedeutung. In dem Maße, wie sich eine Staatsbourgeoisie formiert, die Eigeninteressen entwickelt und sich mit nationalen und lateinamerikanischen Interessen identifiziert, wird Abhängigkeit reduzierbar. Quijanos Begriff trifft nicht, weil bereits Verhandlungen über die Abhängigkeit selbst begonnen haben.

Regionale Aspekte der Militärherrschaft

Die Regierungsübernahme durch das Militär seit Anfang der sechziger Jahre und die in einigen Groß- und Mittelstaaten erreichte Dynamisierung der industriellen Entwicklung veränderten in wenigen Jahren das machtpolitische Kräftefeld in Lateinamerika. Zwischen den Großstaaten Lateinamerikas und den Kleinstaaten mit niedrigem Industrialisierungsniveau entwickelten sich Wirtschaftsbeziehungen, die denen zwischen Industrie- und Entwicklungsländern in mancher Hinsicht ähnlich sind. Zwischen devisenarmen Klein- und Mittelstaaten einerseits und den großen und einigen devisenstarken mittleren Ländern, so Venezuela, andererseits bildete sich ein »Rüstungs-Ungleichgewicht« heraus, welches das Entstehen »subregionaler Einflußzonen« förderte.
Der regionale Integrationsansatz auf der Basis gleichberechtigter Staaten, die Lateinamerikanische Freihandelszone (ALALC), blieb vor allem wegen der immer stärkeren Auseinanderentwicklung der Industrialisierungsniveaus zwischen den einzelnen Ländern ohne Erfolg. Zugleich entwickelten die zwei Großraumwirtschaften, Brasilien und Mexiko, ökonomische, politische und sicherheitspolitische Interessen gegenüber den übrigen Ländern der Region. Brasilien, bereits als eine der »›leading nations‹ of the Free World« gesehen, »wants to be a leader in Latin America, but not a leader of Latin America against the United States or other outsiders«[89]. Oder, wie Nixon es formulierte: ». . . as Brazil goes, so goes the rest of Latin America«. Der Großstaat betreibt eine aktive Rohstoff- und Absatzpolitik im übrigen Lateinamerika. Zum Beispiel überschwemmen in Paraguay brasilianische Waren den Markt. Sie zerstören die Ansätze zu »importsubstituierender Industrialisierung«, indem sie lokale Textil-, Schuh- oder Plastikindustrien ruinieren.
Die »gemeinsame« Ausbeutung natürlicher Ressourcen, etwa zur Energiegewinnung, im Rahmen langfristiger Verträge, Landkauf und Aufbau von Zulieferindustrien, aber auch ein intensives Vordringen der Film- und Folkloreindustrie verstärken Brasiliens politischen Einfluß in den benachbarten

Kleinstaaten. Mexiko, vorsichtiger, aber nicht weniger effizient, dominiert – zusammen mit den USA, jedoch im nationalen Interesse – Zentralamerika und die karibischen Länder – außer Kuba, den noch von Westeuropa abhängigen Gebieten sowie Haiti und Puerto Rico, die von den USA allein kontrolliert werden. Zur ökonomischen kommt die politisch-militärische Einflußnahme, so Brasiliens in Bolivien, Uruguay und auch Chile. Genehme Regierungen und politische Gruppen erhalten Waffen, Ausbildungs- und sonstige militärisch-technische Hilfe. Neben Beratergruppen aus den USA siedeln sich solche aus Brasilien an.
Einige Kleinstaaten gerieten bereits in eine Existenzkrise. In Bolivien zeigten sich starke separatistische Tendenzen im brasilianisch kontrollierten Santa Cruz. Aus Uruguay wanderten wegen der brutalen, indirekt vom Militär dominierten Regierung, die sich wirtschaftlich als vollständig ineffizient erwies, bereits 35 % der Einwohner aus. Entleerungsräume sind auch andere im Rahmen kapitalistischer Entwicklungspolitiken nur beschränkt »viable«[90] Länder, etwa Paraguay oder Surinam. Eine an sich adäquate Strategie komplementärer industrieller Spezialisierung, wie sie einige kleine Länder des Fernen Ostens, etwa Singapur oder Südkorea, durchsetzen, erweist sich in Lateinamerikas Kleinstaaten und auch in einem Land wie Chile als schwierig. Aus politischen Gründen und angesichts niedriger Einkommen wandern gerade die wenigen qualifizierten Arbeitskräfte ab. Eine nationalkapitalistische Strategie ist angesichts der Stärke des Imperialismus, des Einflusses der größeren Nachbarstaaten und der Schwäche ihrer Vertreter zum Scheitern verurteilt.
Es ist auch kaum möglich, aus dem kapitalistischen System auszuscheren, da heute – im Gegensatz zur Zeit der kubanischen Revolution – neben nationaler Polizei und – nun »nach innen« gerüsteten – Streitkräften auch die Armeen der größeren Nachbarländer und als Ultima ratio die US-Armee und zudem ein immer differenzierteres und wirksameres Instrumentarium politischer und ökonomischer Feindabwehr dies zu verhindern vermag. Die Alternative vieler Kleinstaaten besteht gegenwärtig nur darin, »Entwicklungseffekte« über eine Vertiefung der Abhängigkeit von Industrieländern oder von benachbarten Entwicklungsländern zu erzielen. Oft ziehen sie den zweiten Weg vor, da Landherren und Kaufleute, die politisch dominierenden Gruppen, sich hiervon einen größeren Nutzen versprechen. Die Entwicklung in den Kleinstaaten wird wahrscheinlich die weitere Entwicklung Lateinamerikas kaum wesentlich beeinflussen.
Sowenig Reflexionen von Offizieren Lateinamerikas über Systemfragen, etwa den gesellschaftlichen Nutzen des von ihnen vorangetriebenen Industrialisierungsmodells, vorliegen[91], es häufen sich geopolitische Studien, besonders in Brasilien und Argentinien. Bereits Perón sicherte seine Expansionspläne nach dem »Vorbild Hitlers«[92] ideologisch durch Haushofers Leh-

ren ab. Später gewann der in den USA formulierte Begriff vom »natürlichen Interesse« der Staaten an Bedeutung. Diesen interpretierte Lateinamerikas Militär zunächst defensiv. Es bezog ihn auf den Ausbau der Infrastruktur und die Besiedlung von Grenzgebieten, freilich oft, so durch Brasilianer in Bolivien, auf beiden Seiten der Grenze. Argentiniens übereifriger Militärdiktator Onganía proklamierte später, an die Stelle der »geographischen Grenzen« sollten in Lateinamerika »ideologische Grenzen« treten. Brasiliens General Golbery do Couto e Silva hob ebenfalls die »Ordnungsfunktion« der Großstaaten Lateinamerikas gegenüber allen anderen Ländern der Region hervor. Selbst revolutionäre Gruppen fordern gegen »geographischen Determinismus und Fatalismus«, den Kuba widerlegt habe, eine »Geopolitik der Befreiung«.

Der skizzierte Sachverhalt war bald unter dem Begriff »Subimperialismus« subsumiert. Dieser suggeriert, daß die Regierungen abhängiger Großstaaten im Dienste der Großmacht USA und zugunsten der multinationalen Konzerne in ebenfalls abhängigen Kleinstaaten »sekundäre Einflußzonen« aufbauen. Dies verwundert nicht, da zur Zeit die Ansicht gängig ist, die Regierungen dieser Länder würden gebildet durch Repräsentanten von Korrespondenzgruppen der kapitalistischen Metropolen, die ihrerseits als »Brückenköpfe«[93] die »ungleiche Spezialisierung« stabilisieren würden. Die staatliche Exportförderung zum Beispiel erfolgt jedoch, wie erwähnt, eben nicht unter dem Druck der multinationalen Konzerne, sondern meist gegen deren Interesse[94]. Nehmen die größeren Länder in den übrigen sicherheitspolitische Aufgaben wahr, so stärken sie nicht nur die Gesamtinteressen des internationalen kapitalistischen Systems, sondern auch ihre Verhandlungspositionen gegenüber den kapitalistischen Industrieländern. Ein Land wie Brasilien ist eben nicht nur »Subzentrum«, sondern verfolgt über eine relativ autonome militärisch-zivile Staatsbourgeoisie auch gegenüber Industrieländern und multinationalen Konzerne nationale Interessen.

Neben der Bildung »subregionaler Einflußzonen« sind zwei weitere regionale Aspekte der Militärherrschaft in Lateinamerika wichtig. Der erste bezieht sich auf die gegenwärtige Haupttendenz lateinamerikanischer Entwicklung. Kossok zählt in seiner Typologie der Militärdiktaturen eine Regierung wie die Brasiliens zu den »reaktionären Militärregimes, die in Struktur, Operationsweise und in den Methoden der Aufrechterhaltung des oligarchischen Herrschaftssystems der Oberklasse weitgehend moderne Methoden einsetzen«. Von diesem Typ setzt er den der »nationalreformistischen Militärregimes« ab, »die die Innen- und Außenpolitik an der Durchsetzung nationaler wirtschaftlicher und politischer Interessen auf der Grundlage weitreichender Strukturreformen orientieren«[95]. Er übersieht, daß eine Militärdiktatur wie die Brasiliens sich erheblich von Militärdiktaturen in Ekuador oder Panama unterscheidet und daß sie ebenso wie die Perus nationale Industriebourgeoi-

sie und Rohstoffexportoligarchie zu kontrollieren versucht. Hinsichtlich wichtiger Entwicklungstendenzen, etwa der Herausbildung einer Staatsbourgeoisie, bestehen zwischen Brasilien und Peru starke Gemeinsamkeiten.
Die unterschiedlichen Charakteristika der Intervention des Militärs in diesen Ländern resultieren in erster Linie daraus, daß die Krise der sechziger Jahre nur durch unterschiedliche Strategien zu überwinden war. Ein mittelgroßes, wenig industrialisiertes Land wie Peru konnte nicht über die Förderung ausländischer Investitionen in der Produktion dauerhafter Konsumgüter, sondern nur über den Aufbau einer staatlichen Grundstoffindustrie die Wirtschaft dynamisieren. So war das Militär gezwungen, *vor* einer massiven Industrialisierung das Eigentumsproblem in diesem Bereich über Verstaatlichungen zu lösen. Es mußte deswegen auch zunächst die proamerikanische Agrarbourgeoisie der hochproduktiven Zuckerunternehmen an der Küste ausschalten. In Brasilien boten sich die multinationalen Konzerne dagegen als Agenten dynamischer Industrialisierung geradezu an. Das Militär sah keinen Grund, ihr Vordringen zu hemmen, solange eine Öffnung nach außen hohe Wachstumsraten garantierte. Es förderte aber eine Art Wettbewerb zwischen Konzernen und auch Staatsunternehmen der Industrieländer und versuchte zudem, die Konzerne allmählich politisch und ökonomisch zu kontrollieren. Ebenso wie in Peru entstand – durch Entwicklungszwänge und als Gegengewicht zu den ausländischen Konzernen – auch in Brasilien ein wirtschaftlich starker Staat und ein großer staatskapitalistischer Sektor[96].
In beiden Ländern wurde eine moderne bürokratische Staatsverwaltung aufgebaut, in der militärische und zivile Technokraten aus dem staatlichen Wirtschaftsbereich zunehmend an Einfluß gewinnen. Diese versuchen, die Überfremdung zu verringern, so etwa über eine Diversifizierung der Partnerländer oder eine Intensivierung der Zusammenarbeit mit Entwicklungsländern mit ähnlichen Interessen gegenüber den Industrieländern. In beiden Ländern bemüht sich das Militär um eine Verbreiterung der politischen Basis – vor allem auch, weil gerade angesichts der internationalen Wirtschaftskrise die Verbesserung der Qualität der Außenwirtschaftsbeziehungen zu einer strategischen Kernfrage wird. Neben den Unterschieden zwischen den Militärdiktaturen beider Staaten sind also auch ihre Gemeinsamkeiten zu sehen. Beide können nur über eine »nationale Revolution« zur Umgestaltung der Außenwirtschaftsbeziehungen die Integration in den industriellen Kapitalismus erreichen. In beiden kann dies nur über den Staat als wichtigsten Entwicklungsträger erfolgen.
Der zweite Aspekt betrifft die Beziehungen zwischen Militär- und Zivilregierungen in Lateinamerika, damit auch die Frage, ob neben Brasilien und Mexiko in der Region eine dritte und vielleicht sogar vierte Großraumwirtschaft und mittlere Macht entstehen kann. Argentinien besitzt hierzu günstige Voraussetzungen, sofern es seine langjährige innere Krise zu überwinden

vermag. Perón forderte vor seinem Tod die Schaffung der »Vereinigten Staaten von Lateinamerika«, bemühte sich allerdings zugleich um eine Verstärkung der Zusammenarbeit Argentiniens mit der Andengruppe und der Europäischen Wirtschaftsgemeinschaft, um Gegengewichte zur »Achse Washington – Brasilia« zu schaffen. Seine Nachfolger setzen auf die »Atombombe« und die Verbesserung der Beziehungen zu den USA.
Die Andengruppe geriet in eine Krise. Die Militärregierungen in Bolivien und Chile arbeiten eng mit den USA, Brasilien und auch Argentinien zusammen. Die Regierung Venezuelas, die gute Beziehungen zur APRA Perus unterhält, scheut sich, die Zusammenarbeit mit der Militärregierung dieses Landes zu intensivieren. Die Gruppe der zivil regierten Staaten gewinnt an Bedeutung, seitdem Venezuelas gemäßigt nationalistische Regierung die Kooperation mit Mexiko, Kolumbien, zentralamerikanischen und karibischen Ländern verstärkt. Es ist unter anderem auf den Druck einflußreicher nationalistischer Offiziere zurückzuführen, daß die Regierung des reichen Erdöllandes strategische Rohstoffe und Industrien verstaatlicht und über eine umfangreiche Aufrüstung die »Interventionsschwelle« für die USA und damit die Verhandlungsmacht gegenüber den multinationalen Konzernen erhöht. Die Rüstungsüberlegenheit Brasiliens wird allerdings hierdurch nicht in Frage gestellt. Sie bleibt unbestritten, zumal Mexikos Zivilregierung auf den militärischen »Schirm« der USA vertraut[97].

Internationale Aspekte der Militärherrschaft

Zur Perspektive kapitalistischer Industrialisierung in Lateinamerika

Unübersehbar ist, daß Imperialismustheoretiker die vorherrschende Variante weltwirtschaftlicher Arbeitsteilung in der jeweils gängigen Außenwirtschafts- und Entwicklungstheorie in den kapitalistischen Industriestaaten als letzte Variationsmöglichkeit internationaler kapitalistischer Arbeitsteilung anzusehen pflegten. Baran orientierte sich 1957 an den konservativen Theorien von Ökonomen der frühen fünfziger Jahre, die davon ausgingen, daß die vorgegebene internationale Arbeitsteilung zwischen Primär- und Industriegüterproduzenten auch den nichtindustrialisierten Ländern Wachstum und Entwicklung garantiere[98]. Jalée ging noch 1969 davon aus, daß der Imperialismus »keinen industriellen Sektor an die dritte Welt abgebe« und dort »nur ... investieren« werde, »um sich Rohstoffquellen oder Märkte zu sichern«[99]. Mandel betonte dagegen, daß die kapitalistischen Industriestaaten zunehmend mehr Investitionsgüter, die unterentwickelten Länder immer mehr Produkte der leichten Industrie ausführen würden[100].

Amin schließlich stellt ebenso wie um 1965/68 Außenwirtschaftler in Industriestaaten und relativ weit industrialisierten Entwicklungsländern die Frage, was nach Erschöpfung der Möglichkeiten der Importsubstitution zu erwarten sei. »Die unterentwickelten Länder werden sich von nun an auf die ›klassischen‹ Produktionen spezialisieren, eingeschlossen die ›klassische‹ Schwerindustrie ..., die nur eine einfache Qualifikation der Arbeitskraft erfordert.« Sie werden sogar Investitionsgüter herstellen, »während sich das Zentrum ultramoderne Aktivitäten vorbehält (Automation, Elektronik, Eroberung des Weltraums, Atomindustrie)«. Der »Kapitalismus der Peripherie« kann also eine außerordentliche industrielle Dynamik erreichen; er kann jedoch nach Amin nicht die »Unterentwicklung« aufheben. Denn alle Ausprägungen internationaler kapitalistischer Arbeitsteilung seien »Modalitäten einer ungleichen internationalen Spezialisierung, die jedesmal den Mechanismus der ursprünglichen Akkumulation zugunsten des Zentrums ausdrücken, und die unaufhörlich – wenn auch in neuen Formen – die Peripherie in ihrer Rolle belassen«.

Verbleibt aber kapitalistische Industrialisierung in jedem Fall in den Grenzen der »Entwicklung der Unterentwicklung«? Vorzuwerfen ist Amin nicht, daß er zukunftsbezogene, spekulative Schlußfolgerungen zieht, denn antizipierende Forschungsarbeiten sind erforderlich, wohl aber, daß seine Argumentation inkonsistent ist. Kann angenommen werden, daß ein Entwicklungsland die gesamte klassische Produktion der Industriestaaten aufbaut, zugleich aber die »kapitalistische Produktionsweise der Peripherie« sich weiterhin durch ein Nebeneinander vorkapitalistischer und kapitalistischer Gesellschaftsformationen auszeichnet (also die Umstrukturierung der Produktionsverhältnisse in traditionellen Wirtschaftsbereichen ausbleibt und damit eine entscheidende Voraussetzung der Erweiterung des Spielraums für die Entfaltung der Produktivkräfte entfällt) und sogar »ein wachsendes Auseinanderklaffen der sektoralen Produktivität im Inneren der peripheren Volkswirtschaften«[101] stattfindet?

Ebenso wie Córdova, für den neben der Dependenz die »strukturelle Heterogenität«[102] wichtigste Determinante des Wachstumsrückganges in Lateinamerika in den sechziger Jahren ist, geht Amin von der offensichtlich unzutreffenden Annahme aus, ein Auseinanderklaffen der Produktivität in und zwischen Sektoren sei wachstumshemmend. Erstens belegen aber empirische Untersuchungen, daß gerade während der Wachstumskrise zwischen 1955 und 1967/68 vorindustrielle Reststrukturen sogar in entlegenen Agrarregionen zumindest partiell aufgehoben wurden[103]. Der Prozeß der Durchindustrialisierung verläuft in den Groß- und einigen Mittelstaaten – über einen längeren Zeitraum beobachtet – durchaus dynamisch, wenn auch für einige Marxisten die Industrialisierung der Region für den Entwicklungsstand der Produktivkräfte »im Kern negative Folgen«[104] hatte und sich für andere

eine »katastrophistische Perspektive neoimperialistischer Ausbeutung« abzeichnet[105].
Zweitens war die Ungleichmäßigkeit – und damit auch die Ungleichheit – in einigen militärisch regierten Ländern besonders stark, da dort der Staat zunächst der privatkapitalistischen Industrialisierung nicht entgegensteuerte. Gerade in diesen Ländern entstehen aber nicht »Wirtschaftsenklaven« und »transnationale Wirtschaftskomplexe«, welche ein weiteres Herauswachsen aus dem nationalen Wirtschaftsgefüge bewirken[106]. Vielmehr ist eine gewisse »Homogenisierung der Produktionsverhältnisse«[107] zu beobachten. Drittens ist ein gewisses Auseinanderklaffen der Produktivität in und zwischen Sektoren Vorbedingung und Folgeerscheinung kapitalistischer Industrialisierung. Vielleicht wird es bald Regionen mit modernsten Industrien und hochqualifizierten Arbeitskräften und solche mit »klassischen« Industrien und relativ niedrig qualifizierten Arbeitskräften in »Industrieländern« und »Entwicklungsländern« geben, indem etwa die multinationalen Konzerne um ihres Aktionsspielraumes willen, also um ihre Selbständigkeit von durch Krisen erschütterten Industrieländern zu vergrößern, Wachstum in die Peripherie verlagern oder indem Regierungen von Entwicklungsländern eine solche Wachstumsverlagerung erzwingen.
Cardoso kritisierte den Begriff »Entwicklung der Unterentwicklung« und Franks These, »in den abhängigen Volkswirtschaften gäbe es infolge des Imperialismus einen strukturellen ›Mangel an Dynamik‹«. Die monopolistische Durchdringung des industriellen Sektors einer abhängigen Volkswirtschaft und Entwicklung würden sich nicht ausschließen. In Sektoren, die in die neuen Formen monopolistischer Expansion einbezogen würden, sei eine abhängige kapitalistische Entwicklung möglich, die den Binnenmarkt der abhängigen Volkswirtschaft für die imperialistischen Staaten immer bedeutender werden lasse. Jedoch, so auch Cardoso, blieben die Entwicklungsländer »nach wie vor deshalb wirtschaftlich abhängig, weil die Produktion der Produktionsmittel (Technologie) in den fortgeschrittenen Volkswirtschaften (vor allem in den USA) konzentriert« sei. Es sei zudem nicht »realistisch zu erwarten, daß die nationale Bourgeoisie der Durchdringung von außen Widerstand entgegensetzen wird«. »Bürgerlicher Nationalismus«[108] werde die Abhängigkeit nicht verringern.
Hier ergibt sich ein kennzeichnender Widerspruch, der bei Sunkel besonders deutlich wird. Dieser zitiert zustimmend die Feststellung von Poulantzas, die nationalen Bourgeoisien seien »tendenziell völlig abhängig vom internationalisierten Kapital«[109], schreibt aber andererseits: »Whatever the case, the era of ›creating favourable business conditions for foreign direct investment‹, as a general policy, seems to be coming to an end in most countries ... A new era is opening of hard bargaining and negotiations, of pragmatic and detailed consideration of specific cases, of weighing the conditions ...,

of building up alliances with countries with similar interests ... An era, in short, of the assertion of the national interest of our countries in their international economic relations. The aim is development without dependence and without marginalisation, and to achieve this goal the asymmetrical nature of the present system of international economic relations seems to require a thorough reform«[110]. Über »abhängige Bourgeoisien« ist nur eine »abhängige Industrialisierung« möglich. Staat und multinationale Konzerne können »nur insofern antagonistisch sein, als in einem Staat sich Positionen der Klasse der Lohnabhängigen durchsetzen lassen«[111]. Jedoch vertreten in Lateinamerika Militär- und Zivilregierungen, die kaum unter dem Druck der Klasse der Lohnabhängigen stehen, energisch nationale Interessen ... Was denn nun?

Die skizzierten Erklärungsversuche von Imperialismus- und Dependenzforschern sehen, so unterschiedlich sie in ihren Aussagen sind, alle die Einflußnahme der Industrieländer als entscheidende Determinante für die Entwicklung der kapitalistischen Länder der Peripherie an. Die Dialektik kapitalistischer Expansion besteht aber gerade darin, daß in ihrem Rahmen in den Entwicklungsländern soziale und politische Kräfte entstehen, welche zunehmend bereit und in der Lage sind, die Ungleichheit der internationalen kapitalistischen Arbeitsteilung zu durchbrechen und aufzuheben, und zwar entweder durch das Ausscheren aus dem kapitalistischen System oder durch eine schnelle und intensive Integration in den industriellen Kapitalismus. Im Rahmen der neuen Industrialisierungsstrategie seit den sechziger Jahren bilden sich trotz und gerade wegen des starken Engagements multinationaler Konzerne Gegenkräfte heraus, indem der Staat zur Gegenmacht der ausländischen Unternehmen wird und sich auf die Verbesserung der externen Entwicklungsbedingungen zu konzentrieren beginnt.

Die Interessen von Staatsbourgeoisie und multinationalen Konzernen sind, so wird gerade durch das relativ schnelle Wirtschaftswachstum deutlich, in vieler Hinsicht entgegengesetzt. Letztere versuchen, eine internationale industrielle Arbeitsteilung durchzusetzen, in der geeignete Entwicklungsländer traditionelle Industrien der Industriestaaten (Textil- oder Kfz-Industrie, »schmutzige Industrien« usw.) übernehmen, während sie sich selbst auf neue, technologisch überlegene Industriebereiche konzentrieren, zu denen sie, wie sich gerade in Brasilien und Mexiko zeigt, den Entwicklungsländern eher den Zugang verweigern möchten. Die Regierungen der relativ weit industrialisierten Entwicklungsländer nutzen zwar die angebotenen Industrialisierungsmöglichkeiten; sie streben aber zugleich eine »Vollindustrialisierung« ihrer Länder an, und zwar über eine Integration in den industriellen Kapitalismus.

Hier liegt der Unterschied zur bisherigen Situation. Bisher versuchten in Lateinamerika linksorientierte Regierungen und Bewegungen, aus dem Kapitalismus auszubrechen, um eine alternative, nicht-kapitalistische Entwicklungsstrategie umsetzen zu können. Heute bemühen sich die konservativen Regierungen Brasiliens, Mexikos oder Venezuelas darum, über eine Durchbrechung der von den Industrieländern angebotenen industriellen Arbeitsteilung eine Aufhebung des Entwicklungsabstandes zu diesen zu erreichen. Von daher die wachsende Bedeutung der Intervention des Staates in die Wirtschaft, insbesondere in den industriellen Sektor. Von daher auch Anzeichen für eine wachsende Zusammenarbeit zwischen Staat und nationaler Privatwirtschaft, etwa in Brasilien, und sogar für einen neuen »Populismus« – freilich unter strenger militärischer Kontrolle –, einmal zur Ausweitung der Binnenmärkte für industrielle Produkte, zum andern zur Mobilisierung von Verhandlungsmacht gegenüber multinationalen Konzernen und von nationalem Rückhalt im Kampf um die Verbesserung der externen Entwicklungsbedingungen.

Die Großstaaten Lateinamerikas mit bedeutenden ausländischen Direktinvestitionen, also Brasilien, Mexiko und auch Argentinien, verfügen über ein erheblich größeres, internationales Verhandlungspotential als Länder mit geringen Auslandsinvestitionen, etwa Paraguay, die im kapitalistischen Rahmen praktisch keine Chance zu beschleunigter Industrialisierung besitzen, sondern eher zunehmend abhängiger werden. Wachsende Interdependenz kann Voraussetzungen für den Abbau von Dependenz schaffen[112]. Auch Länder mit schwer substituierbaren, weltweit relativ knappen natürlichen Ressourcen wie etwa Erdöl, so Venezuela, Ekuador, Mexiko, Bolivien (bald auch Peru) entdecken, daß nicht nur sie auf die kapitalistischen Industriestaaten, sondern auch diese auf sie angewiesen sind, und zwar hinsichtlich ihrer Kapitalverwertungs- und Gewinnmöglichkeiten, Märkte und Rohstoff- und Energiezulieferungen und sogar auf ihren sicherheitspolitischen Beitrag zur Erhaltung des »internationalen Kräftegleichgewichtes«.

Gerade die Veränderung der Beziehungen zwischen Industrie- und Erdölländern seit 1973 wirft die Frage auf, ob sich in dem neuen Modell von enger Zusammenarbeit und partieller Gegnerschaft nur immer die Interessen der kapitalistischen Industrieländer durchsetzen werden. Es erwies sich, daß Ziele und Handlungen von multinationalen Konzernen und Industrieländern nicht allein den Industrialisierungsprozeß der kapitalistischen Entwicklungsländer bestimmen. Es hat bereits ein Verhandlungsprozeß begonnen, in welchem die Entwicklungsländer sicherlich noch die Schwächeren sind, jedoch eine Gruppe von ihnen bereits soviel Verhandlungsmacht mobilisieren kann, daß über Prozesse schrittweiser, partieller Umverteilung ihre Industrialisierungsperspektive günstiger wird.

Zu erwarten ist – und die Lateinamerika-Politik der USA stellt sich bereits hierauf ein –, daß die Forderungen nach Verbesserung der externen Entwicklungsbedingungen bald nachdrücklicher vorgetragen werden, und zwar von Regierungen, die mit den USA über die Systemfrage weitgehend einig sind. Instrumente des Aufbaus von Verhandlungsmacht nach außen sind zum Beispiel Integrationsbestimmungen, Diversifizierungspolitiken, Blockbildung von Ländern mit gemeinsamen Interessen, Produzentenallianzen oder lateinamerikanische multinationale Konzerne, wie sie im Rahmen des »Sistema Económico Latinoamericano« (SELA) geschaffen werden sollen, das besonders durch Venezuela propagiert wird. Freilich kann sich der Verhandlungsprozeß über die Integration staatskapitalistischer Länder in den industriellen Kapitalismus über Jahrzehnte hinziehen. Einmal kommt den multinationalen Konzernen weltweit eine Schlüsselrolle in Technologieproduktion und Kapitalakkumulation zu. Zum andern wächst eine Staatsbourgeoisie, die in strategischen Kategorien zu denken vermag und gewillt ist, über eine Vielzahl »kleiner Schritte« sektor- und produktbezogene Dependenz zu verringern, erst heran.

Ziel der Aufhebung von Asymmetrie in den Beziehungen zwischen kapitalistischen Industrie- und Entwicklungsländern kann nur jene eingeschränkte politische Unabhängigkeit und wirtschaftliche Selbständigkeit sein, wie sie – mehr oder weniger – alle kapitalistischen Industrieländer außer der Weltmacht USA besitzen. Aus diesem Grunde kommt eine Strategie der Minimierung der Beziehungen zu den kapitalistischen Industriestaaten nicht in Frage. Eine Dissoziation, eine Isolierung vom Weltmarkt über längere Zeit, wie sie Brown, Senghaas oder Elsenhans[113] empfehlen oder gar als Voraussetzung der Überwindung der Unterentwicklung ansehen, würde für jede prokapitalistische Regierung verheerende Wirkungen haben, sofern sie diese überhaupt durchsetzen könnte. Aber auch für eine prosozialistische Regierung ist eine solche Strategie der Dissoziation kaum sinnvoll. Eine Großraumwirtschaft wie die der VR China kann sie unter Umständen eine Zeitlang verkraften. Einem mittelgroßen oder kleinen Land auf dem nichtkapitalistischen Weg pflegt sie schweren Schaden zuzufügen – wie übrigens die Regierung Kubas, eines Landes also, das durch Einwirkungen von außen von einem Teil der kapitalistischen Länder isoliert wurde, immer wieder betont.

Zweifellos war die »immanente Wachstumsfähigkeit«[114], die Kernbedingung eigenständiger Industrialisierung, in Lateinamerika auf Grund der intensiven Verflechtung in die Weltwirtschaft gering. Gerade während der Periode »importsubstituierender Industrialisierung« zeigte sich, daß eine industrielle Entwicklung aus einem autonomen wirtschaftlichen und technologischen Kern heraus nicht möglich war. Die Dependenztheorie war der ideologische Reflex auf die Unmöglichkeit autonomer kapitalistischer Industrialisierung. Geprägt von den Erfahrungen der Wirtschaftskrise ab Mitte der fünfziger Jahre und befangen in der Kritik an der nationalkapitalistischen Wachstumstheorie des »Cepalismo« und an reformkapitalistischen Bewegungen, die sich in Umsetzung dieser Konzeption als Träger einer nationalen

»Dritten-Weg-Revolution« zwischen Kapitalismus und Kommunismus ausgaben, sahen gerade dem Marxismus nahestehende Dependenztheoretiker die Chancen der Entfaltung des Kapitalismus in Lateinamerika lediglich als Entwicklungschancen des lateinamerikanischen Kapitalismus an. Sie gelangten über die Widerlegung bzw. Ablehnung der Thesen von der Herausbildung einer progressiven »industriellen Bourgeoisie« und des Überganges zu sich selbst tragender Industrialisierung à la Rostow zur Alternative der Entwicklung nach Ausscheren aus dem kapitalistischen Weltsystem, und damit zu Franks Schlußfolgerung: »kapitalistische Unterentwicklung oder sozialistische Revolution«[115].

Unerfaßt blieb in den Dominanz-Dependenz-Modellen, die historische Gesetzmäßigkeiten deduzierten und projizierten, die Ambivalenz der »Abhängigkeit«, einmal als Verhinderungsgrund des Aufbaus eines bereits in der ersten Phase der Industrialisierung autonomen Systems der Kapitalverwertung – analog zu dem einzelner kapitalistischer Industriestaaten –, zum andern als günstige Voraussetzung einer noch intensiveren Integration in die kapitalistische Weltwirtschaft, und zwar gerade wegen jahrhundertelanger exogener Penetration durch die kapitalistischen Metropolen, wie sie etwa in afrikanischen und asiatischen Entwicklungsländern nicht vorliegt. Unbeachtet blieb damit auch, daß gerade in den größeren Ländern Lateinamerikas – wiederum unter anderem auf Grund starker europäischer und nordamerikanischer Durchdringung – die politischen und sozialen Bedingungen für eine kapitalistische Industrialisierung relativ günstig sind, und zwar sowohl für eine zeitweise »fortschreitende Denationalisierung«[116] der Produktivkräfte der peripheren Länder als auch für einen »begrenzten Antiimperialismus«, also antiimperialistischen Kampf unter Ausklammerung der Systemfrage – der übrigens eine Erweiterung des politischen Verhandlungsspielraumes durch die Intensivierung der Wirtschaftsbeziehungen zu den sozialistischen Ländern nicht ausschließt.

Imperialismus- und Dependenzforscher haben bisher eher zur Klärung einiger Ursachen ökonomischer Rückständigkeit beigetragen als zum Verständnis der »Bedingungen gelingender industrieller Entwicklung«[117]. Es fehlt nicht an Arbeiten, die zeigen, daß Unterentwicklung zwangsläufiges Resultat der weltweiten Entwicklung des kapitalistischen Systems ist, sondern an solchen, die die Voraussetzungen und Bedingungen, Widersprüche und Beschränkungen der gegenwärtig ablaufenden Prozesse kapitalistischer Industrialisierung empirisch untersuchen. »Unterentwicklung« darf nicht nur – selbst wenn dies historisch gesehen zutreffend ist – als Resultat externer Einwirkung verstanden werden. Ebensowenig besteht sie nur in »ökonomischer Rückständigkeit«. Sie resultiert immer auch aus »den Verhaltensorientierungen handelnder Menschen und handelnder gesellschaftlicher Klassen«[118]. Dies und ebenso die jeweils spezifischen Bedingungen, die zumindest partiell durch Regierungen veränderbar sind[119], vernachlässigten gerade Imperialismus- und Dependenzforscher. So sind die Bedingungen, Elemente und Widersprüche der Herrschaft proindustrieller Gruppen von Militär, Staatsbürokratie, Planungstechnokratie und Wirtschaftsverbänden, ferner die Charakteristika des Prozesses der Aushandlung von Interessen zwischen diesen Gruppen sowie der Verhandlung dieser Gruppen mit nationaler Privatwirtschaft und Proletariat einerseits und mit multinationalen Konzernen und Industrieländern andererseits kaum untersucht.

In diesem Zusammenhang kommt Untersuchungen des Militärs besondere Bedeutung zu. Es errang die politische Unabhhängigkeit der Republiken der Region, unterstützte seit der Weltwirtschaftskrise übewiegend eine naional orientierte Industrialisierungsstrategie, schuf dann in Ländern der Region, wo dies Zivilregierungen nicht vermochten, geeignete Bedingungen für eine Systemstabilisierung und Dynamisierung der kapitalistischen Industrialisierung und gewinnt nun – am Ende der zweiten Periode militärischer Intervention in die Politik in diesem Jahrhundert – wieder als national und lateinamerikanisch orientierte Kraft an Bedeutung. Es bleibt offen, ob die Integration in den industriellen Kapitalismus in den nächsten 20 bis 30 Jahren gelingt – oder ob – auch dann sicherlich teilweise durch das Militär bestimmt – die staatskapitalistischen Tendenzen den Übergang zu nichtkapitalistischen Strategien vorbereiten.

Anmerkungen

1 Vgl. die Literaturangaben bei: Lindenberg, K., La función política de las fuerzas armadas en América Latina, ILDIS, Santiago 1971

2 vgl.: Cardoso, F. H., Abhängigkeit und Entwicklung in Lateinamerika, in: Senghaas, D. (Hrsg.), Peripherer Kapitalismus. Analysen über Abhängigkeit und Unterentwicklung, Frankfurt/M. 1974, S. 201–220, S. 218 f.

3 vgl. z. B.: Lieuwen, E., Arms and Politics in Latin America, New York, Washington, London 1960; ders., Generals vs. Presidents. Neomilitarism in Latin America, New York 1964

4 Nun, J., Lateinamerika: Die Hegemoniekrise und der militärische Staatsstreich, in: Kölner Zeitschrift für Soziologie und Sozialpsychologie, Sonderheft 13, Aspekte der Entwicklungssoziologie, Köln, Opladen 1969, S. 328–366, S. 357; vgl. die ähnliche Position von: Halpern, M., The Politics of Social Change in the Middle East and North Africa, Princeton, N. J., 2/1965, S. 62

5 vgl.: Goldenberg, B., Ein Aspekt der chilenischen Erfahrung, in: Vierteljahresberichte, Nr. 56, Juni 1974, S. 101–124, S. 104 (»... auswärtige Faktoren haben lediglich bestehende und wachsende endogene Konflikte verschärft, sie jedoch nicht hervorgerufen ... Ebenso falsch wäre es, die Schuld den Gegnern der Volksfront zuzuschieben.« Die Unidad Popular sei »gescheitert«, weil der »friedliche Weg« sich in Chile »als ungangbar« erwiesen habe. Erstens wurden vermeidbare Fehler gemacht, vor allem durch die Anwendung des CEPAL-Modells der Nachfragestimulierung. Zweitens steht mittlerweile fest, daß externe Faktoren von Anfang an, oft entscheidend, an der Entstehung der wirtschaftlichen und sozialen Krise von 1973 mitwirkten. Drittens scheiterte nicht eine bestimmte Revolutionsstrategie, sondern es erwiesen sich im *Verlaufe dieses* revolutionären Prozesses die vereinten Gegenkräfte im In- und Ausland als stärker. Viertens kann für miß- und gelungene Revolutionsunternehmen gezeigt werden, daß sie eigentlich »ungangbar« waren, etwa auch für die kubanische Revolution. Revolutionen sind nur teilweise plan- und berechenbar; sie sind immer auch auf die Herausbildung günstiger politischer Konstellationen angewiesen – wie jede Politik.

6 Kossok, M., »Sonderauftrag Südamerika«. Zur deutschen Politik gegenüber Lateinamerika 1938–1942, in: Lateinamerika zwischen Emanzipation und Imperialismus 1810–1960, Berlin 1961, S. 234–255

7 Horowitz, I. L., The Military Elites, in: Lipset, S. M., Solari, A. (Hrsg.), Elites in Latin America, New York 1967, S. 146–189, S. 175

8 vgl.: Kossok, M., Möglichkeiten und Grenzen eines politischen und sozialen Funktionswandels der Streitkräfte in den Entwicklungsländern: Der Fall Lateinamerika, in: Gräbener, J. (Hrsg.), Klassengesellschaft und Rassismus, Düsseldorf 1971, S. 313–328, S. 314

9 vgl.: Council on Foreign Relations, Documents on American Foreign Relations,

New York 1954, S. 414 ff.; Eßer, K., Wandlungen im amerikanischen Regionalsystem, in: Europa-Archiv, Folge 1/1968, S. 30–36, S. 31

10 vgl. die Satzung der OAS in: Europa-Archiv, Folge 6–7/1956, S. 8696 ff., bes. Artikel 15 und 16 einerseits und 19 und 24 andererseits

11 UPI, 20. November 1969

12 Tibi, B., Militär und Sozialismus in der dritten Welt, Frankfurt/M. 1973, S. 69, S. 84, S. 8 f.

13 Nun, Lateinamerika . . ., a.a.O., S. 359

14 Alexander, R. J., Prophets of the Revolution. Profiles of Latin American Leaders, New York, [2]1964, S. 54

15 vgl. Weaver, J. L., Assessing the Impact of Military Rule: Alternative Approaches, in: Schmitter, P. C. (Hrsg.), Military Rule in Latin America. Function, Consequences and Perspectives, London 1973, S. 58–116, S. 61; Nun, J., The Middle-Class Military Coup, in: Veliz, C. (Hrsg.), The Politics of Conformity in Latin America, London, New York, Toronto 1967, S. 66–118

16 Fernandes, F., The Meaning of Military Dictatorship in Present Day Latin America, New York 1970, zit. nach: Lindenberg, K., Zur politischen Funktion des Militärs in Lateinamerika, in: ders. (Hrsg.), Politik in Lateinamerika, Hannover 1971, S. 61–81, S. 78, Anm. 82

17 Kossok, Möglichkeiten . . ., a.a.O., S. 319

18 Tibi, Militär . . ., a.a.O., S. 69 f.; gemeint sind nicht die »Armeen«, sondern deren Offiziere; ähnlich argumentiert wird in: Deutsches Institut für Zeitgeschichte, Der Zerfall des Kolonialsystems und der Aufschwung der nationalen Befreiungsbewegung, Berlin 1967, S. 146: In Brasilien, Argentinien und Paraguay seien »reaktionäre, proimperialistische Militärdiktaturen errichtet« worden. In diesen Ländern seien »die Führungskräfte der Armee selbst Vertreter der Oligarchie, in deren und des Imperialismus Interesse (und mit dessen Unterstützung) sie die Macht ergreifen, um eine Veränderung des Status quo zu verhindern, die von der zunehmenden Massenbewegung der Volkskräfte droht«. Andererseits wurden die Streitkräfte Chiles noch 1973 euphorisch-oberflächlich eingeschätzt; vgl.: Lederer, H., Chile – der Weg der antiimperialistischen Volksfront, in: Marxistische Blätter, Nr. 3, Mai, Juni 1973, S. 42–48, bes. S. 46 f.

19 vgl.: Huntington, S. P., Political Order in Changing Societies, New Haven, London [2]1969, S. 221

20 Kossok, Möglichkeiten . . ., a.a.O., S. 321

21 Cotler, J., Crisis política y populismo militar en el Perú, in: Estudios Internacionales, Nr. 12, Santiago 1970, S. 439–488, S. 483 f.; Tibi, Militär . . ., a.a.O., S. 71, folgert aus einer ähnlichen Feststellung Quijanos: »In Peru konnte einzig das Kleinbürgertum die Macht ergreifen, und zwar über die Armee.« Natürlich zeigte sich bald, daß das Militär Perus kein Agent des Kleinbürgertums ist, obwohl es teilweise aus diesem stammt und zunächst auch durch dessen politische Vorstellungen geprägt war. Die Argumentation, das Kleinbürgertum hätte die »Macht ergriffen«, weil das Militär die Regierung übernahm, ist nicht nur kausal-mechanisch, sondern auch politisch naiv.

22 Imaz, J. Luis de, Los que mandan, Buenos Aires 1964, S. 45–84

23 vgl.: Tibi, Militär . . ., a.a.O., S. 39–51, und die zutreffende Kritik von Ibrahim,

S., in: Das Argument, Nr. 88, Dezember 1974, S. 1027–1030; vgl.: Kossok, Möglichkeiten . . ., a.a.O., S. 325.

24 vgl.: Goldenberg, B., Kommunismus in Lateinamerika, Stuttgart, Berlin, Köln, Mainz 1971, S. 492 f.

25 Lieuwen, Arms . . ., a.a.O., S. 124 f. (». . . the newly modernized armies had no real military mission to perform. They were underemployed; the absence of international wars, other than the Chaco struggle . . ., confined their military activities to routine peacetime maneuvers.«)

26 Costa P., L. A., Sociología del nuevo militarismo, in: Panorama Económico, Nr. 251, Dezember 1969/Januar 1970, S. 27–40

27 vgl.: Medick, M., Das Konzept des »Military-Industrial Complex« und das Problem einer Theorie demokratischer Kontrolle, in: Politische Vierteljahresschrift, Heft 4, Dezember 1973, S. 499–526

28 Frankfurter Allgemeine Zeitung, 20. März 1963

29 Le Monde, 19. Januar 1967

30 vgl. zu den Ursachen der »violencia« in Chile: Jobet, J. C., Las primeras luchas obreras en Chile y la Comuna de Iquique, in: Di Tella, T. S., et al., Estructuras sindicales, Buenos Aires 1969, S. 59–67; Eßer, K., Agrarreform: ein Machtproblem – Zum Herrschaftssystem der Landherren in Chile, in: Vierteljahresberichte, Nr. 39, März 1970, S. 33–53

31 Latin America, London, 28. Februar 1975; Frankfurter Rundschau, 2. April 1975

32 Schätzungen von Chilenen, die sich heute im Exil befinden

33 vgl.: Carias, M. V., Slutzky, D., La guerra inutil. Análisis socio-económico del conflicto entre Honduras y El Salvador, San José 1971

34 vgl.: Eßer, K., Industrialisierungsstufen und Ländergruppen in Lateinamerika. Ein Aspekt des Differenzierungsprozesses zwischen Entwicklungsländern, DIE, Berlin 1975, S. 70 ff. (Eine Ausnahme stellt Puerto Rico dar.)

35 Kossok, Möglichkeiten . . ., a.a.O., S. 323

36 Time Magazine, 7. Mai 1965

37 vgl. zur Popularität des Präsidenten: Eßer, K., Guevaras Guerilla in Bolivien, in: Vierteljahresberichte, Nr. 37, September 1969, S. 315–336, S. 325 f.

38 Barrientos selbst war, wie im März 1975 aufgedeckt wurde, von einem in Bolivien tätigen US-Erdölkonzern mit mehreren Mio. US $ korrumpiert worden.

39 Zitate aus Zeitungen, die 1970/71 in La Paz erschienen

40 vgl. z. B.: Eßer, K., Industrialisierungsstufen . . ., a.a.O., S. 68 f. und S. 125, Anm. 55

41 Fast alle Autoren, die sich mit der Intervention beschäftigten, gelangten zu der Schlußfolgerung, daß eine solche Prädominanz nicht existierte, sondern der kommunistische Einfluß fast inexistent war, so z. B. Niedergang, Szulc, Meléndez, Estrella.

42 vgl.: Eßer, Industrialisierungsstufen . . ., a.a.O., S. 49 f.

43 Studien über die enge Verflechtung der Wirtschaftsverbände Lateinamerikas, die besonders unter Militärregierungen an Bedeutung zu gewinnen pflegen, mit entsprechenden Organisationen der Industriestaaten liegen nicht vor. Die Wirtschaftsfakultät der Katholischen Universität in Santiago ist seit langem stark

beeinflußt durch die Chicago School unter Milton Friedman, die Chile 1973 ein »shock treatment« empfahl. Auch von der Neuen Zürcher Zeitung, 25. Februar 1974, wird die Übernahme des deutschen Vorbildes der »sozialen Marktwirtschaft« als wenig sinnvoll bezeichnet.

44 vgl.: Petras, J., Politics and Social Forces in Chilean Development, Berkeley, Los Angeles 1969, S. 288–337

45 vgl. die Kontroverse zwischen Bourricaud, F., und Bresani, J. B., um die Frage, ob Peru von einer Gruppe einheimischer Familien oder durch vom Ausland gelenkte Großunternehmen dominiert sei; z. B.: Bresani, J. B., Mito y realidad de la oligarquía peruana, in: El Perú actual, Mexiko 1970

46 Cotler, Crisis política ...

47 Minkner, M., Comunidad Industrial – Versuch einer neuen Struktur und Kontrolle des Eigentums in der peruanischen Industrie, in: Verfassung und Recht in Übersee, Nr. 4, 1974, S. 385–407, S. 392

48 Quijano, A., Imperialismus und Staatskapitalismus. Der Fall Peru, in: Leviathan, Nr. 1, 1973, S. 455–488, S. 463, 461, 475

49 ebenda, S. 474

50 vgl.: Hobsbawm, E., 1971: The Peculiar »Revolution«, in: New York Review of Books, 16. Dezember 1971

51 Plan Inca, Lima, 3. Oktober 1974

52 Evers, T. T., Militärregierung in Argentinien. Das politische System der »Argentinischen Revolution«, Hamburg 1972, S. 43 f.

53 auf Gemeinden basierende, ständische Ordnung; da der Begriff auch bei vielen Offizieren auf Ablehnung stieß, wurde er bald durch »participación« ersetzt; ebenso ersetzten ihn Chiles Christdemokraten durch »participación popular«

54 vgl.: Eßer, K., et al., Hochschulentwicklung und -integration in Zentralamerika am Beispiel regionaler Ausbildungs- und Forschungszentren, DIE, Berlin 1974; ders., Musto, S. A., Das kolumbianische Erziehungswesen, DIE, Berlin 1974; Musto, S. A., Eßer, K., Straumann, P., Die peruanische Erziehungsreform, DIE, Berlin 1974

55 Kossok, Möglichkeiten ..., a.a.O., S. 317

56 vgl. zum Begriff: Nun, Lateinamerika ..., S. 344 ff.

57 Zitate aus Wahlkampfreden, die in Zeitungen, die in Santiago 1969/70 erschienen, abgedruckt wurden

58 McAlister, L. N., Civil-Military Relations in Latin America, in: Martz, J. D. (Hrsg.), The Dynamics of Change in Latin American Politics, Englewood Cliffs, N. J., 1965, S. 256–262, S. 257

59 Lindenberg, Zur politischen Funktion ..., a.a.O., S. 62

60 Lieuwen, Arms ..., a.a.O., S. 59–97

61 Schmitter, P. C., Foreign Military Assistance, National Military Spending and Military Rule in Latin America, in: ders., Military Rule ..., a.a.O., S. 117–187; vgl.: Rowe, J. W., Argentina's Restless Military, in: Tomasek, R. D. (Hrsg.), Latin American Politics, New York 1966, S. 439–466, S. 443; eine Einschränkung der Verteidigungsausgaben wurde lediglich in Mexiko nach 1938 und in Bolivien nach 1952, dort allerdings nur vorübergehend, erreicht. In Costa Rica löste 1948 eine populistische Zivilregierung die Streitkräfte auf.

62 vgl.: Lieuwen, Arms ..., a.a.O., S. 149 f.; allgemein: Johnson, O. E. G., An Economic Analysis of Corrupt Government, with Special Application to Less Developed Countries, in: Kyklos, Nr. 1, 1975, S. 47–61 (Die »government-civil service-business-Koalition«, die Johnson untersucht, ist besonders typisch für Militärregierungen in Kleinstaaten Lateinamerikas, so Ekuador oder Honduras.)

63 Baran, P. A., Politische Ökonomie des wirtschaftlichen Wachstums, Neuwied, Berlin ²1971, S. 349

64 besonders typisch: Debray, R., Revolution in der Revolution, München 1967

65 Marx, K., Der 18. Brumaire des Louis Bonaparte, Kempten 1965, S. 18

66 vgl.: Rowe, Argentina's ..., a.a.O., S. 444

67 vgl.: Cotler, J., Bases del corporativismo en el Perú, in: Sociedad y Política, Lima, Nr. 2, Oktober 1972, S. 3–11

68 vgl.: Hamon, L. (Hrsg.), Le rôle extra-militaire de l'Armée dans le tiers monde, Paris 1966, S. 385; vgl.: Kossok, Möglichkeiten ..., a.a.O., S. 314

69 Zitate aus Wahlkampfreden, die in Zeitungen, die in Santiago 1969/70 erschienen, abgedruckt wurden

70 Zitate aus Zeitungen, die in Santiago 1973/74 erschienen

71 Süddeutsche Zeitung, 4.–6. Januar 1975

72 vgl.: Matus, C., Algunas cuestiones básicas para la discusión de una estrategia del desarrollo latinoamericano, in: El Trimestre Económico, Nr. 148, Oktober–Dezember 1970, S. 705–737, S. 727; Furtado, C., El mito de desarrollo y el futuro del Tercer Mundo, in: El Trimestre Económico, Nr. 162, April–Juni 1974, S. 407–416, S. 140

73 Frank, A. G., Lateinamerika: Kapitalistische Unterentwicklung oder sozialistische Revolution, in: ders. et al., Kritik des bürgerlichen Anti-Imperialismus, Berlin 1969, S. 91–131, S. 123

74 Dos Santos, T., Lucha de clases y dependencia en América Latina, Bogotá 1970, S. 297 f.

75 Baer, W., Kerstenetzky, I., Villeda, A. V., The Changing Role of the State in the Brazilian Economy, in: World Development, Oxford, Nr. 11, November 1973, S. 23–34, S. 34; Zink, M., Brasilien, Crescer é concentrar. Reflektionen zu einem Entwicklungsmodell, Bonn 1975, S. 29, nimmt diese Tendenzen nicht wahr.

76 Diese besitzen zwei Aspekte. Erstens fördert der Staat die Exporte nationaler Unternehmen (vgl. Anm. 94). Zweitens zwingt er ausländische Unternehmen zu industriellen Ausfuhren, wodurch neue Formen der Arbeitsteilung zwischen Industrie- und Entwicklungsländern entstehen, die eine Arbeitsteilung innerhalb der jeweiligen Konzerne und zwischen diesen darstellen.

77 vgl.: Jolowicz, H., Auslandsinvestitionen in Brasilien. Rechtsgrundlagen und Erfahrungen, Hamburg 1974, S. 14 ff.

78 Fröbel, F., Heinrichs, J., Kreye, O., Sunkel, O., Internationalisierung von Kapital und Arbeitskraft, in: Leviathan, Nr. 4, 1973, S. 429–454, S. 444

79 Cardoso, Abhängigkeit ..., a.a.O., S. 219

80 Alexander, R. J., Die Ära Péron, Frankfurt/M. 1952, S. 146–156

81 Uriburu, E. J., El plan Europa: el ejército y su contribución a la estrategia del desarrollo, in: Estrategia, Nr. 2, Juli–August 1969, S. 15–22

82 vgl. z. B.: Furtado, C., Obstacles to Development in Latin America, New York 1970

83 vgl. z. B.: Magalhâes Pinto, J. de, Conferencia pronunciada en la Escuela Superior de Guerra del Brasil, 3. Juli 1969, in: Estrategia, Nr. 2, Juli–August 1969, S. 180–187, S. 187

84 Cardoso, F. H., A questâo do estado no Brasil, in: DADOS, Rio de Janeiro; dem Verfasser liegt nur ein Manuskript vor

85 Bettelheim, C., Ökonomischer Kalkül und Eigentumsformen, Berlin 1970, erweiterte den Begriff »Staatskapitalismus«. Neben dem »Staatskapitalismus unter der Diktatur des Proletariats« (ein von Lenin übernommener Begriff) (S. 261) ist ein »Staatskapitalismus, der von einer Staatsbourgeoisie beherrscht wird« (S. 262) möglich; vgl.: Olle, W., Zur Theorie des Staatskapitalismus — Probleme von Theorie und Geschichte in Theorien der Übergangsgesellschaft, in: Probleme des Klassenkampfes, Nr. 11/12, 1974, S. 91–144, S. 126, 141

86 vgl.: Sunkel, O., Big Business and »Dependencia«, A Latin American View, in: Foreign Affairs, Nr. 3, April 1972, S. 517–531, S. 530 (»dependent state capitalism«); Mandel, E., Marxistische Wirtschaftstheorie, Frankfurt/M. 1968, S. 520

87 Dos Santos, Lucha de clases . . .

88 Quijano, A., Nationalismo, neoimperialismo y militrismo en el Perú, Buenos Aires 1971

89 Gordon, L., Brazil's Future World Role, in: ORBIS, Nr. 3, 1972, S. 621–631, S. 621, S. 628, S. 629 (zur »de facto sphere of influence« Brasiliens in Lateinamerika)

90 vgl.: Jaguaribe, H., Desarrollo económico y desarrollo político, Buenos Aires [3]1969; dagegen: Costa Pinto, L. A., Nationalismo y militarismo, Mexiko 1969, S. 98 ff.

91 Es war auch für die Revolutionen in Mexiko ab 1910, in Bolivien 1952 und in Kuba ab 1958 charakteristisch, daß erst nach dem radikalen Umsturz retrospektiv eine ideologische Konzeption entwickelt wurde.

92 vgl.: Pendle, G., Argentinien, Passau 1964, S. 80; zur Geopolitik: Ferreira, O. S., La geopolítica y el Ejercito brasileño, in: Aportes, Nr. 12, April 1969, S. 112–132

93 vgl. z. B.: Senghaas, D., Das kapitalistische Entwicklungsdogma ist widerlegt, in: Frankfurter Rundschau, 30. 12. 1974

94 vgl.: Hurtienne, T., Zur Ideologiekritik der lateinamerikanischen Theorien der Unterentwicklung und Abhängigkeit, in: Probleme des Klassenkampfes, Nr. 14/15, 1974, S. 213–283, S. 274

95 Kossok, Möglichkeiten . . ., a.a.O., S. 323 f.

96 vgl. auch: Novosa, L. S., Staatskapitalismus in Brasilien (russ.), Moskau 1971, S. 191; Seremet' ev, I. K., Zur Rolle des bürgerlichen Staates in der sozialökonomischen Entwicklung der Länder Lateinamerikas, in: Lateinamerika, Semesterbericht der Sektion Lateinamerikawissenschaften der Universität Rostock, Herbstsemester 1970, Rostock 1970, S. 23–37; allgemein: Szentes, T., The Political Economy of Underdevelopment, Budapest 1973, S. 311–321; Ceskow, M., »Elite« und Klasse in den Entwicklungsländern (russ.), in: Weltwirtschaft und internationale Beziehungen, Moskau 1970, Heft 1, S. 75–91

97 vgl.: Preeg, E. H., Economic Blocs and U.S. Foreign Policy, National Planning Association, Report Number 135, Washington, D. C., 1974, S. 96 f.

98 Wichtigste Hemmnisse wirtschaftlichen Wachstums waren die Abschöpfung des »potentiellen volkswirtschaftlichen Überschusses« durch ausländische Rohstoffmonopole und »übermäßigen Verbrauch der Oberschicht«; vgl.: Baran, Politische Ökonomie . . ., a.a.O., S.

99 Jalée, P., Das neueste Stadium des Imperialismus, München 1971, S. 145

100 Mandel, Marxistische . . ., a.a.O., S. 500; vgl. auch: Palloix, C., Imperialismus und kapitalistische Produktionsweise, in: Amin, S., Palloix, C., Neuere Beiträge zur Imperialismustheorie, München 1970, S. 34–57, S. 50

101 Amin, S., Der internationale Handel und die internationalen Kapitalbewegungen, in: ders., Palloix, C., Neuere Beiträge zur Imperialismustheorie, München 1970, S. 32 f.

102 Córdova, A., Strukturelle Heterogenität und wirtschaftliches Wachstum, Frankfurt/M. 1973, S. 8, 63

103 vgl. z. B.: Franco, R., Los grupos marginales y su acción política en América Latina, MS, Internationale Tagung »Entwicklungssoziologie und Entwicklung«, DSE, Berlin, 4.–11. 11. 1973

104 Ernst, D., Wirtschaftliche Entwicklung durch Importsubstituierung? Das Beispiel Lateinamerika, in: Das Argument, Nr. 79, Juli 1973, S. 332–403, S. 335

105 Clemenz, M., Aspekte der politischen Ökonomie der USA und Lateinamerikas. Neo-Imperialismus und Gesellschaftsstruktur, in: Blätter für deutsche und internationale Politik, Nr. 7, 1972, S. 701–720, S. 711 f.

106 vgl. z. B.: Evers, T. T., von Wogau, P., »dependencia«: lateinamerikanische Beiträge zur Theorie der Unterentwicklung, in: Das Argument, Juli 1973, S. 404 bis 454, S. 430

107 Hurtienne, Zur Ideologiekritik . . ., S. 251

108 Cardoso, Abhängigkeit . . ., a.a.O., S. 220

109 Fröbel, Internationalisierung . . ., a.a.O., S. 445

110 Sunkel, O., The Pattern of Latin American Dependence, in: Urquidi, V. L., Thorp, R., Latin America in the International Economy, Edinburgh 1973, S. 3 bis 25, S. 24 f.

111 Fröbel, Internationalisierung . . ., a.a.O., S. 449, S. 445

112 Das Gegenteil behauptet z. B. Frank, A.G., Kapitalismus und Unterentwicklung in Lateinamerika, Frankfurt/M. 1969, passim

113 Brown, M. B., Struktur der Weltwirtschaft, in: Krippendorff, E. (Hrsg.), Probleme der internationalen Beziehungen, Frankfurt/M. 1972, S. 34–75, S. 72; Senghaas, D., Die Überwindung von Unterentwicklung: Konfliktpotentiale und Handlungsspielräume, in: DGKF-Informationen, Sonderheft, Schwerpunkt II, Bonn 1974, S. 10–17, S. 14 (». . . Herauslösung [Dissoziation] der Peripherien aus dem asymmetrisch strukturierten Weltwirtschaftssystem bei gleichzeitigem Versuch einer kontrollierten oder selektiven Kooperation mit den Metropolen unter Bedingungen, die nicht zu einer weiteren Entwicklung deformierter sozioökonomischer Strukturen beitragen, sondern zu kohärenter, eigenständiger [= autozentrierter] Entwicklung.« Diese Strategie ist nur *nach* Ausscheren aus dem internationalen kapitalistischen System möglich!); vgl.: Elsenhans, H., Die

Überwindung von Unterentwicklung, in: DGFK-Informationen, Sonderheft, Schwerpunkt II, Bonn 1974, S. 18–32, S. 27 ff.

114 Sunkel, O., Transnationale kapitalistische Integration und nationale Desintegration: Der Fall Lateinamerika, in: Senghaas, D. (Hrsg.), Imperialismus und strukturelle Gewalt. Analysen über abhängige Reproduktion, Frankfurt/M. 1972, S. 258–315, S. 262

115 Frank, Lateinamerika ...

116 Ernst, Wirtschaftliche ..., a.a.O., S. 336

117 Brandt, G., Industrialisierung, Modernisierung, gesellschaftliche Entwicklung, in: Zeitschrift für Soziologie, Nr. 1, Januar 1972, S. 5–14, S. 9

118 ebenda

119 vgl.: Wionczek, M. S., Latin American Growth and Trade Strategies in the Postwar Period, in: Development and Change, Den Haag, Nr. 1, 1973/74, S. 1–35, S. 35

Bernhard Moltmann

Militär in Brasilien

Von Interventionen zum technokratischen Militarismus

Einleitung

Fragen und Hypothesen

Die Entwicklung Brasiliens verleitet in vielerlei Hinsicht dazu, sie mit Vorgängen im übrigen Lateinamerika zu vergleichen, wobei die Frage nach den Ursachen feststellbarer Unterschiede naheliegt. Die Streitkräfte galten lange Zeit als ein Beispiel dafür, daß zwischen Brasilien und seinen Nachbarn wenig Gemeinsamkeiten bestanden. Bis zu dem militärischen Staatsstreich im Jahre 1964 genossen brasilianische Truppen und Offiziere den Ruf, das politische Geschehen in weitaus geringerem Maße beeinflußt zu haben, als es in anderen Staaten des Halbkontinentes üblich war[1]. Mit dem Sturz der zivilen Regierung und der anschließenden Errichtung eines autoritären Regimes schien sich das Bild weitgehend geändert zu haben. Die Ausübung der politischen Macht lag nunmehr in der Hand von Offizieren oder von Zivilpersonen, die vom Militär unmittelbar abhängig waren.
Die Entwicklung in Brasilien nach 1964 läßt zunächst fragen, ob das bis dahin vorherrschende Bild von der politischen Rolle des Militärs angemessen war und wo Voraussetzungen für den Staatsstreich zu suchen sind. Daran anknüpfend wird nach dem Einfluß zu fragen sein, den die Streitkräfte nach dem Staatsstreich auf die brasilianische Entwicklung ausgeübt haben. Die Struktur des Staates hat sich in dem Jahrzehnt seit 1964 weitgehend verändert. Auf wirtschaftlichem Gebiet hat das Land einen Weg eingeschlagen, den man zeitweise als »brasilianisches Wunder« bezeichnet hat, dessen Grenzen mittlerweile jedoch deutlich geworden sind. Die Streitkräfte selbst haben sich zu einem Exponenten eines »technokratischen Militarismus« entwickelt[1a].
Die Suche nach Antworten orientiert sich an verschiedenen, knapp zu skizzierenden Hypothesen. Zum einen bestand für lange Zeit ein enger Zusammenhang zwischen der politischen Bedeutung der Streitkräfte und dem Gewicht, das die Zentralgewalt gegenüber den föderalistischen Tendenzen einnahm. Die Geschichte des Landes ist bis in die Gegenwart hinein von Konflikten und Spannungen gekennzeichnet, die aus Gegensätzen von Einzelstaaten untereinander oder von Einzelstaaten und Zentralgewalt herrühren. Weiterhin kann die gemeinhin angenommene Gleichsetzung von Militär und Oligarchie im Fall Brasiliens nicht aufrechterhalten werden, da die beiden Teilstreitkräfte Heer und Marine, später auch die Luftwaffe, von ihrer sozialen Zusammensetzung anderen gesellschaftlichen Klassen zuzuordnen sind. Zum anderen schließlich ist der Staatsstreich von 1964 in den Rahmen eines langfristigen politischen Engagements von seiten der brasilianischen Streitkräfte einzufügen. Nach der Machtübernahme durch Offiziere leiteten diese zahlreiche politische Schritte ein, die ihr Vorbild in zuvor gesammelten

praktischen Erfahrungen oder bereits vorhandenen Gedankengebäuden hatten. Angesichts der mittlerweile vollzogenen wirtschaftlichen Entwicklung befindet sich Brasilien nunmehr in einem »Schwebezustand« zwischen vorwärtsdrängenden Veränderungen auf der einen Seite und beharrenden Tendenzen auf der anderen Seite.

Historische Aspekte des politischen Engagements der Streitkräfte

Im Gegensatz zu seinen lateinamerikanischen Nachbarn hat Brasilien im Jahre 1822 seine Unabhängigkeit nur zu einem kleinen Teil mit Waffengewalt erkämpft. Der Übergang von der Kolonie zu einem unabhängigen Land vollzog sich im Rahmen einer personellen Kontinuität an der Staatsspitze. Zum ersten brasilianischen Kaiser wurde der portugiesische Kronprinz D. Pedro I. gekrönt, während die ehemalige Metropole eine hohe Ablösesumme erhielt. Das Bestehen der Institution der Monarchie verhinderte teilweise zunächst ein Machtvakuum, dann auch das Entstehen eines »caudillismo« nach hispanoamerikanischem Muster. Die regionalen Gegensätze wurden zwar durch das Kaisertum nicht aufgehoben, brachen jedoch nur in wirtschaftlich und politisch peripheren Landesteilen auf. Im Verlauf verschiedener Konflikte ist es nicht dazu gekommen, daß politische Macht und wirtschaftliche Führungsposition personell und regional in unterschiedlichen Händen lagen – ein Gegensatz oder Zwischenraum, in dem ein »caudillo« hätte heranwachsen können. Die Kämpfe mit Argentinien, in die D. Pedro I. sein Land nach der Unabhängigkeit verwickelte, endeten mit einer Niederlage für die brasilianischen Streitkräfte. Die heimkehrenden Truppen bedurften keiner Entschädigung. Durch die außenpolitische Niederlage wurde auch die Position des Kaisers geschwächt. Einen »caudillo« ähnlich, hatte er im Verlauf der kriegerischen Unternehmungen versucht, seine Machtstellung durch äußere Erfolge abzusichern und sich mit den Soldaten eine feste Gefolgschaft zu schaffen. Seine quasi-absolutistische Innenpolitik hatte zudem den Widerstand der wirtschaftlichen und politischen Elite des Landes hervorgerufen. Nach seiner Abdankung entwickelte sich in Brasilien ein Mechanismus der Machtverteilung, der ohne einen »starken Mann« ablief und bis zum Sturz der Monarchie (1889) bestand. Die Streitkräfte spielten bei dem Verfahren der Ämterverteilung und der Zuweisung von politischer Macht keine ausschlaggebende Rolle. Brasilien hat allerdings, beginnend in der 2. Hälfte des 19. Jahrhunderts, eine Form der politischen Machtausübung erlebt, die dem »caudillismo« in gewisser Weise verwandt ist: den »coronelismo«[2]. Im »coronelismo« verband sich auf lokaler Ebene politische

Macht mit territorialem Besitz und militärischer Führungsrolle, die sich aus Diensträngen einer Miliztruppe herleitete. Willkür und Gewaltanwendung sicherten die Macht des »coronel« in seinem Bezirk. Die übergeordneten Institutionen, bis hin zur Zentralgewalt, verzichteten um das Versprechen der Loyalität auf Einflußnahme und schufen damit abgegrenzte Gebiete gewaltvoller Herrschaft außerhalb gesetzlicher Kontrolle.
Die Streitkräfte insgesamt nahmen auf den Verlauf der brasilianischen Entwicklung bis in die 20er Jahre des 20. Jahrhunderts hinein kaum Einfluß. Einzelne Offiziere waren zwar an verschiedenen politischen Ereignissen beteiligt, ihre Mitwirkung blieb jedoch zeitlich beschränkt und vollzog sich stets nur in Verbindung mit anderen politischen Kräften[3]. Für zivile Politiker bot sich eine Koalition mit Offizieren in gewissen Fällen an, was ihnen ermöglichte, bei Krisen im sonst festgefügten System der Machtverteilung Veränderungen in ihrem Sinne zu erreichen. In sozialer Hinsicht standen Heer und Marine abseits der Elite des Landes. Das Offizierskorps rekrutierte sich überwiegend aus den eigenen Reihen.
Für Angehörige der Oligarchie war der Dienst in Uniform wenig erstrebenswert, außerdem erschwerten die für den Aufstieg ins Offizierskorps notwendigen fachlichen Anforderungen den unteren sozialen Schichten den Zugang[4].
In den 20er Jahren entstand in den unteren Offiziersrängen eine politische Bewegung, die den Namen »tenentismo« (»tenente« = Leutnant) erhielt. Hervorgegangen aus innermilitärischen Konflikten zwischen verschiedenen Offiziersrangstufen, sprengte sie bald den Rahmen der Streitkräfte und griff weiterführende Zielsetzungen auf. Die »tenentes« verlangten eine Änderung der politischen Strukturen des Landes. Der herrschende Föderalismus mit seinen Exzessen sollte einem straff geführten Zentralismus weichen. Das Wahlrecht wurde kritisiert, weil nur ein minimaler Teil der Bevölkerung davon Gebrauch machen konnte. Aus dem Bereich der sozialen Probleme wurden Forderungen nach Verbesserung des Bildungssystems und der Arbeitsbedingungen aufgegriffen sowie nach einer Gesetzgebung, die die raschere Integrierung von Ausländern ermöglichen sollte. Der »tenentismo« nahm mit seinen Forderungen einen großen Teil der Klagen auf, die von den Mittelschichten erhoben wurden. Bei verschiedenen Aktionen von seiten der »tenentes« kam es jedoch nicht zu unmittelbar wirksamen Verbindungen[5], ja, die militärischen Exponenten lehnten sogar die politische Koalition mit zivilen Kräften ab.
Zum Ausgang der 20er und Beginn der 30er Jahre wirkte der »tenentismo« auf die Programmatik verschiedener politischer Bewegungen ein. Seine nationalistischen Tendenzen, verbunden mit autoritären Zügen, beeinflußten Programm und Politik von Getúlio Vargas, der das Land zunächst von 1930 bis 1945 regierte[6]. Die sozialpolitisch progressiven Aspekte des »tenentismo«

strahlten bis in das Lager der kommunistischen Partei aus. Auch personell verteilten sich die »tenentes« auf verschiedene politische Gruppen, nachdem gemeinsame Versuche der Veränderung gescheitert waren.
Während der 15jährigen Herrschaft von Vargas wurde die politische Aktivität jener jungen Offiziere zurückgedrängt. Vargas zog vor allem höhere Offiziere heran, die auch beim Sturz der »alten« Republik im Jahre 1930 mitgewirkt hatten[6]. Mit dem »estado nôvo«, dem »neuen Staat«, wie der zwischen 1937 und 1945 in Brasilien bestehende Staatstyp bezeichnet wurde, erlebte das Land ein Beispiel für einen von oben gelenkten Staat. Er beruhte weder auf dem Rückhalt einer breiten Massenbewegung, noch war er das Werk einer organisierten Partei, die Vargas als ihren Führer auf den Schild gehoben hätte. Die Streitkräfte und die erstarkende zentrale Administration bildeten die Stützen des politischen Systems. Sein Repräsentant in Gestalt von Vargas wirkte als integrierender Faktor, zumal eine von oben gelenkte Sozialpolitik die sichtbar werdenden gesellschaftlichen Spannungen aufzufangen suchte.

Die Machtübernahme durch das Militär

Entwicklung von Konzepten

Im Verlauf des 2. Weltkrieges, als sich das Ende des autoritären Vargas-Regimes abzeichnete, lebte die politische Aktivität innerhalb der Streitkräfte wieder auf. Das nach 1945 errichtete Staatswesen mit einer repräsentativ-demokratischen Verfassung erlaubte den Offizieren eine Vielfalt des politischen Engagements. Sie wurden Mitglieder der politischen Elite des Landes, während die ehemaligen »tenentes« in verschiedenen politischen Gruppen und Parteien wiederum ein Wirkungsfeld fanden[7]. Die drei Teilstreitkräfte gerieten in unterschiedliche politische Lager, je nach Haltung ihrer militärischen Führer. Unterschiede in der sozialen Zusammensetzung sowie voneinander abweichende Prozesse der Professionalisierung spielten dabei eine Rolle. Marine und Luftwaffe neigten eher zu konservativen Positionen, während bei den Landtruppen progressivere Tendenzen Raum gewannen. Der Einfluß der Streitkräfte nach 1945 wurde so groß, daß das Ausmaß der »cobertura militar«, der »militärischen Deckung«, für Erfolg oder Scheitern eines Politikers wie eines Projekts ausschlaggebend sein konnte.
Die zunehmende Partizipation am politischen Geschehen leitete innerhalb

von Heer, Marine und Luftwaffe einen Prozeß der Reflexion ein, der um zwei Komplexe kreiste. Einer beschäftigte sich mit den formalen Umständen des politischen Engagements, der andere bezog sich auf die Ziele einer möglichen Intervention der Streitkräfte insgesamt. Beide Bereiche lieferten inhaltliche Rechtfertigung, aber auch Zielsetzung für den Putsch von 1964.

In der theoretischen Diskussion zwischen »legalistas« und »intervencionistas«, den »Gesetzestreuen« und den »Interventionisten«, wurde das Recht der Streitkräfte diskutiert, an dem politischen Prozeß nicht nur teilzunehmen, sondern auch seinen Verlauf zu bestimmen. Auf der einen Seite wurde das Militär aufgefordert, sich absolut der Verfassung unterzuordnen und sich, da es nur ausführendes Instrument sei, jeder Wertung gegenüber Akten von verfassungsmäßigen Institutionen zu enthalten. In der Tat verlangten die Verfassungen von 1891, 1934 und 1946 von den Streitkräften den absoluten Gehorsam, allerdings mit dem Nachsatz: »in den Schranken des Gesetzes«[8], womit auf der anderen Seite entgegengesetzten Interpretationen Tür und Tor geöffnet waren. Aus diesem Verfassungspassus wurde das Recht und gar die Pflicht der Streitkräfte abgeleitet, die Akte der zivilen Autoritäten zu überprüfen und gleichsam als »Hüter der Verfassung« über die Einhaltung der verfassungsmäßigen Ordnung zu wachen. Diese Position nahmen die »intervencionistas« für sich in Anspruch.

Die Überlegungen über Ziel und Sinn einer militärischen Intervention versuchten, eine Theorie zur politischen Funktion des Militärs zu entwickeln. Zentrum dieser Gedanken war die »escola superior de guerra« (ESG) in Rio de Janeiro. Auf Tagungen und Lehrgängen, an denen militärische und zivile Führungskräfte teilnahmen, wurden aktuelle Probleme der Innen- und Außenpolitik Brasiliens behandelt. Den Offizieren bot sich die Möglichkeit, Ansichten und Bedürfnisse der administrativen und ökonomischen Spitze des Landes kennenzulernen. In gleicher Weise vermittelte man militärische Interpretationen der brasilianischen Realität. Von den Offizieren, die im Jahre 1964 den Staatsstreich unmittelbar unterstützten, hatten 90 % die ESG besucht, während der Anteil von Kursteilnehmern in der gesamten damaligen Generalität nur bei 62,4 % lag. Etwa 70 % der am Umsturz aktiv beteiligten Offiziere waren als Lehrkräfte an der ESG tätig gewesen. Der Anteil der Lehrkräfte in der gesamten brasilianischen Generalität betrug im Jahre 1964 nur 13,1 %[9]. In das Konzept der »segurança nacional«, der »nationalen Sicherheit«, das mit dem Leitwort »segurança e desenvolvimento« verbunden wurde, flossen verschiedene wirtschaftspolitische, außenpolitische und militärische Zielvorstellungen ein[10]. Der Staat sollte vor allem als Garant für eine freie wirtschaftliche Entfaltung im Lande dienen. Den außenpolitischen Zielen wurden nationalistische und geopolitisch expansive Komponenten verliehen. Für die militärische Absicherung der wirtschaftlichen Entfaltung erhielten die Streitkräfte die Verantwortung.

Die Vorläufer des Staatsstreiches von 1964

Abgesehen von der permanenten verdeckten Einflußnahme von seiten der Streitkräfte kam es nach 1945 zu verschiedenen offenen militärischen Eingriffen in das politische Geschehen. Der Putsch von 1964 war der letzte in dieser Reihe. Mit den Interventionen durchbrachen die daran beteiligten Offiziere den gegebenen konstitutionellen Rahmen und warfen dabei das Gewicht der Streitkräfte in die Waagschale. Die offenen Einflußnahmen konzentrierten sich auf Situationen, in denen die Legitimität anderer staatlicher Einrichtungen oder Amtsträger in Zweifel gezogen werden konnte. Die Streitkräfte erschienen demgegenüber als Institution, deren Wirkungskraft ungebrochen und unanfechtbar war. Im Rahmen der Präsidialverfassung trat der Zustand der Unsicherheit regelmäßig ein, wenn ein Wechsel in der Staatsspitze zu vollziehen war. Verschiedene Gruppierungen beteiligten sich an dem Ringen um Einfluß und Erfolg. Die Streitkräfte selbst waren intensiv in den Auswahlprozeß für die Präsidentschaft verwickelt, wobei sich das Interesse des Militärs ingesamt mit persönlichen politischen Anliegen einzelner Offiziere oder Offiziersgruppen verquickte. Aus den Reihen von Heer, Marine und Luftwaffe wurden Zustimmung oder Ablehnung gegenüber verschiedenen Kandidaten laut. Schließlich entstammte ein großer Teil der Bewerber für das Präsidentenamt jeweils den Streitkräften. Kam es zu bewaffneten Interventionen oder zu ihrer Androhung, waren innerhalb des Militärs die politischen Fronten zwischen »legalistas« und »intervencionistas« aufgebrochen. In diesen Fällen überlagerte dieser Gegensatz die partei- oder personalpolitische Fraktionierung unter den Offizieren. Innermilitärische Auseinandersetzungen waren dem politischen Eingriff vorausgegangen; ausschlaggebend für den Erfolg der Aktion war das dabei erreichte Maß an innerer Geschlossenheit. Militärische Standesorganisationen oder Vereinigungen, wie der »club militar«, bildeten das Forum, auf dem die Konflikte ausgetragen wurden, die jeweils bei Divergenzen zwischen den Teilstreitkräften oder den verschiedenen Militärregionen des Landes entstanden.

Bei den militärischen Interventionen in den Jahren 1945 und 1955 spielte das Argument eine Rolle, die Einhaltung von getroffenen Abmachungen oder konstitutionellen Regelungen zu erzwingen. So ging es im Jahre 1945 um die Sicherung des eingeleiteten Überganges vom autoritären »estado nôvo« zu einer repräsentativ-demokratischen Staatsform westlichen Zuschnitts. Die militärischen Spitzen stellten sich dem Versuch von Vargas entgegen, die angekündigten Präsidentschaftswahlen erneut zu verschieben oder selbst daran teilzunehmen. Vargas trat angesichts des Drucks von militärischer Seite zurück, und die Wahlen vollzogen sich ohne seine direkte Einflußnahme. Die Streitkräfte hatten seiner Herrschaft zunächst ein Ende bereitet, wenngleich die Auseinandersetzung um seine Politik weiterhin die politische Szene beherrschte. Die Absage der militärischen Spitzen an die Herrschaft Vargas' ging mittelbar auf Einflüsse zurück, denen die brasilianischen Streitkräfte während des 2. Weltkrieges ausgesetzt gewesen waren. Brasilien hatte auf der Seite der Alliierten gestanden und als einziges südamerikanisches Land Truppen auf den italienischen Kriegsschauplatz entsandt[11]. Das nordamerikanische Vorbild eines erfolgreichen demokratischen Staatswesens hatte die brasilianischen Offiziere stark beeindruckt.

Im Jahre 1955 erreichte eine militärische Intervention, daß der gewählte Präsident J. Kubitschek verfassungsgemäß sein Amt antreten konnte, der bei den Wahlen zwar eine relative Mehrheit erhalten, die absolute Mehrheit jedoch verfehlt hatte. Bei seinen politischen Gegnern, die von ihm eine Fortsetzung der von Vargas betriebenen Politik befürchteten, regte sich Widerstand, zumal sie keine verfassungsmäßig abgesicherte Möglichkeit sahen, selbst die Macht zu übernehmen. Innerhalb der Streitkräfte fand der Appell, den gewählten Präsidenten am Amtsantritt zu hindern, gewissen Anklang. Die politische Opposition drohte in den Augen der Führung von Heer, Marine und Luftwaffe die militärische Einheit zu sprengen und somit den inneren Zusammenhalt und die Disziplin der Streitkräfte zu gefährden. Die zuständigen Ressortminister setzten ihre Kommandogewalt dazu ein, die innermilitärische Ordnung wiederherzustellen und gleichzeitig für die Einhaltung der Verfassungsregelungen zu sorgen. Militärische Ziele und politische Absichten gingen bei diesem Eingriff Hand in Hand.

In den Jahren 1954 und 1961 erzwangen die Streitkräfte mit ihren Interventionen verschiedene Veränderungen in der politischen Führung des Landes. In beiden Fällen richtete sich das Vorgehen gegen Personen, die in ihrer politischen Rolle das Mißtrauen der militärischen Seite auf sich gezogen hatten. Die unterstellte oder möglicherweise vorhandene Nähe zum Sozialismus sowie die Furcht vor Veränderungen des politischen Systems waren Ursachen für die militärischen Eingriffe, die zunächst nur den jeweiligen Exponenten einer bestimmten Politik, dann aber die gesamte dazugehörende politische Richtung betrafen. Über den vordergründigen Anlaß hinaus gab es in beiden Fällen, wie auch 1964, tieferliegende Gründe, die in wirtschafts- und gesellschaftspolitischen Entscheidungen zu suchen sind. Die Streitkräfte schwenkten in das Lager der Opposition gegenüber dem Präsidenten ein, nachdem mit anderen politischen Kräften ein Konsensus gefunden war.

Getúlio Vargas, im Jahre 1950 erneut zum Präsidenten gewählt, konnte sich vier Jahre später nicht von dem Verdacht befreien, mit dem Attentat auf einen Oppositionspolitiker in Verbindung gestanden zu haben, bei dem ein Luftwaffenoffizier ums Leben gekommen war. Als aus den Reihen der Streitkräfte die Forderung nach seinem Rücktritt laut wurde, offenbarte sich der geringe Rückhalt, den Vargas in seinem Amte noch genoß. Bereits in den Monaten zuvor hatte der Präsident unter dem Druck der Öffentlichkeit und politisch agierender Offiziere seinen Arbeitsminister J. Goulart, den späteren Präsidenten, entlassen müssen. Angesichts eines Ultimatums von Luftwaffe und Marine, dem sich hohe Heeresoffiziere anschlossen, sah sich Vargas der letzten Stütze beraubt, die er sich ergeben wähnte: der Streitkräfte. Der Heeresminister war nicht in der Lage, die Truppen in Loyalität zum Präsidenten zu halten. Vargas nahm sich das Leben. Sein politisches Testament wies auf die Ursachen des Widerstandes gegen die Ziele seiner Politik hin, gegen seine Absicht nämlich, die brasilianische Wirtschaft in ihrem Wachstum auf eine eigene Basis zu stellen. Ein Anfang war auf den Sektoren der Energieversorgung und der Infrastruktur gemacht worden, gleichzeitig sollte der Einfluß des ausländischen Kapitals zurückgedrängt werden. Vargas' Politik, die ihre Unterstützung in der städtischen Arbeiterklasse suchte, fand ihre Gegnerschaft in der Agraroligarchie, in dem von ihr abhängigen Handel sowie unter Industriellen. Der Konflikt erreichte sozialpolitisch tiefgehende Dimensionen, deren Ausufern von der Intervention des Militärs verhindert wurde. Gleichzeitig blieben die bestehenden gesellschaftlichen Trennungslinien erhalten.

Der unerwartete Verzicht von Jânio Quadros auf sein Präsidentenamt im August 1961 stellte die militärische Spitze vor die Situation, den weiteren Ablauf der gerade begonnenen Amtszeit des Präsidenten unter dem Vizepräsidenten Goulart ertragen zu müssen[13]. An seiner Person hatten sich bereits in der Mitte der 50er Jahre politische Auseinandersetzungen entzündet. Die Tatsache, daß er sich bei Quadros' Rücktritt zu einem »Goodwill-Besuch« in der Volksrepublik China aufhielt, schien die Einschätzung zu bestätigen, daß er sozialistische Tendenzen vertrete. Seine im Gewerkschaftsapparat und bei Teilen der städtischen Arbeiterschaft gefundene Unterstützung erweckte bei seinen Gegnern den Verdacht, er strebe über eine populistische Politik die Aufhebung des bestehenden repräsentativen Regierungssystems an. Im Zusammenwirken mit zivilen Oppositionspolitikern versuchten hohe Offiziere, Goulart an der Übernahme der Präsidentschaft zu hindern, stießen dabei jedoch auf den Widerstand des Kommandanten der 3. Heeresabteilung, der sich auf die Seite des Vizepräsidenten stellte. Politische Unterstützung fand Goulart auch in dem mit ihm verwandten Gouverneur des Staates Rio Grande do Sul. Auf Grund politischer Divergenzen in der militärischen Spitze, die vorher nicht beigelegt waren, kam es nicht zu einer geschlossenen Frontstellung gegenüber dem legalen Anwärter auf die Präsidentschaft, der zumindest die Rechtmäßigkeit des Anspruchs auf seiner Seite hatte.

Der drohende bewaffnete Konflikt wurde mit Hilfe eines verfassungsrechtlichen Kompromisses gelöst: Goulart übernahm die Präsidentschaft, nachdem sie in ein parlamentarisches Regierungssystem eingefügt worden war, wobei über verstärkte Kompetenzen des Parlamentes ein Machtmißbrauch durch

den Präsidenten verhindert werden sollte. Ein Plebiszit im Frühjahr 1963 beendete das wenig erfolgreiche Experiment und erlaubte, die ursprüngliche Präsidialverfassung wiederherzustellen.
Nach seinem Amtsantritt im Jahre 1961 mußte Goulart eine ständige Verringerung seiner politischen Basis hinnehmen. Die Streitkräfte hatten auf Grund der Umstände, die die Übernahme der Präsidentschaft begleitet hatten, eine entscheidende Rolle bei der Stützung seiner Politik übernommen. Goulart war von dem »dispositivo militar«, der »militärischen Zustimmung«, abhängig. Zwar legten die an der Intervention beteiligten Offiziere anschließend die Lenkung der Geschicke wieder in die Hände ziviler Autoritäten, behielten jedoch ihre Funktion als politischer Faktor ersten Ranges. Die Entwicklung, in deren Verlauf der Präsident seinen Rückhalt innerhalb des Militärs verlor, veränderte das politische Kräfteverhältnis vollkommen.

Der Staatsstreich

Präsident Goulart hatte sich im Verlauf seiner Amtszeit immer mehr in die Widersprüche zwischen den Formen eines traditionellen Präsidialregimes und den Anforderungen verstrickt, wie sie an eine Herrschaft auf breiter Massenbasis gestellt wurden[14]. Einerseits suchte er bei den bewährten Stützen des Systems Rückhalt, verlangte andererseits jedoch politische und soziale Änderungen, die der bestehenden konstitutionellen Ordnung ihre Grundlage entzogen hätten. Bei dem Versuch, seine Projekte zu realisieren, stand Goulart zwischen dem Druck, der von außerparlamentarischen Kräften und Aktionen ausging, und dem Widerstand, auf den er innerhalb von Legislative und Administration stieß. Ein politischer Immobilismus war die Folge. Durch die Verheißung von Reformen wurden Erwartungen erweckt, die nicht erfüllt werden konnten. Die für 1965 anstehenden Präsidentschaftswahlen warfen schon lange ihre Schatten voraus und lähmten mit der ihnen eigenen politischen Polarisierung der politischen Kräfte planvolle politische Aktivitäten. Die Schwierigkeiten, in denen sich Goulart befand, verstärkten bei seinen Gegnern den Verdacht, er wolle sich selbst mit einem Staatsstreich von den institutionellen Fesseln befreien. Entsprechende Neigungen wurden vor allem den einflußreichen Ratgebern in der Umgebung des Präsidenten unterstellt.
Wirtschaftspolitisch sah sich die Regierung Goularts den Folgen gegenüber, die ihr der industrielle Aufschwung der späten 50er Jahre hinterlassen hatte[15]. Die begonnene Industrialisierung Brasiliens basierte auf dem Zufluß ausländischer Geldmittel, teils in Anleihen, teils in Direktinvestitionen. Im Verlauf des industriellen Wachstums wurde es erforderlich, die Infrastruktur des Landes auszubauen und gleichzeitig den Export zu steigern, um die lau-

fenden Einfuhren an Produktionsmitteln zu finanzieren. Bei der Verwirklichung dieser Aufgaben stieß man an verschiedene Grenzen, die das Ausmaß der industriellen Entwicklung zwischen 1961 und 1967 wieder zurückgehen ließen. So war es beispielsweise nicht möglich, Arbeitskraftreserven im notwendigen Maße zu mobilisieren, auch stand die traditionelle Agrarstruktur auf dem Lande im krassen Gegensatz zur Industrialisierung in den Städten. Das reale Lohnniveau sank. Durch das Ausmaß der Inflation erlitt der Funktionswert der Währung eine beträchtliche Einschränkung, die öffentliche Hand verarmte; gleichzeitig ließen ein mangelhaftes Steuersystem und die Unterbewertung der staatlichen Dienste den Einnahmefluß versiegen. Die Defizite konnten durch Anleihen nicht mehr gedeckt werden. Zu den binnenwirtschaftlichen Schwierigkeiten kam noch der Druck von außen, da die ausländischen Geldgeber und internationalen Währungsbehörden Maßnahmen zur Sanierung der Staatsfinanzen und Absicherung ihrer Investitionen verlangten. Initiierte Reformprogramme der Regierung scheiterten an Divergenzen zwischen den verschiedenen politischen Richtungen und Gruppen, auf die Goulart sich stützte.

Das bisherige System, politische Herrschaft durch partielle Zuteilung von Rechten und Mitwirkungsmöglichkeiten abzusichern, hatte seine Grenzen erreicht. Die Gewerkschaften hatten sich zum Teil der staatlichen Kontrolle entzogen[16]. Auf dem Lande waren Vorformen bäuerlicher Organisationen entstanden, die die Position der Oligarchie in Frage stellten. Der Gedanke einer umfassenden Landreform mit einer entsprechenden Umverteilung des Besitzes an Gütern und Boden hatte weithin Hoffnungen erweckt, provozierte jedoch gleichzeitig auf seiten der Grundbesitzer Furcht vor baldigen Veränderungen.

Außenpolitisch hatte Brasilien seit 1960 die traditionellen Bahnen verlassen. Die Skepsis gegenüber den USA verband sich mit einem aufflammenden Nationalismus, der in den Kreisen der Intellektuellen und der Publizistik Resonanz fand. Brasilien schloß sich nicht dem Verdikt an, das die Vereinigten Staaten gegenüber Kuba verhängt hatten, vielmehr versuchte es zwischen den Kontrahenten zu vermitteln. Goulart setzte gleichfalls die von seinem Vorgänger Quadros begonnene Politik der Öffnung gegenüber dem Ostblock fort[17].

Der militärische Rückhalt, den Goulart zu Beginn seiner Amtszeit noch genossen hatte, verlor in den Jahren nach 1961 an Substanz. Personalpolitische Entscheidungen des Präsidenten riefen den Ärger von benachteiligten Offizieren innerhalb der Generalität hervor. In den Streitkräften selbst brachen Unruhen unter den Unteroffizieren und Mannschaften aus, die auf Veränderungen im politischen und militärischen Bereich abzielten. Das passive Wahlrecht war nur auf das Offizierskorps beschränkt gewesen. Bislang hatte sich die militärische Führung jedem Versuch widersetzt, innerhalb der Streitkräfte auf unterer Ebene berufsständische Vereinigungen zu bilden, da solche Einrichtungen als Gefahr für die Disziplin angesehen wurden. Im Jahre 1963 kam es zu einer Revolte von Unteroffizieren in der Hauptstadt Brasilia, in deren Verlauf alle politisch relevanten Schaltstellen besetzt wurden. Der Aufstand wurde rasch niedergeschlagen, hatte jedoch in seinem Verlauf bereits die Möglichkeiten für eine militärische Aktion gegen zivile politische Instanzen aufgezeigt. Eine Matrosenrevolte zu Beginn des Jahres 1964 verlangte gewerkschaftliche Organisationen innerhalb der Streitkräfte. Die von Goulart daraufhin ergriffenen Maßnahmen entsprachen nicht den Erwartungen der militärischen Spitze, die in den zögernden Schritten des Präsidenten eher den Versuch sah, die Spannungen im Militär zu erhalten und zur Stärkung seiner eigenen Position auszunutzen. Die schon 1961 erhobenen Proteste gegen Goulart erhielten mit solchen Vorgängen erneuten Auftrieb und förderten die Entwicklung eines konspirativen Klimas unter Offizieren der drei Teilstreitkräfte.

Zu Beginn des Jahres 1964 war das politische, wirtschaftliche und gesellschaftliche System Brasiliens an einem Punkt angelangt, an dem die vorhandenen formalen Regelungen zu seiner Aufrechterhaltung nicht mehr ausreichten. Die Krisen auf verschiedenen Sektoren hatten einerseits dazu geführt, daß sich Gruppen bildeten, die mit verschiedenen radikalen Änderungsvorschlägen hervortraten und die in Goulart teilweise ihren Sprecher fanden. Gleichzeitig wuchs andererseits die Bereitschaft, gegen den amtierenden Präsidenten vorzugehen. In zivilen und politischen Kreisen sammelten sich entsprechende Kräfte, wobei sich bei zivilen Politikern prinzipielle Gegnerschaft mit der Hoffnung verband, die eigenen Chancen anläßlich der anstehenden Präsidentschaftswahlen zu verbessern.

Unwille über offenkundige Mißstände ging mit der Ablehnung jeglicher struktureller Veränderungen auf sozialem oder ökonomischem Sektor einher. Angst vor allem, was der Nähe zum Kommunismus verdächtig war, vermischte sich mit Ärger über Korruption und Unfähigkeit der Administration.

Das Vorgehen der Offiziere gegen Goulart stützte sich auf Absprachen, die zwischen der militärischen Spitze und führenden Politikern der wichtigsten Einzelstaaten zuvor getroffen worden waren. Der Hinweis auf die bereits erreichte breite Front gegen den Präsidenten zog die wenigen gegenüber Goulart noch loyalen Offiziere in das Lager der Putschisten. Goulart verlor jegliche Verbindung zu den Streitkräften, vor allem zu dem Heer – wo ihm am ehesten Rückhalt gewährt worden wäre –, als unmittelbar vor der Revolte der zuständige Ressortminister erkrankte. So verblieben ihm angesichts der Konfrontation keine Kräfte, mit denen er sich hätte behaupten können, zumal auch der gewerkschaftliche Apparat bei der Organisation eines Widerstandes versagte und andere mögliche Stützen von den Ereignissen und den einsetzenden Repressionsmaßnahmen überrollt wurden. Schließlich zog er sich über Rio Grande do Sul – dessen Militärbefehlshaber im Gegensatz zu 1961 auch auf die Seite der Putschisten übergegangen war – nach Uruguay zurück, wo er Asyl fand.

Mit dem Staatsstreich vom 31. März zum 1. April 1964 war die politische Macht in Brasilien in die Hand einer Junta gelangt, die von den drei Teilstreitkräften gebildet wurde. Die Offiziersgruppe setzte Teile der bestehenden Verfassung außer Kraft und leitete sofort die Verfolgung von Personen ein, die als »subversiv« oder als »Kommunisten« galten. Mitte April 1964 wählte der Kongreß, mit bereits gelichteten Reihen, den General Castello Branco zum Präsidenten. Sein Nachfolger, General Costa e Silva, wurde im Jahr 1967 von einem Parlament als Präsident bestätigt, in dem nur zwei Gruppierungen vertreten waren, eine Regierungspartei und ein Oppositionsblock. Costa e Silva führte seine Amtszeit nicht zu Ende, da eine innenpolitische Krise des Regimes mit einer persönlichen Krankheit des Präsidenten zusammenfiel und beides eine rasche Ablösung möglich machte. Die militärischen Spitzen der drei Teilstreitkräfte wählten den Heeresgeneral Médici zu seinem Nachfolger, eine Entscheidung, der der Kongreß später zustimmte und die den gültigen Nachfolgeregelungen für das Präsidentenamt widersprach. Standen den beiden bisherigen General-Präsidenten noch Stellvertreter ziviler Herkunft zur Seite, so besetzte im Jahr 1969 die Marine mit dem Admiral Rademaker den Posten des Vizepräsidenten[18]. Médici legte nach fünfjähriger Amtszeit die Regierungsgeschäfte in die Hand des Generals Ernesto Geisel, den zuvor eine Mehrheit der Wahlversammlung für das Präsidentenamt bestätigt hatte. Mit Geisel trat das brasilianische Militärregime in das elfte Jahr seines Bestehens und erreichte damit eine Stabilität, deren Ausmaß zunächst nicht absehbar gewesen war. Der Verlauf der einzelnen Präsidentschaften seit 1964 zeigt, wie sich der Übergang von einer Intervention der Streitkräfte zu einem Herrschaftssystem vollzogen hat, das fest in militärischen Händen liegt.

Brasilien unter militärischer Herrschaft

Die »Revolution vom 31. März 1964«, wie die Apologeten des Staatsstreiches die Vorgänge nannten[19], sorgte zunächst für die Aufrechterhaltung des »Status quo«. Heer, Marine und Luftwaffe hatten den unter Goulart gültigen politischen Zielsetzungen ihre Unterstützung entzogen. Der Erfolg des

militärischen Vorgehens beruhte auf einer Koalition von verschiedenen Gruppen und Interessen in den Streitkräften selbst. Die Gegensätze in der Beurteilung der politischen, wirtschaftlichen und gesellschaftlichen Probleme des Landes blieben weiterhin bestehen und wurden nur von der gemeinsamen Frontstellung gegen den Präsidenten und seine Politik überlagert. Die Aktion der Offiziere fand gleichzeitig die Billigung und gar aktive Unterstützung von zivilen politischen Kräften, da auch hier die Ablehnung des Goulart-Kurses eine gemeinsame Grundlage schuf.
Der Ausgang der zukünftigen Entwicklung in Brasilien hing zunächst davon ab, inwieweit die Erwartungen der beteiligten Kräfte erfüllt werden konnten, nachdem das unmittelbare Ziel, der Sturz Goularts, erreicht war. Dann stellte sich die Frage, ob aus der Koalition der verschiedenen Kräfte eine neue dominierende Größe entstehen würde, fähig, die weitere Entwicklung in die Hand zu nehmen. Als ein solcher Faktor entpuppte sich bald das Militär. Das 1964 vorgefundene politische System wurde in dem nachfolgenden Jahrzehnt aus dem bestehenden institutionellen Gerüst herausgelöst. Einrichtungen verloren ihre Kompetenzen oder wurden durch neue, vorgeschaltete Instanzen bedeutungslos. Die traditionelle politische Elite wurde an den Rand des Geschehens gedrängt. Teilweise verlor sie die Möglichkeit der aktiven politischen Mitwirkung, teilweise wurden die Kanäle, über die sie früher beteiligt war, bedeutungslos. Neue Wege der Entscheidungsfindung und -durchsetzung bildeten sich heraus. Das Militär begann, einen neuen institutionellen Rahmen zu schaffen, gleichzeitig wurden andere Führungskräfte herangezogen. Parallel dazu verkleinerte sich der Personenkreis, der an politischen Entscheidungen beteiligt war. Die politischen Legitimationsgrundlagen wandelten sich.
Mit der Veränderung des politischen Systems gingen drastische wirtschaftspolitische Eingriffe einher. Sie forcierten die industrielle Entwicklung, nachdem die seit dem Jahr 1961 herrschende Krise eingedämmt war. Dabei verlor die Ausweitung bzw. Versorgung des internen Marktes ihre Priorität gegenüber dem Ziel, Brasilien in das System der Internationalisierung des Marktes[20] einzubeziehen. Das Land sollte als Produzent von dauerhaften Gütern oder von Halbfertigerzeugnissen auftreten, für die Rohstoffe verfügbar waren. Bedingt qualifizierte Arbeitskräfte, politische Stabilität und das Lohngefälle gegenüber den hochindustrialisierten Ländern boten sich als Anziehungskräfte für ausländisches Kapital an. Gleichzeitig wuchs die Abhängigkeit Brasiliens von dem Zufluß an ausländischer Technologie und Produktionsmitteln. Das industrielle Wachstum vollzog sich unter gleichzeitiger sozialer und ökonomischer Belastung der unteren Bevölkerungsschichten, die bei der Einkommensverteilung weitgehend ausgeschaltet waren.

Institutioneller Rahmen

Die institutionelle Absicherung der Militärherrschaft vollzog sich in Form eines Überganges von dem Provisorium, wie es zunächst nach dem Sturz Goularts eingetreten war, zu einem eigenständigen organisatorischen Rahmen für die verschiedenen Einrichtungen des Herrschaftssystems. Dabei überschnitten sich zwei Phasen: Neben dem Abbau oder der Umwandlung alter Einrichtungen stand der Aufbau neuer institutioneller Formen. Mit den »atos institucionais«, den »institutionellen Akten«, die die Regierungsspitze erließ, wurden ad hoc Regelungen geschaffen, wenn organisatorische Schwierigkeiten zu überwinden waren oder verschiedene Interessen aufeinander stießen. Mit dem Instrument der Verfassungsänderungen versuchte man rückwirkend, die bis dahin jeweils vollzogene Umgestaltung zu fixieren. Die Tatsache, daß die Verfassung mehrmals der sich wandelnden Realität angepaßt wurde, nahm den Texten einen Teil ihrer normativen Kraft[21].

Nach 1964 gab der vorhandene Gesetzgebungs- und Kontrollapparat des Staates wesentliche Funktionen an die Exekutive ab. Etappenweise wurden die Kompetenzen der legislativen und judikativen Gewalt demontiert. Der Kongreß, die Abgeordnetenkammer, wie der Senat, verloren essentielle Rechte eines Parlamentes, wie beispielsweise Gesetzgebungsfunktionen, Interpellationsmöglichkeit, Recht auf unbegrenzte Tagungsdauer oder auf Ausgaben- und Einnahmeüberwachung. Im Jahr 1965 wurden darüber hinaus die substantiellen Grundlagen des Parlamentes, die politischen Parteien, aufgelöst. Sie hatten schon zuvor an Substanz verloren, als zahlreichen Politikern die politischen Rechte entzogen wurden. Zunächst waren nur jene betroffen gewesen, die dem Goulart-Flügel zugerechnet wurden. Später griffen entsprechende Maßnahmen auch auf solche Personen über, die zu einem möglichen Zentrum des Widerstandes gegen die Regierungspraxis werden konnten. Potentielle Führergestalten oder Personen mit einem gewissen politischen Ansehen verschwanden von der politischen Bühne. Als die direkten Wahlen ausgesetzt bzw. durch indirekte Wahlverfahren abgelöst wurden, verloren die Parlamente und andere durch Wahl legitimierte Institutionen weiter an Boden. Teilweise schob man die Besetzung vakanter Posten auf oder nahm sie auf administrativem Wege vor. Die sich vollziehenden Veränderungen betrafen überwiegend jenen Kreis von Politikern, der, teilweise noch aus der Vargas-Zeit stammend, die politischen Geschicke seit 1946 in seiner Hand gehabt hatte. Unter dem Zusammenbruch des liberal-repräsentativen Verfassungsstaates in Brasilien litt zunächst nur die zahlenmäßig kleine politische Elite.

Mit Hilfe der institutionellen Akte setzten die Präsidenten nach 1964 verschiedene elementare Grundrechte außer Kraft. Schranken, die zumindest in formaler Weise den Übergriffen des Staates entgegengestanden hatten, fielen der Möglichkeit von Willkür zum Opfer. Die Tradition der rechtsprechenden Gewalt, in politischen Konflikten den Schwächeren zu schützen, reichte in Brasilien bis in die Zeit des 19. Jahrhunderts. Die Eingriffe von militärischer Seite nach 1964 schmälerten die Grundlage der rechtsstaatlichen Verhältnisse in solcher Weise, daß sie faktisch in weiten Bereichen des öffentlichen Lebens verloren gingen. Die Judikative versuchte zwar über die Aufrechterhaltung von formalen Verfahrensabläufen den Gang der Ereignisse noch zu beeinflussen, persönliche Resignation der Richter oder auferlegte Beschränkungen lähmten jedoch Aktivität und Wirkung.

Längerfristig verlor seit 1964 eine weitere Säule des bisherigen politischen Systems in Brasilien an Bedeutung, indem die Einzelstaaten in ihren Kompetenzen und Entfaltungsmöglichkeiten beschnitten wurden. Auf administrativem Wege entstanden Einrichtungen, die einzelstaatliche Funktionen überlagerten. Sie gingen mit wirtschaftlichen Veränderungen einher, in deren Verlauf einzelstaatliche Grenzen gesprengt wurden und sich regionale Einheiten größeren Ausmaßes bildeten. Insgesamt erfuhr die Zentralgewalt damit eine Stärkung ihrer Position.

Der Aufbau neuer Institutionen und organisatorischer Bedingungen ersetzte nicht nur bisherige Einrichtungen. Gleichzeitig fand eine Gewichtsverschiebung zugunsten einer zentralausgerichteten Exekutive statt. Insgesamt entstand seit 1964 ein relativ effektiv arbeitender Lenkungs- und Entscheidungsapparat. Wesentliche Gesetzgebungskompetenzen zogen Präsident und Regierung an sich. Ähnlich, wie Vargas sich nach 1937 eine zentrale Leitungsbehörde geschaffen hatte, wuchs der »serviço nacional de informação« (SNI), der »Nationale Informationsdienst«, zu einer koordinierenden Instanz heran, die neben gewöhnlichen Kontrollaufgaben die Funktion wahrnimmt, auf höchster Ebene Informationen aus allen Bereichen des öffentlichen Lebens zusammenzutragen und damit Entscheidungen vorzubereiten. Auf der anderen Seite dient die Einrichtung auch dazu, die Ausführung der getroffenen Entscheidungen zu überwachen und damit für eine Rückkoppelung der Regierungsaktivitäten zu sorgen. Die Bedeutung und Macht des Informationsdienstes liegt darin, daß bei dieser Instanz alle Informationen zusammenlaufen und überwacht werden. Der Leiter des »SNI« hat Ministerrang und befindet sich ständig an der Seite des Präsidenten. So leitete General Médici vor Übernahme des Präsidentenamtes im Jahr 1969 diese Behörde.

Der »conselho nacional de segurança«, der »Nationale Sicherheitsrat«, etablierte sich als Kontrolleinrichtung gegenüber der Exekutive. Die Verfassung von 1969 räumt ihm die Aufgabe ein, die »dauernden Ziele und die Grundlagen der Politik der Nation« zu bestimmen[22]. Damit hat das Gremium die Konkretisierung der Ideen zu überwachen, die unter dem Leitwort der »segurança nacional« entwickelt worden sind. Obwohl das Ausmaß seiner Machtfülle und seine Wirkungsweise weitgehend der Geheimhaltung unter-

liegen, gilt das Ratsgremium weithin als höchste politische Instanz und als Stelle, wo die Richtlinien für die Regierungspolitik festgelegt werden.
Ein umgestalteter Kongreß ergänzt die gesetzgeberische Arbeit der Regierung, nachdem das frühere Parteienspektrum einem verordneten Zweiparteiensystem gewichen ist: Regierungspartei und Opposition[23]. Die ARENA (»Aliança Renovadora Nacional« – »Nationale Erneuerungsallianz«) versteht sich als Stütze und Sprachrohr der Regierung. Als sie gegründet wurde, schwebte den daran Beteiligten vor, die nach 1964 eingeleiteten Veränderungen in irgendeine festere Form zu gießen. Das mexikanische Vorbild einer institutionalisierten revolutionären Regierungspartei lag nahe, wurde dann aber mit dem radikalen Anspruch nicht kopiert. Inzwischen blieb der möglicherweise systemverändernde Impetus zugunsten eines bescheideneren Ziels der Erneuerung auf der Strecke. Im MDB (»Movimento Democrático Brasileiro« – »Brasilianische Demokratische Bewegung«) schlossen sich die Politiker zusammen, die die Regierungspartei nicht unterstützten, aber dem Scherbengericht noch nicht zum Opfer gefallen waren. Der Spielraum für eine politische Opposition auf parlamentarischer Ebene ist gering. Ihr Aktionsradius hängt von der Bereitschaft der Regierung ab, Widerspruch zu tolerieren. Das seit 1974, dem Regierungsantritt des General Geisel, beobachtbare Phänomen der Liberalisierung wird von militärischer Seite als Möglichkeit verstanden, in Momenten der Krise oder möglichen Anspannung gewisse Ventile zu schaffen. Bei der Vorbereitung der Wahlen im gleichen Jahr war den Oppositionskritikern ein erhebliches Maß der Kritik an der Regierungspolitik zugestanden worden. Im Gegensatz dazu hatte man sie in den Jahren zuvor vielfach mit technischen oder administrativen Mitteln an öffentlichen Meinungsäußerungen gehindert. Das Wahlergebnis gab dem MDB erheblichen Auftrieb. Im politischen Alltag hat das Wechselspiel zwischen Druck und Freiheit die Bezeichnung »decompressão«, »Druckablassen«, erhalten. Damit wird auf den engen Zusammenhang hingewiesen, der zwischen der Entfaltung möglicher oppositioneller Gruppen und Entscheidungen der Regierung besteht.
Beide Parteien, ARENA wie MDB, sind kaum in der Bevölkerung verankert. Auch zur Regierungsspitze bestehen nur formale Verbindungen. Sie erfüllen auf parlamentarischer Ebene Aufgaben, die den Charakter von Akklamation und Registrierung tragen. Bei einigen, zunächst kontroversen Fragen dienen Diskussionen auf Parteiebene dazu, verschiedene Meinungen zu kanalisieren, Entscheidungen vorzubereiten und schließlich publizistisch zu verteidigen.
Mit dem bestehenden Zweiparteienschema sind in Brasilien scheinbar konstitutionelle Elemente wieder aufgelebt, die bereits hundert Jahre zuvor, in der Kaiserzeit, entwickelt worden waren. Damals war die politische Szenerie gleichfalls überschaubar und einfach aufgebaut. Auf parlamentarischer Ebene

standen sich zwei Gruppen mit relativ schwacher Verwurzelung in der Gesellschaft gegenüber. Beide wiesen zudem nur geringfügige programmatische Differenzen auf. Der Unterschied zwischen beiden Phasen der brasilianischen Entwicklung besteht darin, daß zur Zeit des Kaisers D. Pedro II. die Exekutive von den Parteien gebildet wurde, während die Staatsspitze auf ihre Zusammensetzung nicht unmittelbar Einfluß nahm. Zugleich waren vorher absehbare Möglichkeiten des Wechsels in den Regierungsämtern gegeben.

Mit der Zielsetzung, Personen oder Einrichtungen mit unterstellten oder erklärten »subversiven Eigenschaften« zu verfolgen, entstand seit 1964 eine ausgedehnte Militärgerichtsbarkeit. Sie verfügt heute über eigene Strafverfolgungsinstanzen und erfaßt alle Bereiche, in denen soziale und politische Konflikte auftauchen können. Auf allen Stufen der Organisation werden Offiziere unterschiedlichen Ranges mit Verfolgungsmaßnahmen betraut. Auf diesem Wege werden das antikommunistische Gedankengut und die Beweggründe für den Putsch von 1964 am Leben erhalten und weiter in die Streitkräfte hineingetragen. Dahinter mag die Absicht stehen, das antikommunistische Gedankengut und andere Leitideen des Putsches von 1964 weiter am Leben zu erhalten. In den Verfolgungs- und Bestrafungsmaßnahmen bietet sich außerdem die Möglichkeit, ein neues »Kampferlebnis« zu schaffen und so den innermilitärischen Zusammenhalt zu festigen. Gleichzeitig lassen sich die Angehörigen der Streitkräfte auf die gesetzten Ziele verpflichten und die Verantwortlichkeiten bis auf die unteren Offiziersränge verteilen.

Innerhalb der Militärjustiz treten gewisse Spannungen zutage, da die einzelnen Teilstreitkräfte über eigene, zum Teil miteinander konkurrierende Institutionen auf diesem Gebiet verfügen.

Personelle Divergenzen und ihre Folgen

In den Jahren vor 1964 waren die höchsten Offiziere der Streitkräfte zu einem festen Bestandteil der politischen Elite des Landes herangewachsen. Nach dem Staatsstreich stellten sie sich an die Spitze der politischen Führungsgruppen. Damit gaben sie die zuvor gespielte Rolle eines Beobachters der politischen Vorgänge auf und beanspruchten das Zentrum der Machtausübung für sich. In diesem Sinne trat eine Militarisierung des Staates ein. Das Militär übernahm nach 1964 die Entscheidung über die personelle Besetzung der verschiedenen Ämter und Positionen und legte gleichzeitig die Ziele für die einzuschlagende Politik fest. Bei der theoretischen Vorbereitung der Richtlinien sowie der Durchführung zogen die Offiziere allerdings zivile Fachleute heran. Zugleich dehnte das Militär seinen Wirkungskreis über den professionellen Sektor hinaus aus, indem immer mehr Offiziere über halbstaatliche oder private Organisationen in wirtschaftliche und administrative Bereiche vordrangen. Im Laufe der Entwicklung sind zahlreiche Mischzonen entstanden, in denen zivile und militärische Kräfte Führungsaufgaben wahrnehmen. Das hinter den Offizieren stehende Entscheidungsmonopol in der Hand der Streitkräfte gewährt ihnen und den von ihnen vertretenen Ideen den nötigen Rückhalt und Erfolg. Die Durchdringung des Staates und der Gesellschaft von seiten des Militärs vollzog sich unabhängig von demonstrativen öffentlichen Akten und hat in dem Jahrzehnt nach dem Staatsstreich ein beträchtliches Ausmaß erreicht. Das Auftreten des Militärs in der Öffentlichkeit bleibt dagegen auf die Fälle beschränkt, in denen es gilt, Projekte oder Aktionen der Regierung zu propagieren oder zu stützen.

Nach 1964 schwanden für die verschiedenen Gruppierungen innerhalb der Streitkräfte die Möglichkeiten, sich zur Erreichung ihrer Ziele anderen, außermilitärischen Kräften anzuschließen. Das Militär hatte als organisatorische Einheit die politische Führung übernommen. Dessenungeachtet bestehen innerhalb von Heer, Marine und Luftwaffe weiterhin Fraktionen, die über die Gestaltung der Politik voneinander abweichende Vorstellungen haben. Bei verschiedenen Gelegenheiten brachen die Trennungslinien offen hervor. Die von den Streitkräften nach 1964 in Brasilien verfolgte Politik ist das Ergebnis von innermilitärischen Auseinandersetzungen über den jeweils einzuschlagenden Kurs.

Im Hinblick auf die politische Neuordnung nach 1964 standen sich zwei Ansichten gegenüber, die die bereits bestehende Spannung zwischen »legalistas« und »intervencionistas« fortsetzten. Zu der einen Gruppe gehörten die Offiziere, die dafür eintraten, den repräsentativ-demokratischen Staat mit Hilfe traditionell politischer Kräfte wieder herzustellen. Das Land sollte nach dem Putsch möglichst schnell wieder zu legalen, konstitutionell geregelten Verhältnissen zurückkehren. Die Streitkräfte selbst hätten sich dabei so rasch wie möglich aus der exponierten Stellung zurückzuziehen und weiterhin im Hintergrund als Garanten des politischen Systems zu wirken. Zu den Gegnern dieser Ansicht gehörten Offiziere, die den zivilen politischen Kräften nicht zutrauten, die Geschicke des Landes zu lenken. Außerdem hätten die verfassungsmäßig vorgeschriebenen Institutionen vor 1964 zu wenig Leistungskraft bewiesen, um dem Zerfall Brasiliens Einhalt zu gebieten. In ihren Augen konnte dem nur eine starke Hand, wie sie die Streitkräfte darstellten, begegnen. Mittlerweile ist klar geworden, daß Brasilien nicht mehr zu einem politischen System, wie es vor 1964 bestanden hatte, zurückkehren wird. Der Gang der Ereignisse hat die Auseinandersetzung über diese Frage gegenstandslos gemacht, wobei die »legalistas« ihre Position aufgegeben haben.

Bei konkreten Problemen, wie sie beispielsweise die zunehmende Aktivität von Regimegegnern aufwarfen, meldeten sich verschiedene Gruppen von Offizieren zu Wort. Der eine Teil des Militärs war der Meinung, daß der

Opposition nicht zu enge Grenzen gesetzt werden dürften. Widerstände ließen sich auf diese Weise kanalisieren oder gar auflösen. Der andere Teil drängte darauf, gegenüber den Regierungsgegnern hart durchzugreifen. Er erhielt um so mehr Argumente für seine Forderung, je schwieriger die Situation der Regierung gegenüber oppositionellen Kräften wurde und Entführungen, Sabotageakte und Zunahme der städtischen Kriminalität als Symptome der Schwäche gewertet werden konnten. Hinter der schwankenden Haltung der Regierung gegenüber ihren Gegnern seit der zweiten Hälfte der 60er Jahre stand das Ringen um Einfluß zwischen den beiden skizzierten Gruppen. General Costa e Silva verfolgte nach seinem Amtsantritt eine Politik der Öffnung, die angesichts von Studentenunruhen, Entführungen ausländischer Missionschefs und Revolten innerhalb der Streitkräfte im Sommer des Jahres 1969 ihr Ende fand. Sein Nachfolger Médici versprach zu Beginn seiner Präsidentschaft Liberalisierung und Reaktivierung des Parlamentes, obwohl er als Vertreter eines harten Kurses in dieser Sache galt. In seiner Amtsführung blieb Médici dieser Einschätzung treu. General Geisel vermied in seinen ersten öffentlichen Erklärungen als Präsident, sich zu solchen Problemen zu äußern. Trotzdem war im Wahlkampf des Jahres 1974 eine gewisse Lockerung der Pressionen im politischen Leben spürbar. Aber bereits zu Beginn des Jahres 1975 zeichnete sich ab, daß die Regierung die ausgelöste Bewegung nicht auf das beabsichtigte Maß beschränken konnte und restriktive Maßnahmen erneut zu erwarten waren.

Im Bereich der Wirtschaftspolitik bestand unter den Offizieren nach 1964 zunächst weitgehende Übereinstimmung über den einzuschlagenden Kurs, der langfristig auf eine Stabilisierung der kapitalistischen Strukturen, verbunden mit einer forcierten Industrialisierung, ausgerichtet war. Dazu waren zunächst einmal Maßnahmen mit inflationshemmender Wirkung notwendig[24]. Die herangezogenen Wirtschaftsfachleute griffen Vorstellungen und Pläne auf, die bereits unter Goulart ins Auge gefaßt worden waren. Sie hatten jedoch damals nicht realisiert werden können, da der Regierung der notwendige politische Rückhalt gefehlt hatte. Nunmehr bildete das Militär den Schutzschild, das die eingeschlagene Politik den Auseinandersetzungen zwischen verschiedenen Interessengruppen entzog und die notwendige Autorität verlieh. Man wählte zur Lösung der wirtschaftspolitischen Probleme einen orthodoxen Weg. Die Lohn-Preis-Spirale wurde zu Lasten der Lohnempfänger unterbrochen. Der Staat nutzte die vorhandene Gesetzgebung, um das Lohn- und Preisgefüge zu kontrollieren und schränkte gleichzeitig die öffentlichen Ausgaben ein. Das Steuersystem erhielt parallel dazu eine effizientere Form, wenngleich die gewählten Verfahren das vorhandene Ungleichgewicht bei der Einkommensverteilung noch vertieften. Schließlich erfuhr der Kapitalmarkt eine Wiederbelebung. Die Rezession, die man mit den Sanierungsmitteln in Kauf genommen hatte, wurde nach 1968 rasch überwunden, als

die Regierung Costa e Silva auf eine Fortführung der Anti-Inflationspolitik verzichtete und einen Expansionskurs einschlug.
Angesichts des nach 1967 einsetzenden wirtschaftlichen Aufschwunges tauchten innerhalb des Militärs Divergenzen darüber auf, wieweit dabei der internationalen Verflechtung Tür und Tor geöffnet werden sollte. Der Konflikt entzündete sich in geringerem Maße an der Frage, ob es Alternativen gegenüber der Industrialisierung gäbe, vielmehr wurden mit der Diskussion um die Wahrung oder Gefährdung »nationaler Interessen« Belange des Militärs aufgegriffen.
Eine Gruppe innerhalb des Offizierskorps trat für einen Kurs ein, der auf eine »Industrialisierung um jeden Preis« gerichtet war. Zum Erwerb des technischen Wissens sei eine Öffnung gegenüber den Industriemächten und den führenden inter- und multinationalen Konzernen unerläßlich. Die Gegenspieler dazu verlangten, unter Wahrung gewisser, als »national« herausgestellter Bedürfnisse zu einem wirtschaftlichen Fortschritt zu gelangen. Einzelne Industriezweige und die Rohstofförderung sollten der Macht des Auslandes verschlossen bleiben. Diese nationalistisch gesonnene Gruppe griff mit ihren wirtschaftspolitischen Zielsetzungen auf bestimmte Traditionen der brasilianischen Politik zurück. Bereits während des »estado nôvo« (1937–1945) und der zweiten Präsidentschaft von Vargas (1950–1954) waren Schritte unternommen worden, um Teile der Schwerindustrie und die gesamte Ölförderung brasilianischen Interessen zu erhalten[25].
Das Entwicklungsdenken in Kategorien eines Nationalismus erfuhr in den 70er Jahren einen neuen Auftrieb, als auf dem Weltmarkt eine Verknappung der Rohstoffe eintrat und Mängel in der Lebensmittelversorgung den Blick auf die Situation der Landwirtschaft lenkten. Mit der Intensivierung dieses Produktionszweiges, der lange im Schatten der forcierten Industrialisierung gestanden hatte, ließen sich neue Exportchancen eröffnen und gleichzeitig das Ausmaß der Selbstversorgung erhöhen. Die nach dem Präsidentenwechsel gebildete Regierung repräsentiert in ihrer Zusammensetzung entsprechende Strömungen, nicht zuletzt in der Person des General Geisel, der längere Zeit vor Antritt der Präsidentschaft das brasilianische Ölunternehmen PETROBRAS geleitet hat.
Die innerhalb der Streitkräfte artikulierten nationalistischen Tendenzen haben mittlerweile auch auf außenpolitischem Gebiet zu einem Wandel in den Zielsetzungen brasilianischer Politik geführt. Der kritische Punkt in der Außenpolitik des Landes ist sein Verhältnis zu den USA, der wirtschaftlichen und politischen Vormacht auf dem südamerikanischen Halbkontinent. Nach dem Staatsstreich von 1964 hatte man zunächst jeglicher USA-feindlichen Politik abgeschworen[26]. Es galt, das Vertrauen der amerikanischen Regierung und Investoren zu gewinnen, das unter der unabhängigen Politik der Präsidenten Quadros und Goulart dahingeschmolzen war. Die Vereinig-

ten Staaten hatten das brasilianische Militärregime bereits diplomatisch anerkannt, als Präsident Goulart noch nicht vollkommen aus seinen Positionen verdrängt worden war. Nach dessen Sturz lehnte sich Brasilien vollkommen an die USA an und stützte deren Politik auf weltweiter Ebene, beispielsweise im Rahmen der UNO wie auch im lateinamerikanischen Raum. An der Invasion von Streitkräften der OAS (Organisation amerikanischer Staaten) in der Dominikanischen Republik im Jahr 1965 beteiligte sich Brasilien an führender Stelle.

Nach 1964 schlug sich die Außenpolitik Brasiliens auf die Seite Portugals und brach mit Ansätzen, die in den Jahren zuvor verfolgt worden waren. Quadros, in geringerem Maße auch Goulart, hatten versucht, Zugang zu den Ländern der dritten Welt und der blockfreien Staatengruppe zu gewinnen. Nach dem Sturz Goularts versprach sich Brasilien größere Chancen der wirtschaftlichen und politischen Expansion im Rahmen des portugiesischen Kolonialreiches. Versuche, nach dem Sturz des Caetano-Regimes in Portugal die politische Präsenz zu erhalten, stoßen nunmehr auf Skepsis oder gar Widerstand in der afro-asiatischen Welt. Zu sehr scheint Brasilien mit den ehemaligen portugiesischen Kolonialherren verbunden gewesen zu sein.

Im Verlauf der weltpolitischen Vorgänge, die zu einer Schwächung der nordamerikanischen Position führten, lockerten sich nach 1970 auch die Bande zwischen Brasilien und der Hegemonialmacht. Die brasilianische Regierung nahm in Lateinamerika eine eigenständige Politik auf, die auf den Ausbau des politischen und ökonomischen Einflusses zielt. Vorsichtig wurden in jüngster Zeit Kontakte in Richtung Osten aufgenommen. Als Sprecher der Länder, die einerseits von Öleinfuhren abhängig sind, aber nicht zu den Industrieländern zählen, gewinnt die brasilianische Stimme auf Energiekonferenzen an Bedeutung.

Die verschiedenen Gruppierungen, wie sie sich in einzelnen Sachfragen artikulieren, bestanden und bestehen in der brasilianischen Realität nicht in solch formaler Trennung. Vielmehr finden sich in der Wirklichkeit Überschneidungen und Doppelungen. Einzelne Gruppen, die vor allem bei anstehenden personellen Veränderungen ihre Forderungen anmelden, beanspruchen häufig verschiedene der aufgezeigten Positionen.

In den 60er Jahren bezeichnete der Begriff »linha dura«, »harte Linie«, jenen Kreis von Offizieren, der für einen harten innenpolitischen Kurs mit stark nationalistischen Zügen eintrat. Zu seinen Gegenspielern zählte die Offiziersgruppe, die der »escola superior de guerra« nahestand und an der inhaltlichen Vorbereitung des Staatsstreiches den größten Anteil gehabt hatte. Zu Beginn des Militärregimes unter General Castello Branco hatte sie einen großen Einfluß ausgeübt, der dann zunächst zurückgegangen war. Unter dem programmatischen Leitwort »segurança e desenvolvimento«, »Sicherheit und Entwicklung«, scheint sich nunmehr unter General Geisel ein Zusammenspiel beider Richtungen anzubahnen. Der Kreis der Regierungsangehörigen vereint in gleichem Maße Vertreter verschiedener Gruppen, wie er auch unterschiedliche inhaltliche Ansätze repräsentiert. Die Betonung der »segurança«, der Sicherheit, deutet darauf hin, daß man nicht gewillt ist, die inzwischen erreichten institutionellen Veränderungen wieder aufzugeben. Der zweite Teil des Programmes verspricht, die eingeleitete wirtschaftliche Entwicklung weiterzuverfolgen. Auf dem Agrarsektor kommen außerdem Korrekturen hinzu, die langfristig ein Gleichgewicht zwischen dem industriellen und dem landwirtschaftlichen Fortschritt erreichen sollen.

Bilanz und Perspektiven

Die formalen Gegebenheiten der politischen Praxis förderten eine Entwicklung, in deren Verlauf nach 1964 eine zunehmende politische Apathie in der Öffentlichkeit eingetreten ist. Der institutionelle Rahmen, die wirksame Zensur und die angewandte politische sowie rechtliche Willkür unterdrücken früher vorhandene Aktivitäten. Inzwischen sind auch Bereiche entpolitisiert, die einst die Zentren von politischer Diskussion und Aktion waren. Hochschulen und Zeitungsspalten haben sich unpolitischen Problemen zugewandt und dokumentieren den eingetretenen Wandel. Mit dem Verschwinden der politischen Diskussion ist die Staatsführung eines wichtigen Instrumentes verlustig gegangen, um Auskunft über Erfolg oder Mißerfolg ihrer Maßnahmen zu erhalten. Der Prozeß der Rückwirkung von politischen Entscheidungen ist unterbrochen. In gleichem Maße ist es schwerer geworden, das politische Geschehen zu beobachten oder nachzuvollziehen. Die vorhandenen Institutionen erweisen sich nur teilweise als der Ort, an dem politisch relevante Fragen entschieden werden. Da die Streitkräfte selbst ein weiteres Entscheidungszentrum bilden, hat sich das politische System in seiner Spitze gespalten. Wichtige sachliche und personelle Probleme werden zunächst im Kreis der militärischen Führung diskutiert und entschieden, bevor andere Gremien damit betraut werden. Ein Beispiel dafür ist die Auswahl des jeweiligen Nachfolgers im Präsidentenamt. Der Bekanntgabe des Kandidaten, den der amtierende Präsident im Jahr 1973 vorschlug, gingen langwierige Konsultationen innerhalb der Streitkräfte voraus. Vertraute des Präsidenten holten die Meinung der regionalen Oberbefehlshaber zu dem Vorschlag ein, um vor der öffentlichen Benennung auf diesem Wege eine möglichst breite Unterstützung innerhalb des Militärs zu erreichen. Erst aus einer Erklärung des Präsidenten über Rundfunk und Fernsehen erfuhren zivile Politiker und die Bevölkerung, welche Person zum Nachfolger ausersehen war.
Das Nebeneinander von verschiedenen Entscheidungsebenen formeller wie

informeller Art erlauben es dem Präsidenten und den Kräften hinter ihm, die kritische Phase des Führungswechsels auf verschiedene Stufen zu verteilen. Im Rahmen des mehrschichtigen Entscheidungsverfahrens können aufeinanderprallende Interessen aufgefangen und gleichzeitig so kanalisiert werden, daß sich keine zu starken Fraktionen bilden, die die Position des Präsidenten oder seine Absichten gefährden könnten. Die frühzeitige Benennung des Nachfolgers sichert diesem noch die Autorität und Rückendeckung der amtierenden Staatsspitze.

Der starke Einfluß des Präsidenten und von Gruppen in seinem Hintergrund auf die Auswahl des Nachfolgers verstärkt die Tendenz, die militärische Führungsspitze nach unten hin abzudichten. In der Regierungsgruppe um General Geisel befinden sich zahlreiche Personen, die bereits im Jahr 1964 und in der nachfolgenden Zeit Führungsaufgaben wahrgenommen haben. Die Auslese von Führungspersönlichkeiten, die vor dem Staatsstreich in einem zumindest beschränkt öffentlichen Verfahren erfolgt war, ist nach 1964 langsam in einen von oben gesteuerten Nominierungs- und Bestimmungsmechanismus übergegangen. Er erfaßt nur einen Personenkreis, der sich zuvor entsprechend ausgewiesen und in früheren Positionen bewährt hat.

Innerhalb der Streitkräfte sind opponierende Kräfte verstummt, wie sie 1922 oder 1930 präsent gewesen waren. Von ihnen waren inhaltlich anregende Impulse ausgegangen, die dem politischen Engagement von Offizieren über den Tag hinausreichende Konzeptionen und Ziele vermittelten. Darüber hinaus hat die Verengung des politischen Systems die militärischen Spitzen von der Notwendigkeit befreit, mit außermilitärischen Gruppen Verbindungen einzugehen. Das Militär ist aufgrund seiner dominierenden Position auf ein Netz von solchen Koalitionen zur Zeit nicht angewiesen.

Die politische Bewegung des Militärs nach 1964 ist ein Engagement geblieben, das von dem Offizierskorps getragen wird. Mannschaften und Unteroffiziere, die weitgehend ausgeschaltet sind, kommen jedoch gleichfalls in den Genuß des zunehmenden sozialen Prestiges, das dem gesamten brasilianischen Militär beigemessen wird. Finanzielle Verbesserungen tragen dazu bei, den sozialen Status der Streitkräfte anzuheben. Das Militär, vor allem seine Führungskräfte auf höherer und mittlerer Ebene, sind ein fester Bestandteil der nach 1930 entstandenen Mittelklasse geworden, wie Daten über die soziale Herkunft und Äußerungen zur Selbsteinschätzung bestätigen. Dabei ist der Anteil der Offiziere, die aus einer Offiziersfamilie kommen, weiterhin hoch[27]. Gleichwohl hat die Politik, die von dem Militär nach 1964 eingeschlagen worden ist, bei der Mittelklasse nicht nur Zustimmung gefunden. Die wirtschaftspolitischen Maßnahmen trafen vor allem die Bezieher kleiner oder mittlerer Einkommen, Löhne oder Gehälter. In der Rezessionsphase verfügten sie über die geringsten Reserven, um zu überleben. Angesichts der disproportionalen Einkommensentwicklung gerieten sie unter den immer größer werdenden Teil der Bevölkerung, der nicht in den Genuß des wirtschaftlichen Aufschwungs kam. Von der Ausdehnung des Binnenmarktes profitierten die oberen sozialen Schichten.

Mit der Beschränkung der bürgerlichen Freiheiten sah sich die Mittelklasse um mühsam erkämpfte politische Mitwirkungsmöglichkeiten gebracht, während eine solche Entwicklung in den unteren Schichten der Bevölkerung weniger Ressentiments weckte, da sie von vornherein davon ausgeschlossen waren.

Mit dem nach 1964 geschaffenen politischen System kehrten die Offiziere zu einem relativ einfachen, autoritären Staatsmodell zurück, das in vielen Zügen dem »estado nôvo« glich, wie ihn Vargas nach 1937 aufgebaut hatte. Zum Teil griff das Militär auf dieselben Juristen als Verfassungsexperten zurück. Der zentralistisch organisierte Staat unternahm auf wirtschaftlichem und sozialem Sektor wichtige Initiativen, um die Industrialisierung vorwärtszutreiben. Sozialpolitische Maßnahmen mit dem Ziel, gesellschaftliche Spannungen zu kanalisieren, gingen Hand in Hand mit dem Aufbau eines weitreichenden Repressionsapparates zur Aufrechterhaltung der öffentlichen Ordnung. Es fehlte dem »estado nôvo« wie auch dem Regime von 1964 an Verklammerungen mit der Bevölkerung. Der Unterschied zwischen beiden autoritären Staatsformen bestand darin, daß dem »estado nôvo« mit Getúlio Vargas eine herausragende Führungspersönlichkeit vorgestanden hatte, die dem Militärregime fehlte. Nach 1964 versuchten die Streitkräfte insgesamt die integrierenden Funktionen zu übernehmen, ohne einen »starken Mann« herauszustellen[28].

Offiziere aus Heer, Marine und Luftwaffe haben 1964 die politische Macht mit dem Anspruch übernommen, die Geschicke des Landes auf einen besseren Weg im Vergleich zur davorliegenden Zeit zu lenken. Dazu seien, nach ihrer Ansicht, »revolutionäre« Veränderungen in gleichem Maße notwendig wie Schritte der »Erneuerung«. Die neuen Machthaber standen angesichts der beabsichtigten Verbindung, bildlich gesprochen, vor dem Problem, ob sie alten Wein in neue Schläuche oder neuen Wein in alte Schläuche füllen sollten. Die Offiziere versprachen gleichzeitig qualitative Veränderungen und Rückkehr zu einmal gültig gewesenen Werten und Strukturen.

Seit der Machtübernahme durch die Streitkräfte im Jahr 1964 sind auf institutionellem Gebiet erhebliche Umwälzungen eingetreten. Die erzielten wirtschaftlichen Erfolge, wie überdurchschnittliche Wachstumsraten des Bruttosozialproduktes oder von Devisenguthaben, haben Aufsehen erregt und der brasilianischen Entwicklung Modellcharakter verliehen. Das Militär galt als Kraft, die den Modernisierungsprozeß in Brasilien in Gang gebracht und gestützt hatte und bot ein Paradebeispiel für einen »technokratischen Militarismus«. Angesichts der ökonomischen Veränderungen, die sich scheinbar nach

1964 eingestellt hatten, verstummten kritische Stimmen, die auf die sozialen Kosten einer solchen Entwicklung hingewiesen hatten. Ebenfalls ging der Blick für die Voraussetzungen und Folgen eines solchen Aufschwungs zeitweise verloren.

Nach 1964 vollzog sich außerdem ein Prozeß der »Erneuerung«, wenngleich er in der Öffentlichkeit nicht dasselbe Maß an Beachtung fand. Im Zuge der militärischen Herrschaft stabilisierten sich wieder die Trennungslinien zwischen den verschiedenen sozialen Klassen, im Gegensatz zu Tendenzen, die vor 1964 aufgelebt waren, bestehende Schranken abzubauen oder zu unterlaufen. Solche Schritte der »Erneuerung« bildeten letztlich die Voraussetzungen für die »revolutionären« Veränderungen, da sie die Grundlagen für den dann errichteten autoritären Staat schufen.

Das in Brasilien nach 1964 etablierte politische System enthält verschiedene Elemente, deren Veränderungen zu einer Krise des Regimes führen können. Die Streitkräfte selbst als Stützen des politischen Systems sind gewissen Anspannungen ausgesetzt. Zur Aufrechterhaltung der geschaffenen Strukturen scheint weiterhin ein beträchtlicher Repressionsapparat notwendig zu sein, der zahlreiche militärische Kräfte bindet. Der größer werdende Anteil von Offizieren in außermilitärischen Sektoren des öffentlichen Lebens zieht weiteres Personal von militärischen Funktionen ab. Parallel dazu beschleunigt Brasilien seine militärische Rüstung, indem es komplizierte neue Waffensysteme anschafft, womit die professionellen Anforderungen steigen. Die verschiedenen Tätigkeitsbereiche, denen sich die Streitkräfte nunmehr gegenübersehen, können zu einer neuen Fraktionsbildung, diesmal unter funktionalen Gesichtspunkten, innerhalb des Militärs führen. Daneben zeichnet sich eine weitere Differenzierung innerhalb des Offizierskorps ab: zwischen Angehörigen der Streitkräfte, die unmittelbar an der politischen Machtausübung beteiligt sind, und den davon ausgeschlossenen Offizieren.

Eine weitere Bedrohung des bestehenden politischen Systems kann sich ergeben, wenn die gegenwärtigen sozialen und ökonomischen Bedingungen sich verändern. Die Stabilität des Regimes hängt unmittelbar mit der Prosperität der Wirtschaft und dem Weiterbestehen der Möglichkeit zusammen, den eingeschlagenen wirtschaftspolitischen Kurs weiter zu verfolgen. Veränderungen auf dem Weltmarkt können den Kapitalzufluß nach Brasilien unterbrechen und der begonnenen Industrialisierung damit ihre Basis entziehen. Im Lande selbst haben die Klassengegensätze bereits ein beträchtliches Maß an Spannung erreicht, wozu nicht zuletzt die Regierungspolitik der zurückliegenden zehn Jahre beigetragen hat. Verschiedene administrative Maßnahmen förderten die Frontenbildung, die nunmehr dem Streit um den Nutzen aus dem ökonomischen Aufschwung die Schärfe verleiht. Die Regierung hat nach Protesten gegen die momentane Ausrichtung der Einkommensverteilung im Jahr 1973 bereits mit Konzessionen gegenüber den benachteiligten Gruppen ge-

antwortet. Die Angriffe richteten sich gegen die Privilegierung bestimmter sozialer Gruppen, zu denen an erster Stelle das Militär selbst gehört.
Angesichts aufbrechender sozialer und ökonomischer Konflikte werden sich Ausmaß und Reichweite der Integrationskraft zeigen, die die Streitkräfte für sich beanspruchen. Die Bereitschaft anderer Kräfte, sich dem Militär zu fügen, ist zum Teil erzwungen. Zum Teil erfolgt sie aus entsprechender Einsicht oder infolge fehlender Alternativen. Veränderungen in der Struktur der innerbrasilianischen Machtverteilung können die Position der Streitkräfte erschüttern und sie möglicherweise selbst zum Gegenstand werden lassen, an dem sich Konflikte entzünden.

Anmerkungen

1 Vgl. John J. *Johnson,* The Political Role of the Brazilian Military. The Public Image of the Brazilian Military, in: *ders.*, The Military and Society in Latin America, Stanford 1964, S. 177–243, S. 206.

1a Hier liegt die von Sotelo im gleichen Band gegebene Definition zugrunde.

2 Vgl. Eul-Soo *Pang,* Coronelismo in Northeast Brazil, in: Robert *Kern* u. Ronald *Dolkart* (Eds.), The Caciques. Oligarchical Politics and the System of Caciquismo in the Luso-Hispanic World, Albuquerque N. M. 1973, S. 65–88.

3 Vgl. June Edith *Hahner,* Civilian-Military Relations in Brazil 1889–1898, Columbia S. C. 1969.

4 Die Angaben beruhen auf Daten, die der Verfasser für die Zeit von 1880 bis 1910 ermittelt hat.

5 Vgl. Boris *Fausto,* A crise dos anos vinte, in: *ders.*, Pequenos ensaios da história da República: 1889–1945, São Paulo 1972 (= Cadernos CEBRAP, vol. 10), S. 22–39, S. 30.

6 Vgl. Fritz René *Allemann,* Macht und Ohnmacht der Guerilla, München 1974, S. 25–44, und Boris *Fausto,* A revolução de 1930. Historiografia e História, 2. Aufl., São Paulo 1972.

7 Vgl. Robert J. *Alexander,* The Brazilian Tenentes after the Revolution of 1930, in: Journal of Interamerican Studies and World Affairs, vol. 15 (1973), Nr. 2, S. 221–248.

8 Vgl. Miguel Seabra *Fagundes,* As fôrças armadas na constituição, Rio de Janeiro 1955, S. 27–38.

9 Vgl. Alfred *Stepan,* The Military in Politics. Changing Patterns in Brazil, Princeton N. J. 1971, S. 240 f. und S. 245 f.

10 Vgl. Juarez do Nascimento F. *Távora,* Escola Superior de Guerra. Discurso proferido pelo Exmo. Sr. General ... na solenidade de encerramento dos cursos de 1953, in: A Defesa Nacional, ano 41 (1954), Nr. 475, S. 111–120.

11 Vgl. Werner *Haupt,* Brasilien im II. Weltkrieg, in: Marine-Rundschau, 1957, Heft 4, S. 137–151.

12 In englischer Fassung zitiert bei: E. Bradford *Burns* (ed.), A Documentary History of Brazil, 3. Aufl., New York 1968, S. 369 f.

13 Vgl. Robert J. *Alexander,* The Rise and Fall of Jânio Quadros, in: Vierteljahresberichte der Friedrich Ebert Stiftung, Nr. 53 (1973), S. 231–248.

14 Zusammenfassende Darstellung der Entwicklung bei: Thomas E. *Skidmore,* Politics in Brazil. 1930–1964. An Experiment in Democracy, London, Oxford und New York 1967, S. 204–300.

15 Vgl. Hélio *Jaguaribe,* Political Strategies of National Development in Brazil, in: Irving L. *Horowitz,* Josué de *Castro,* John *Gerassi* (Eds.), Latin American Radicalism. A Documentary Report of Left and Nationalists Movements, New York 1969, S. 390–439, S. 414: ›policy of problem-postponement‹.

16 Vgl. Hans *Füchtner,* Die brasilianischen Arbeitergewerkschaften, ihre Organisation und ihre politische Funktion, Frankfurt/M. 1972 (= edition suhrkamp, Bd. 564), S. 221–234.

17 Vgl. Tad *Szulc,* Das brasilianische Phänomen. Die ›unabhängige Politik‹. Das neue Verhältnis, in: *ders.,* Revolution der Sombreros, München 1963, S. 216 bis 238.

18 Für die Entwicklung nach 1964 zusammenfassend: Ronald M. *Schneider,* The Political System of Brazil. Emergence of a ›Modernizing‹ Authoritarian Regime, 1964–1970, New York und London 1971.
Eine kritische Bilanz bei: H. Jon *Rosenbaum* und William G. *Tyler,* 10 Jahre Militärherrschaft in Brasilien. Die politische und wirtschaftliche Entwicklung, in: Europa Archiv, 28. Jg. (1973), S. 863–876.

19 Vgl. Hermann M. *Goergen, Medeiros Silva,* A. *Rademaker Grunewald,* Brasilianische Revolution, in: Aus Politik und Zeitgeschichte. Beilage zu: Das Parlament, Nr. 37/38 vom 9. September 1964.

20 Vgl. Fernando Henrique *Cardoso,* Brasilien, Die Widersprüche der assoziierten Entwicklung, in: Heinz Rudolf *Sonntag* (ed.), Lateinamerika: Faschismus oder Revolution, Berlin 1974, S. 32–63, S. 59.

21 Vgl. José Pedro *Galvão de Souza,* Les transformations du droit constitutionel brésilien de 1946 à 1969, in: Jahrbuch für öffentliches Recht, Bd. 20 (1971), S. 517–533.

22 Vgl. Franz-Wilhelm *Heimer,* Politischer Wandel und politische Soziologie in Brasilien, in: Civitas. Jahrbuch für Sozialwissenschaft, Bd. 10 (1971), S. 167 bis 218, S. 185.

23 Zur Parteienentwicklung vgl.: Silas *Cerqueira,* Brazil, in: Guide to the Political Parties of South America, Harmondworth, England 1973, S. 150–235, S. 228 ff.

24 Vgl. Paulo I. *Singer,* O ›milagre brasileiro‹: causas e consequências, São Paulo 1972 (= Cadernos CEBRAP, vol. 6), S. 53–61.

25 Vgl. John D. *Wirth,* A política do desenvolvimento na era de Vargas, Rio de Janeiro 1973, S. 197.

26 Vgl. Vladimir *Reisky de Dubnič,* Brasiliens neue Außenpolitik. Von der Blockfreiheit zur Solidarität mit dem Westen, in: Europa Archiv, Jg. 20 (1965), Nr. 3, S. 91–100.

27 Vgl. *Stepan,* Military, a.a.O. (Anm. 9), S. 32 ff.

28 Vgl. Thomas E. *Skidmore,* Politics and Economy Making in Authoritarian Brazil, 1937–1971, in: Alfred *Stepan* (ed.), Authoritarian Brazil. Origins, Policies and Future, New Haven und London 1973, S. 3–46, S. 31 ff.

Literaturhinweise

Lateinamerika

Alba, Victor, The Stages of Militarism in Latin America. In: John J. Johnson (ed), The Role of Military in Underdeveloped Countries, Princeton, N. J., 1962

Germani, Gino und *Silvert,* Kalman, Politics, Social Structure and Military Intervention in Latin America. In: European Journal of Sociology, Bd. 2, Nr. 1, Paris 1961

Horowitz, I. L., The Military Elites. In: S. M. Lipset und A. Solari (ed), Elites in Latin America, New York 1967

Johnson, John J., The Military and Society in Latin America, Stanford 1964

Kossok, Manfred, Armee und Politik in Lateinamerika. In: Walter Markov (Hrsg.), Die nationale Befreiungsbewegung, Leipzig 1966

Lieuwen, Edwin, Arms and Politics in Latin America, New York 1960

Lindenberg, Klaus, Zur politischen Funktion des Militärs. In: Klaus Lindenberg (Hrsg.), Politik in Lateinamerika. Interne und externe Faktoren einer konfliktorientierten Entwicklung, Hannover 1971

McAlister, Lyle N., Recent Research and Writings on the Role of the Military in Latin America. In: Latin American Research Review, Nr. 2, 1966

Nun, José, Lateinamerika: Die Hegemoniekrise und der militärische Staatsstreich. In: Kölner Zeitschrift für Soziologie und Sozialpsychologie, Sonderheft 13, Köln 1969

Schmitter, Philippe C. (ed), Military Rule in Latin America. Function, Consequences and Perspectives, London 1973

Solaún, Mauricio und *Quinn,* Michael A., Sinners and Heretics. The Politics of Military Intervention in Latin America, Chicago 1973

Wood, David, Armed Forces in Central and South America, London 1967

Argentinien

Atkins, George Pope, German Military Influence in Argentina 1921–1940. In: Journal of Latin American Studies, London, Bd. 4, 1972

Barager, Joseph R. (ed), Why Perón came to Power. The Background to Peronism in Argentina, New York 1968

Cantón, Dario, Military Interventions in Argentina, 1900–1966, 2. Aufl. Instituto Torcuato di Tella, Buenos Aires 1968

Evers, Tilman T., Militärregierung in Argentinien. Das politische System der ›Argentinischen Revolution‹, Hamburg 1972

North, Lisa, Civil-Military Relations in Argentina, Chile and Peru, Berkeley, Cal. 1966

Potash, Robert, The Army and Politics in Argentina 1928–1945, Yrigoyen to Perón, Stanford 1969

Waldmann, Peter, Gesellschaft und Militär in Argentinien. In: Vierteljahresberichte der Friedrich-Ebert-Stiftung, Nr. 43, Hannover 1971

Brasilien

Furtado, Celso (Hrsg.), Brasilien heute. Beiträge zur politischen, wirtschaftlichen und soziokulturellen Situation Brasiliens, Frankfurt/M. 1971

Rosenbaum, H. John und *Tyler,* William G., 10 Jahre Militärherrschaft in Brasilien. Die politische und wirtschaftliche Entwicklung. In: Europa Archiv, 28 Jg. 1973

Schneider, Ronald M., The Political System of Brazil. Emergence of a ›Modernizing‹ Authoritarian Regime, New York und London 1971

Skidmore, Thomas E., Politics in Brazil 1930–1964. An Experiment in Democracy, London, Oxford und New York 1967

Stepan, Alfred, The Military in Politics. Changing Patterns in Brazil, Princeton N. J. 1971 *ders.* (ed), Authoritarian Brazil. Origins, Policies and Future, New Haven und London 1973

Chile

Johnson, Dale L. (ed), The Chilean Road to Socialism, New York 1973

Lühr, Volker, Chile: Legalität, Legitimität und Bürgerkrieg, Darmstadt und Neuwied 1973

Nohlen, Dieter und *Boye,* Otto, War die Konterrevolution unvermeidlich? Mittelschichten und Militär in Chile. In: Verfassung und Recht in Übersee, Jg. 7, H. 4, Hamburg 1974

Nunn, Frederick, Chilean Politics 1920–1931. The Honorable Mission of the Armed Forces, Albuquerque 1970

ders., Emil Körner and the Prussianization of Chilean Army. Origins, Process and Consequences, 1885–1920. In: Hispanic American Historical Review, Bd. 50, Nr. 2, 1970

Petras, James, Politics and Social Forces in Chilean Development, Berkeley 1969

Mexiko

Brandenburg, Frank, The Making of Modern Mexico, Englewood Cliffs, Prentice-Hall 1964

Furtak, Robert K., Revolutionspartei und politische Stabilität in Mexico, Hamburg 1969

Hansen, Roger, The Politics of Mexican Development, Baltimore und London 1971

Kahle, Günter, Militär und Staatsbildung in den Anfängen der Unabhängigkeit Mexikos, Köln und Wien 1969

Lieuwen, Edwin, Mexican Militarism. The Rise and Fall of the Revolutionary Army 1910–1940, Albuquerque 1968

Tannenbaum, Frank, Peace by Revolution: Mexico after 1910, 2. Aufl. New York 1966

Peru

Bourricaud, François, Power and Society in Contemporary Peru, New York 1970

Cotler, Julio, Politische Krise und Militärpopulismus in Peru. In: Heinz-Rudolf Sonntag (Hrsg.), Der Fall Peru: Nasserismus in Lateinamerika zur Überwindung der Unterentwicklung?, Wuppertal 1971

Einaudi, Lugi und *Stepan*, Alfred, Latin American Institutional Development: Changing Military Perspectives in Peru and Brazil, Rand Corporation, Santa Monica, Cal. 1971

Lindenberg, Klaus, Nasserismus in Lateinamerika? Der Fall Peru. In: Vierteljahresberichte der Friedrich-Ebert-Stiftung, Nr. 37, Hannover 1969

Nunn, Frederick M., Notes on the ›Junta phenomenon‹ and the ›military regime‹ in Latin America. With special reference to Peru 1968–1972. In: The Americas, Bd. 31, Nr. 3, Washington 1975

Palmer, David S., ›Revolution from above‹: Military government and popular participation in Peru 1968–1972, New York 1973

Quijano, Aníbal, Nationalism and Capitalism in Peru. A Study in Neo-Imperialism. In: Monthly Review, Bd. 23, Nr. 3, New York 1971